Eugen Drewermann

Näher zu Gott –
Nah bei den Menschen

Ihnen herzlich

E Drewermann

Eugen Drewermann

Näher zu Gott –
Nah bei den Menschen

Ein Gespräch mit Gwendoline Jarczyk

Aus dem Französischen übersetzt
von Colette Stüer

Kösel

Titel der französischen Originalausgabe:
Dieu immédiat. Entretiens avec Gwendoline Jarczyk.
© Desclée de Brouwer, Paris 1995.

ISBN 3-466-20410-0
© 1996 für die deutsche Ausgabe by Kösel-Verlag GmbH & Co., München
Printed in Germany. Alle Rechte vorbehalten
Druck und Bindung: Kösel, Kempten
Umschlaggestaltung: Kaselow Design, München
Umschlagmotiv: Wassily Kandinsky, Improvisation Nr. 19, 1911,
Lenbachhaus München, © VG Bild-Kunst, Bonn 1996

1 2 3 4 5 · 00 99 98 97 96

Gedruckt auf umweltfreundlich hergestelltem Werkdruckpapier
(säurefrei und chlorfrei gebleicht)

Inhalt

Vorwort
von Eugen Drewermann

Im Herbst 1994, anläßlich eines Vortrags an der Sorbonne über Giordano Bruno, wurde mir vom Verlag Desclée de Brouwer eine zierliche alte Frau mit schlohweißen Haaren, klugen, suchenden Augen und einer leisen, doch bestimmten Stimme vorgestellt, die mich bat, in Form eines Interviews ein Buch mit mir zu machen. Wir vereinbarten uns für Anfang 95 auf vier Vormittage zu je vier Stunden. und sie kam, pünktlich, mit genau vorbereiteten Fragen und einem kleinen Aufnahmegerät, dessen technische Qualität den einzigen Mangel eines Gesprächs bildete, das, je länger es währte, desto intensiver wurde. Frau Gwendoline Jarczyk fragte alles, was sie selbst religiös und menschlich bewegte, mit jener Eindringlichkeit, die, im Rückblick schon eines eigenen langen Lebens und im Vorausblick bereits auf den näherrückenden Tod, in wörtlichem Sinne »letzten« Fragen vorbehalten ist. Später zerlegte sie das Gespräch in einzelne Blöcke, aus denen sie unter verschiedenen Kapiteln in sich geschlossene Einheiten montierte, die jetzt dastehen wie Ferienhäuser entlang einer nicht häufig befahrenen Straße inmitten einer abenteuerlichen Landschaft. Der Klang der Sprache, die auf diese Art entstanden ist, hat durch die Übersetzung von Frau G. Jarczyk ins Französische und durch die Rückübersetzung von Frau Colette Stüer ins Deutsche eine für mich selbst manchmal eigentümliche, fremde Färbung gewonnen; ich habe den Text gleichwohl so stehen lassen, wie er jetzt ist, in Dankbarkeit für einen Dialog, wie ihn nur diese liebenswürdige Polin mit ihrer Art, Deutsch und Französisch zu sprechen, mir schenken konnte.

Vorwort
von *Gwendoline Jarczyk*

Ich erlebte Eugen Drewermann als aufgeschlossen und einfach, von einer solchen wesentlichen Einfachheit, wie sie ein Mensch erst über leidvolle Umwege erreichen kann.

Ich war von seiner Fähigkeit beeindruckt, ohne Umschweife zum Kern der Fragen zu kommen.

Ihm nimmt man es ohne weiteres ab, wenn er sagt, er brauche keine besonderen Methoden zum Fesseln der Aufmerksamkeit. Seine Haltung ist konzentriert, seine Gestik ruhig, seine Augen fordernd und leuchtend, sein Gesicht von Schmerz schon gezeichnet. Seine scharfsinnige und vielseitige Intelligenz ist geeint und ist im Einklang auch mit der Gefühls- und Sinneswelt.

Seine Leidenschaft gilt den Menschen, ihm liegt daran, bei allem Wissen um ihre Urängste und Besorgnisse ihnen ihre eigene Schönheit und Wahrheit zu zeigen.

Geschichte und Prähistorie, Natur, ja das ganze Universum werden herangezogen und eingesetzt, damit der Mensch so verstanden wird, wie er ist in seinem ureigensten Glauben, und fähig wird, seinem Ursprung gemäß zu leben.

Eugen Drewermann gestaltet auch seine nächste Umgebung in diesem Sinne. Allerlei Fossilien, Bilder von Pflanzen und Tieren gesellen sich zu meditierenden Buddhas.

Von dieser Begegnung bleibt die Erinnerung an einen Menschen, der die Wahrheit so liebt, daß er nicht versteht, wie man dieser Wahrheit seine eigene Bequemlichkeit oder sogar ein gewisses Glück vorziehen kann.

Begegnung mit der Angst

Unter den wirklich grundlegenden Erlebnissen meines Lebens spielt die Begegnung mit der Angst eine große Rolle.

Was ich im Zweiten Weltkrieg als Kind erlebt habe, hat mich zutiefst geprägt. Zwei Erlebnisse aus dieser Zeit waren besonders bedeutsam in ihrer Gegensätzlichkeit. Sie brachten mich allmählich dazu, selbst über die Haltung des Menschen gegenüber der Angst nachzudenken, noch heute eines der Hauptthemen meiner Forschung.

Ich gehe in der Erinnerung zurück in das Jahr 1944, als mein Geburtsort Bergkamen durch zwei Luftangriffe zu drei Viertel zerstört wurde. Während eines Angriffs, als die Geschosse auf der Bunkerdecke explodierten, wurden in dem sogenannten »Waldstollen«, in dem meine Familie Schutz suchte, die Leute plötzlich von einer heillosen Panik überwältigt. Es war für mich eine schreckliche Erfahrung: Leute, die ich achtete und respektierte, von denen ich mir Sicherheit und Schutz versprach, konnten also derart außer sich geraten. Ich merkte, daß die Angst alles einstürzen lassen kann, auch das scheinbar Sicherste.

Bald darauf hatte ich aber ein gänzlich anderes Erlebnis.

An einem Herbstnachmittag war ich mit meiner Mutter in den Wald gegangen, als plötzlich feindliche Bomber im Tiefflug über uns kamen. Wir wußten, daß die Zivilbevölkerung nicht geschont wurde: Man sprach von vielen Zivilopfern. Die Angst packte mich, und ich spürte auch die Angst meiner Mutter. Ich flehte sie an, sofort nach Hause zurückzulaufen. Sie aber pflückte statt dessen weiter Brombeeren. Ihre Beherrschung war für mich wie eine Offenbarung. Man kann die Angst also auch anders beantworten als mit Kopflosigkeit. »Entweder sind es Teufel, die da oben fliegen, und dann werden sie schießen, oder es sind Menschen, dann werden sie das nicht tun. Wir aber sollten der Angst widerstehen.« So konnte ich mich ein wenig beruhigen. Ich erlebte, wir sind nicht machtlos der Angst ausgeliefert.

Insofern waren diese Erlebnisse für Sie entscheidend...

Sie eignen sich jedenfalls gut dazu, bildhaft aufzuzeigen, was in meinem Leben richtungsweisend ist.

Würden Sie sagen, Sie selbst sind sich einer Evolution in Ihrem Denken bewußt?

Ganz bestimmt, wenn es auch keine lineare Entwicklung war. Aber die Themen, die mich heute beschäftigen, haben sich mir sehr früh aufgedrängt. Soweit ich zurückblicken kann, zeichnet sich eine Hauptthematik ab: ich empfand die Welt als äußerst bedroht, diese Erde unter unseren Füßen als anfällig und jeden menschlichen Halt als unsicher.

In diesem Zusammenhang formte sich die religiöse Fragestellung. Mir kam es nämlich darauf an, zu glauben, daß es möglich ist, die Angst zu überwinden durch den Glauben an ein absolutes Gegenüber, Gott genannt. Ich wollte an Ihn glauben und glaubte an Ihn. Ich wollte hören, wie Jesus versucht hat, aus diesem Gottesbewußtsein heraus Perspektiven für ein wahrhaft menschliches Leben zu eröffnen. Mich beschäftigten diese Fragen immerfort, und so verwendete ich viel Zeit darauf, Bücher zu lesen, von denen ich mir eine Hilfe zum Glauben versprach.

So brachte ich mich mit kaum 13 Jahren in den Besitz eines Traktats der katholischen Dogmatik und las es durch, obwohl die vielen Behauptungen darin mir zuwider waren. Sie waren nicht nur schwer zu verstehen, sie schienen mir sogar oft unbegründet, nicht wirklich fundiert nachgewiesen zu sein, ordnet doch beispielsweise mancher Kirchenvater die Lektüre einer bestimmten Bibelstelle fast nach Belieben an, obwohl andere Stellen genauso passend sind...

Bald wurde mir klar, daß die Kirche im Laufe ihrer Geschichte sich eine ganze Reihe widersprüchlicher Meinungen zu eigen gemacht hat und daß die Verkündigung ihrer Dogmen zu einer

Belastung für ganze Völker geworden ist, die sie in ihrer Entwicklung beeinflußte. Jenes Buch jedenfalls, mit dem ich meinen Glauben hatte stützen wollen, versetzte mir einen richtigen Schock. Es war schrecklich, ich wurde bis in meine Grundüberzeugung erschüttert.

Dann kam noch eine an sich harmlose Episode hinzu: Ich las C.W. Ceram, einen Autor, der in den fünfziger Jahren eine Art »Roman der Archäologie«, wie er sich ausdrückte, unter dem Titel »Götter, Gräber und Gelehrte« herausgab, damals wie heute ein Bestseller. Dort konnte man erfahren, bestimmte Bibelerzählungen, z. B. die Sintfluterzählung, seien viel älter als die Bibel selbst, manchmal bis zu einem halben Jahrtausend älter. Auf einmal schien mir selbst das Buch der Bücher nicht mehr über jeden Zweifel erhaben, sondern mußte sich selbst in einen riesigen geschichtlichen Zusammenhang einreihen lassen, so daß ich mir viele Fragen stellte.

Und das noch zu jener Zeit?

Mit knapp zwölf Jahren belästigte ich dauernd den Gemeindepfarrer und meinen Religionslehrer mit meinen Fragen. Aber ohne Erfolg. Meine Fragen blieben, bis auf einmal bei der Lektüre eines kleinen Buches von Albert Schweitzer »Aus meinem Leben und Denken« mein Leben als Jugendlicher eine richtige Wende nahm. Jetzt fing eine entscheidende Etappe für mich an, da ich zum erstenmal in der Person dieses hochbegabten Theologen und Arztes einem Menschenfreund und einer für die Jugend jener Zeit hochbedeutenden Persönlichkeit begegnete.

Albert Schweitzer war bahnbrechend für freies religiöses Denken und für echtes Suchen in religiösen Dingen. Die Zweifel, die mich quälten, hatte auch er schon früh in der Kindheit gekannt. So hatte er sich früher im Elsaß bei seinen Eltern erkundigen wollen, wie die Heilige Familie so arm gewesen sein kann, wo doch Könige aus dem Orient ihr Gold gebracht haben sollen?... Oder woher man wissen kann, daß Jesus am Ölberg gebetet hat, wo doch die anwesenden Jünger schliefen? So also darf ein Kind fragen. Solche Fragen hatte auch Albert Schweitzer gestellt.

Hatten auch Sie Ihre Mutter, Ihre Eltern gefragt?

Meine Mutter wäre nicht imstande gewesen, mir eine Antwort zu geben. Sie hatte keine Hochschulausbildung und hätte gefürchtet, nicht angemessen antworten zu können. Im übrigen aber schien es mir immer sinnlos, religiöse Schwierigkeiten mit Hilfe angeblich besonderer Kompetenz lösen zu wollen. Mein Religionslehrer seinerseits begnügte sich, jede Frage zurückzuweisen, indem er sich auf die Autorität der päpstlichen Bibelkommission berief, die allein zuständig für das richtige Verständnis heiliger Texte sei.

So verstärkte sich immer wieder der Eindruck, daß die Kirche die Fragen erstickt, die Antworten aufzwingt, den Menschen in seiner geistigen Entwicklung hemmt.

Später, mit fünfzehn oder sechzehn Jahren, fing ich an, bei einem evangelischen Lehrer Hebräisch zu lernen. Ich wurde in die biblische Literatur eingeführt, konnte auch die zahlreichen Textkommentare benutzen und entdeckte auf diese Weise allerhand verschiedene Interpretationen der Tradition. Ich entwickelte einen geradezu unstillbaren Lesehunger...

Brachte ich meine wohlbegründeten Zweifel einmal meinem Lehrer vor, so wurde er nur immer unduldsamer. Beispielsweise machte ich ihn darauf aufmerksam, daß Moses nicht der Autor der ersten fünf Bücher der Bibel sein kann, da diese Bücher doch auf verschiedenen Quellen aus ganz verschiedenen Epochen beruhen. Für ihn indessen war eine solche Bemerkung schlicht Häresie...

In den fünfziger Jahren galten solche Diskussionen von vornherein als umstürzlerisch und durften in Schulen nicht stattfinden. Ich aber ließ mich nicht beirren und fuhr fort zu fragen. Wie sollte man, unter anderem, die Aussagen des Moses über seinen eigenen Tod verstehen? Muß man sie als eine Art Prophetie verstehen, oder sollte man nicht eher hier eine Einfügung aus späterer Zeit vermuten? In jeder Religionsstunde ging die Debatte von neuem los. Warum sollen wir, wenn das eucharistische Brot doch die ganze Person Christi enthalten soll, dennoch zusätzlich den Wein wandeln und trinken? Und warum dürfen wiederum die einfachen Gläubigen den Wein nicht trinken?

Diese Frage hatten die Calixtiner im XV. Jahrhundert auch gestellt und sich damit eine Verurteilung eingehandelt, obwohl sie im Recht waren... Aus welchem Grund soll denn in der Eucharistie der katholische Priester eine Macht besitzen, die dem protestantischen Pastor fehlen soll?

Fragen über Fragen, so daß ich mich schon 1957 gedrängt fühlte, zum Protestantismus überzutreten, dem mein eigener Vater angehörte. Mir jedenfalls schienen die reformierten Kirchen der Freiheit zugänglicher und dem Rationalen offener zugetan.

Bald griff ich zur Taschenbuchausgabe der Werke Sören Kierkegaards. Und jetzt ging es los. Dank Kierkegaard erfuhr ich in der Tiefendimension, daß Religion nicht zuerst Gedanke oder Forschungsobjekt ist, sondern Existenz. Diese Erfahrung hatte auch Albert Schweitzer gemacht. Er hatte mir zwar in religiösen Dingen gezeigt, wie notwendig die Aufrichtigkeit ist, ein echtes, kritisches Fragen im besten Sinne des Wortes – und dies alles sind wichtige Vorbedingungen, will man als Glaubender schlicht glaubhaft sein, aber vor allem zeigte jetzt S. Kierkegaard mir, daß der Glaube als solcher dem Leben Raum gibt. Diese beiden Entdeckungen waren für mich geistig entscheidend.

Die Einführung der Wehrpflicht in der Bundeswehr im Jahre 1955 wurde für mich zum richtigen Alptraum. Damals wie heute widerstrebte mir der Gedanke, lernen zu müssen, auf Kommando zu töten. Mir war klar, ich würde den Kriegsdienst verweigern. Die Haltung der katholischen Kirche in dieser Frage aber erwies sich als noch kläglicher als die der Politiker. Die Kirche nämlich verwehrte den Katholiken das Recht auf Wehrdienstverweigerung. Ich befand mich damals in einem furchtbaren Dilemma, entschied mich aber dann doch zur Verweigerung. Bis zu jener Zeit war ich ein treuer Katholik gewesen, für den die Meinung der Kirche wichtig war, trotz einiger Schwierigkeiten mit der gängigen Theologie. Jetzt geschah etwas wie ein Riß, ich befand mich in einem Gewissenskonflikt, in dem auf radikale Weise die Treue zu mir selbst den Anweisungen der Kirche entgegenstand.

Die Treue zu sich selbst wird in der Bibel doch immer wieder angepriesen. Ich bezog mich auf Albert Schweitzer, der Pazifist, Tierfreund und Anhänger der Gewaltlosigkeit gewesen ist, und ich war keineswegs beeindruckt, als die Kirche beim zweiten Vatikanum angesichts der neuen Gefahr durch die Atombewaffnung endlich das Recht auf Wehrdienstverweigerung anerkannte. Denn kein einziger Theologe war in der Zeit, als die Kirche den Katholiken das Recht verwehrte, aufgestanden, um es anzumahnen. Alle hatten vorsichtig geschwiegen. Wie konnte ich ihnen dann Glauben schenken, sie ernst nehmen, als sie sich nach dem Konzil ereiferten zu behaupten, die Kirche habe sich stets für die Gewissensfreiheit engagiert? Und im Atomzeitalter müsse jeder sein eigenes Gewissen befragen... Solche verspäteten Stellungnahmen zeigten nur, wie sehr die meisten Theologen auf jeden eigenen Gedanken verzichteten und lediglich Richtlinien der Hierarchie weitergaben.

Das feststellen zu müssen war für mich tragisch.

Konnten Sie die Gründe dieses Tatbestandes verstehen? Woher kam diese Haltung in der Kirche?

Damals war ich gutgläubig. Ich war zwar etwas kritisch der Institution Kirche gegenüber, etwa wie Kierkegaard. Ich sagte mir, dieses Kirchenchristentum, diese Beamtenfrömmigkeit, ist das wirklich das, was Jesus wollte? Bestimmt nicht. Trotzdem aber fällt es mir bis heute schwer, den Menschen unrecht zu geben. Ich erkannte ihre gute Absicht und wollte sie nicht verurteilen, blieb aber überzeugt, daß sie im wesentlichen irrten. Mich betrübte ihre Angst vor dem selbständigen Denken und die vielleicht noch größere Angst vor dem freien Wort.

Mochte einmal ein Bischof oder ein Mitglied der Hierarchie ins Zwielicht geraten, mochte sogar die ganze Institution an Einfluß verlieren, so stellte ich es mir vor, wäre noch nichts verloren, sobald ein freies Wort in der Kirche sich Gehör verschaffen könnte. Darauf wartete ich ständig, Tag für Tag, Jahr für Jahr, bis mir klar wurde, daß die Erwartung einer offenen und freien Kirche nur enttäuscht werden kann. Ich mußte feststellen, daß die Strukturen des Kirchensystems der Freiheit im Weg stehen. Wie sollte die Unterwerfung unter die Autorität eines fertigen Dogmas mit einer bedingungslosen Offenheit für alles Fragen vereinbar sein? Ich brauchte allerdings eine lange Zeit, bis ich dies einsah. Während dieser Zeit hatte ich von Mal zu Mal die Hoffnung auf ein befreites und befreiendes Handeln innerhalb der Kirche weiter gehabt. Trotzdem vergesse ich nicht, daß ich dieser Kirche meine Bekanntschaft mit Christus verdanke. Aus all diesen Gründen habe ich mich an die Arbeit gemacht, und ich war fest entschieden, die Mechanik der Institution Stück für Stück auseinanderzunehmen, um ihr Wirken zu verstehen und notfalls zu korrigieren.

Wieso haben Sie sich dann entschieden, Priester zu werden?

Ich wollte Menschen helfen. Ich wollte ihnen nützlich sein. Das war mein Hauptmotiv zum Theologiestudium. Denn jede religiöse Fragestellung schien mir verheißungsvoll. Begeistern konnte ich mich für Philosophie, Theologie, Dichtung...

Und für Musik?

Nicht im gleichen Maße.

Sie lieben aber die Musik.

Ich liebe sie, aber sie ist nicht mein Leben. Meine Leidenschaft gilt den Gebieten, die ich eben erwähnte.

Festgesetzte Widersprüche

Paradoxerweise hinderte mich ein evangelischer Lehrer, meiner Neigung zur protestantischen Theologie nachzugehen. Er war unser Lateinlehrer und gleichzeitig Rektor unserer Schule. Er sagte mir eines Tages: »Drewermann, es gibt gute Protestanten unter den Katholiken, und gute Katholiken unter den Protestanten!« Er fürchtete offensichtlich den Skandal und die Unruhe, die ich mit einer Konversion hervorgerufen hätte.

Abgesehen davon, daß dieser Schritt für mich von großer Tragweite gewesen wäre, hätte er auch, so sehe ich es heute, einige meiner Mitschüler beeinflußt.

Indessen mußte ich trotz Verzicht auf mein Vorhaben kurze Zeit nach meiner Abiturprüfung feststellen, daß ganze Schulklassen sich vom Katholizismus distanzierten. Eine Signalwirkung in diesem Sinne hatte mein Lehrer umsonst verhindern wollen.

Um ehrlich zu sein, sollte ich dann bald einige glückliche Überraschungen und begeisternde Entdeckungen beim Studium der katholischen Theologie erleben, so daß ich den Verzicht auf mein Vorhaben nicht weiter bedauerte.

Hatten Sie aber dann nicht auch Enttäuschungen erlebt?

Vieles erwies sich als buchstäblich unhaltbar, besonders in der Moraltheologie. Wir hatten vier Wochenstunden in diesem Fach, und in dieser Zeit hatte ich manchmal regelrechte Herzbeklemmungen, so daß ich kaum Luft bekam.

Hatten Sie das Gefühl, daß dort der Mensch nicht wirklich zählt?

Ich spürte, daß etwas nicht stimmte, verstand aber nicht ganz, woher meine Beschwerden kamen. Tatsächlich konnte ich die beinahe notwendig dazugehörigen Widersprüche nicht ertragen, selbst wenn ich sie noch nicht klar aufzeigen konnte. Ich zwang mich dazu, den Moraltheologiekurs mit größter Aufmerksamkeit zu hören und genauestens zu lernen.

«Ich muß deren Gedankengänge nachvollziehen«, sagte ich mir. »Für mein Gefühl sind sie absurd. Aber ich muß sie gut behalten, um die Schwachpunkte genau zu erfassen, die Argumentationsfehler zu sichten und die wahren Gründe zu entdecken, die im Laufe der Zeit zu solchem Unsinn geführt haben.«

Es ging dabei um traditionelle Stellungnahmen, wie sie auch heute noch offiziell vertreten werden und auch das zweite Vatikanum nicht wirklich korrigiert hat. Unter anderem gilt nach wie vor die künstliche Empfängnisverhütung als schwere Sünde, das Problem der Überbevölkerung der Welt wird kaum als existent betrachtet. Schwangerschaftsabbruch gilt als das abscheulichste Verbrechen, das ein Mensch begehen kann, so daß es mit der Strafe der Exkommunikation belegt wird. Andererseits bleibt unter gewissen Bedingungen die Teilnahme an Kriegen eine ethische Pflicht. Schließlich sollte die Todesstrafe aufrechterhalten bleiben oder in die geltende Rechtsprechung wiedereingeführt werden.

All diese Dinge lesen wir ja jetzt nach vierzig Jahren immer noch schwarz auf weiß im »Weltkatechismus«.

So haben wir es auch schon in unserer Kindheit gelehrt bekommen, und dann im Theologiestudium, zwangsweise mit Papstzitaten und Konzilsentscheidungen bekräftigt. So sprachen auch die Bischöfe. Ich war niedergeschlagen und sagte mir: »Hoffentlich kann ich solche Behauptungen eines Tages zurückweisen«. Und ich versuchte, mir mit Fleiß die bestreitbarsten Dinge gut einzuprägen, um sie später widerlegen zu können.

Und das schon damals zur Zeit Ihres Studiums?

Schon zu dieser Zeit. Eine Theologie, welche die Todesstrafe legitimiert und für berechtigt erklärt, schien mir zumindest zwei Irrtümern zu unterliegen. Zunächst braucht man zum Erlaß einer endgültigen Strafe ein ethisches System von absoluten Kategorien – während der Mensch selbst ganz und gar relativ ist. Die erste Ungerechtigkeit ihm gegenüber ist schon die Errichtung einer solchen Moraltheologie, soweit sie glaubt, ein bestimmtes Tun auf objektive Weise beurteilen zu können, ohne die betroffene Person wirklich zu beachten: Welche Gefühle, Motive, Absichten haben diesen Menschen bewegt? Wie war sein Leben, was für verschiedene Einflüsse wirkten auf ihn seit Kindertagen?

Das alles, hörte man, sei nur subjektiv und dürfe nicht in die ethische Beurteilung einfließen. Denn zur ethischen Beurteilung brauche man nur die genaue Kenntnis der tatsächlichen Ereignisse und der geltenden Normen. Der Mensch fällt aus diesem Rahmen gänzlich heraus und ist sozusagen schon tot, bevor das System zur Anwendung kommt. Kein Wunder, wenn aus einem solchen Denken die Todesstrafe entspringt.

Zum zweiten Irrtum: Die wechselseitigen Beziehungen zwischenmenschlichen Agierens werden verkannt, so daß isolierte Fakten, singuläre Handlungen von dem handelnden Menschen ebenso abstrahiert werden wie von denjenigen, die ihn in seinem Leben beeinflußt haben. Der Mensch bleibt allein zurück wie in einer Gefängniszelle. Liegt nicht die Schuld an solcher geistigen Eingrenzung an der Methode selbst? Das ganze Denksystem erweist sich als unmenschlich. Die Billigung der Todesstrafe steckt sozusagen schon in den Voraussetzungen dieser Geisteshaltung.

Daher war ich überzeugt, daß eine solche Moraltheologie den Menschen nicht verstehen kann.

Und sie hat sich auch deshalb entfernt von dem, was Christus vorschlug...

...von dem, was Jesus wollte.

Er sagte sich ja los vom Sabbatgesetz. Der Sabbat sei für den Menschen da.

Die Urteile der Moraltheologie haben schnell die Güte und Menschlichkeit Jesu verdrängt. Das ist übrigens nur die negative Seite der Frage. Auf der »Positivseite« hat das System eine ganze Reihe von Pflichten zu nennen gewußt, die dem Willen Jesu entgegenstehen. Während Jesus die Menschen zur echten Armut vor Gott aufforderte, hat die katholische Moraltheologie eifrig ein ganzes System des Eigentumsrechts aufgestellt: wie z.B. *Eigentum* zu schützen, zu verwalten, zu verteidigen sei gegen diejenigen, die es sich gesetzwidrig aneignen möchten. Da wurden Pflichten festgesetzt, die Jesu Botschaft ganz widersprechen.

Nicht nur also, daß das von ihm Beabsichtigte ganz weggelassen wurde, man ereiferte sich sogar, das genaue Gegenteil festzuschreiben. In anderen Teilen der Theologie, wie z. B. der Dogmatik, geschah Ähnliches.

Was die Armut angeht, gibt es in Ihrem Buch »Kleriker« Erörterungen, die ich entscheidend finde, da Sie zeigen, wie die »evangelische Armut« in der Armut des Menschen vor Gott wurzelt. Ist das nicht die Sicht der Mystik, in dem Sinne, wo Mystik die Grundwahrheiten des Lebens aussagt? Leider scheint das nicht gerade die Perspektive der Kirche zu sein...

Ich würde sogar sagen, daß die Kirche die Mystiker immer bekämpft hat, sie stets mit Mißtrauen betrachtet hat. Und dann hat sie sie unterdrückt. Der Mystiker ist nämlich ein Mensch, der nach innen horcht und aufmerksam wird darauf, was Gott ihm persönlich sagen will. Aber die Erfahrungen der Mystik sind jeder Systematisierung abhold.

Ihre beiden Elemente – das Subjektive und das Unmittelbare, Unsystematisierbare des Erlebnisses – bedrohen das sogenannte Kirchensystem, das hauptsächlich auf einer objektiven Systematik beruht. Dies wird in der Dogmengeschichte offensichtlich.

Die Dogmatik selber ist ein Problem?

Damals im Studium war mir noch nicht so klar wie heute, wie sehr die Dogmatik die Ergebnisse der kritischen Bibelexegese vernachlässigt. Tatsächlich fehlt eine vernünftige Schaltstelle, die eine Verbindung zwischen Exegese und Dogmatik, zwischen Bibelkunde und systematischer Theologie herstellen könnte. Mir ist klar geworden, daß etliche Dogmen vor allem auf zwei Irrtümern beruhen: Allegorische Erzählungen aus der Bibel werden als geschichtliche Fakten aufgefaßt, weil die Eigenart biblischen Sprechens nicht genügend beachtet wird; und andererseits wird der so fälschlich historisierte Mythos mit rationalen Mitteln gedeutet, um als Dogma eingesetzt werden zu können.

Diese beiden Sinnverschiebungen können leicht zum Aberglauben führen. Aber die Kirche klammert sich nach wie vor daran, weil sie ihre Lehren nach und nach als Dogmen etabliert hat. Und das begann sehr früh. Symbole aus der Antike wurden zu Unrecht für historische Angaben gehalten. Ebenso einige Bilder zur Deutung der Person Jesu, die noch im Neuen Testament als Interpretamente erkennbar sind... Tatsächlich gilt das Interesse der biblischen Autoren kaum den geschichtlichen Ereignissen. Aber in den einfachen Volksschichten, in denen das Christentum sich in den ersten Jahrhunderten ausbreitete, konnte man noch nicht bewußt unterscheiden zwischen Vorstellung und Information, zwischen Bild und Tatsache.

Man darf sogar behaupten, daß diese Frage bis ins Mittelalter überhaupt nicht gestellt wurde. Frühestens mit Abälard zeichnet sich ein Nachdenken über den Unterschied zwischen Bild und Realität ab. Und dieses Nachdenken fällt zusammen mit einer größeren Hinfälligkeit der historisierenden Selbstbegründung der Kirche.

Ein Vorgang, der über Spinoza immer weitergeht bis ins XX. Jahrhundert. Die Infragestellung des Kirchendogmas spürt heute jeder, so wie ich es selbst erfahren habe. Heute kommt ein junger Mensch bereits mit vierzehn Jahren mit der religiösen Lehre der Kirche nicht mehr zurecht. Und es ist tragisch mitzuerleben, wie ganze Generationen von Menschen, von Wissenschaftlern vor allem, sozusagen aus der Kirche herausgedrängt werden, da sie von der Vorgehensweise der Kirche verstört sind. Das wird solange andauern, wie diese Theologie ihre Überzeugungen auf irrige und irreführende Interpretationen von fälschlich historisierten mythischen Bildern wird glauben stützen zu müssen.

Solch ein Weg scheint direkt in den Aberglauben zu führen.

Ich stamme aus einer Familie, in der man selbstverständlich beim Gewitter eine Kerze anzünden und ein Gebet zum Bannen des Blitzeinschlags hersagen mußte.

Nun, warum nicht?

Die Schwierigkeit fängt an, wenn die Kirche verkündet, daß Gott das Gewitter befiehlt und den Blitz lenkt. Was im Ursprung ein legitimer Volksbrauch gewesen war, muß dann eines Tages in den reinen Aberglauben münden – oder in den Unglauben! Ein Beispiel:
Bei Albert Schweitzer fand ich einen Text über das Leid der Kreatur, ein Rätsel, das mich lange Jahre beschäftigte – früher oder später hätte ich es unweigerlich auch selbst so empfunden. Wie kann ein ganz weiser und ganz guter Gott als allmächtiger Schöpfer der Welt diese Welt so bestellen, daß jedes Lebewesen dem Leid geweiht ist? Eine grausame Feststellung ohne Ausweg. Zu berücksichtigen, daß auch Christus gelitten hat, macht es nicht besser. Ganz im Gegenteil. Ich konnte mich mit dem Leid in der Welt nicht abfinden, und auch nicht akzeptieren, daß in der Biologie das sogenannte Böse in der Schöpfung nicht als »böse«, sondern nur als ein bestimmtes Moment der Evolution verstanden werden soll. Ich mußte mir mühsam im Laufe der Jahre die Erkenntnis verschaffen, daß ein Problem des Christentums, das so durch die Jahrhunderte fortbesteht, wesentlich auf einer falschen Fragestellung beruht, da genau diese Vorstellung eines allmächtigen und unendlich guten Schöpfergottes mit der Wirklichkeit nicht übereinstimmt. Heute stelle ich mir vor, daß Gott die Welt so versucht vorwärts zu bringen, wie sie ist. Die Welt stelle ich mir wesentlich »offen« vor. Offensichtlich hat Gott, wenn es ihn gibt, darauf verzichtet, zu wissen, was aus der Welt werden wird. Überall gibt es riesige Chancen und Risiken, die nicht nur unseren kleinen Planeten Erde betreffen, sondern in denen sich das Schicksal des ganzen Universums abspielt.
Gott darf man sich nicht vorstellen wie einen Mann, der einen Zugfahrplan entwirft. Wenn ich ein Bild wagen darf, dann viel-

leicht das eines Spielkasinodirektors, der kein Interesse daran hat, daß jeder Spieler auch gewinnt. Er kann aber darauf gespannt sein, was sich aus dem ganzen Spiel ergibt... Das ist sicher ein anthropomorphes Bild, aber für die Naturwissenschaften, die von der Beziehung zwischen Gesetz und Zufall regiert werden, ist das vielleicht das passendste Modell, aus dem sich verstehen läßt, warum unsere Erde so viele Wunder und gleichzeitig soviel Leid birgt. Beides gehört zusammen. Man muß es akzeptieren.

Bis zuletzt?

Ich fürchte, ja.

Verstehen Sie auch das Leiden Christi auf diese Weise?

Nein. Sehr früh hatte die Gestalt des Gekreuzigten für mich nichts mehr zu tun mit Fragen der Naturphilosophie, sondern nur mit der Geschichte der Menschen. Das Kreuz, davon bin ich überzeugt, läßt sich unmöglich in das riesige Ringen um Leben, um Energie einbeziehen, das unseren kleinen Planeten Erde zeichnet. Ganz im Gegenteil. Mir scheint, Jesus ist in diese Welt gekommen, um die Menschen zu überzeugen, daß man aus der unglückseligen Verkettung in den ursprünglichen Egoismus herauskommen kann, daß man dem Überlebenskampf mit Großmut und dem Haß mit Güte begegnen kann.
Dies allein schon genügte, um die menschlichen Vorstellungen und Sicherheiten ins Wanken zu bringen.
Die angeblichen Rechte fingen an zu wackeln. Und derjenige, der ihnen auf diese Weise die Liebe beibrachte, wurde verworfen. So verstehe ich die Kreuzigung Jesu.
Güte zu zeigen angesichts des Hasses, das widerspricht der Natur der Katze, die die Maus jagt, des Adlers, der die Schlange fängt, der Schlange, die das Kaninchen erwürgt. Jedes nur naturgemäße Leben ist unausweichlich mit Vernichtung bedroht, mit gegenseitigem mitleidslosem Fressen und Gefressenwerden.

Der Mensch selbst macht keine Ausnahme.

Wir gehören ja auch in diesen Kontext. Soweit es geht, versuche ich für mich selbst dieses überall vorhandene Leid etwas zu begrenzen. Deshalb bin ich Vegetarier. Aber Sie haben recht: niemand kann dieser schrecklichen Logik entkommen.

Diese »Logik« betrifft nicht nur das Tier in seinem Verhältnis zum anderen, auch nicht nur den Menschen im Verhältnis zum Tier, sondern auch die Menschen untereinander: Oft kämpfen sie wie die Flußkrebse im Korb, indem jeder versucht, sich seinen Weg auf Kosten der andern zu bahnen.

Darin liegt gerade für mich ein Motiv, an Jesu Worte zu glauben, da er diese scheinbare Logik der Natur widerlegen wollte.

Ist das nicht illusorisch?

Jedenfalls beschwerlich. Noch beschwerlicher wahrscheinlich, als Jesus wohl ahnte. Für ihn mußte es eine Antwort auf diese Fragen geben, denn er dachte, das Ende der Welt sei nahe, und Gott käme jetzt spürbar in das Leben der Menschen – was alles verändern könnte: Von jetzt an und für immer könnten wir nach Gottes Willen leben, nach dem Willen jenes Gottes, den er unendlich gut glaubte. Ein phantastischer Gedanke. Es ist eine riesige psychische Anstrengung notwendig, damit man die Botschaft Jesu und seine Art zu leben so erklärt, daß es nicht schadet.

Sie haben hier den Masochismus im Visier.

Als Kind wollte ich glauben, was Jesus vorschlage, sei richtig. Noch heute versuche ich, es nach meinem heutigen Verständnis zu leben. Jedoch mußte ich daran viel leiden. Warum? Wer die Bergpredigt in ihrer ganzen Weite verstehen möchte, sollte »moralische« Ziele außer Betracht lassen. Aber ich hatte leider die Bergpredigt als moralische Zielsetzung kennengelernt. Also habe ich mich angestrengt, sie in die Praxis umzusetzen, und mußte mich selbst dabei unterdrücken. Ich brauchte einen langen Weg, bevor ich merkte, daß Jesu Bilder eine besondere Art der Fragestellung voraussetzen, will man sie richtig deuten.

Sie sprechen von »Bildern«...

In der Tat geht es hier nicht um »Moral« im eigentlichen Sinn, so daß man absolute Urteile fällen könnte, sondern um existentiell wichtige Fragen. Von daher ergibt sich die Notwendigkeit, die psychischen und psychologischen Motive unseres Handelns zu kennen. Ohne dies vorab zu klären, kann man Jesu Willen nicht richtig verstehen. Nur Menschen, die eine wirklich klare Sicht von sich selbst erreichen, können verstehen, was Jesus wollte, und können versuchen, daraus zu leben. Dank der Psychoanalyse habe ich für mich selbst hier ein bißchen mehr Klarheit erreicht. Ist es aber indessen nicht bezeichnend, daß mir die Theologie dabei überhaupt nicht helfen konnte?

Wie er sie bei der Hand nahm

Sind Sie spontan auf die Psychoanalyse gekommen, hatten Sie sie sozusagen schon im Kopf, bevor Sie sie kannten?

Ganz gewiß. Meine existentielle Welt, wenn ich so sagen kann, war stark beeinflußt worden durch die Philosophie Kierkegaards, Schopenhauers und Albert Schweitzers. Aber entscheidend blieb auch der Einfluß, den ich in meiner Schulzeit von Jean Paul Sartre empfing. Das beantwortet direkt Ihre Frage, denn Sartre kannte die Psychoanalyse nicht, als er »Das Sein und das Nichts« schrieb. So entwarf er eine Art existentielle Psychoanalyse, die er übrigens bei diesem Namen nannte. Von den Problemen der Existenz her dachte Sartre über die menschliche Psyche nach, auf eine ganz cartesianische Weise. So war es auch bei mir. Zur Psychoanalyse im eigentlichen Sinne kam ich erst durch eine besondere Begebenheit.

Ungefähr vierzehn Tage nach meiner Priesterweihe befand ich mich in einem Kurort. Ich war dort als Priester eingesetzt, und wahrscheinlich hat meine Predigt einige Menschen neugierig gemacht, ja sogar fasziniert. Wie dem auch sei, es kam nach der Messe ein Mann zu mir, der mir weinend anvertraute, daß er bei der Kur in dem Badeort die Bekanntschaft einer Frau gemacht habe, in die er sich verliebt habe, so sehr, daß er ganz verwirrt sei. Er hatte sich damit nicht abgefunden und versuchte gegen sein Gefühl zu kämpfen, da er schon seit vielen Jahren verheiratet war. Aber der Kampf war umsonst. Was wäre nun meine Pflicht als Priester gewesen? Hätte ich ihm denn nicht sagen müssen, daß er die Frau meiden soll, daß er im Zustand schwerer Sünde sei, daß er an seine Frau und seine Kinder denken soll?

Der Mann war aber am Weinen. Die Orientierungslosigkeit dieses Mannes, als mit ihm etwas geschah, was er selbst nicht verstand, brachte mich in ein schweres Grübeln. Ich war auch nicht imstande, das alles wirklich zu verstehen. Aber eins verstand ich: hier würde es nicht genügen, einfach mit moralischen Verboten zu wirken.

Ich sage es noch einmal: wenn ich Priester geworden bin, so in dem Willen und in der Hoffnung, Menschen zu helfen. Ich wollte sie verstehen, sie begleiten. Diese Zielsetzung erfüllte mich ganz. Und jetzt stand ich vor einem menschlichen Problem und entdeckte voller Bitterkeit, daß die Theologie, die ich gelernt hatte, von keinerlei Hilfe war. Ich konnte mich so anstrengen, wie ich wollte, es war mir klar, daß die ganze Anstrengung nichts bringen konnte, so lange ich so handelte, wie ich es in sechs Jahren Theologie-studium gelernt hatte.

Im Laufe der Zeit sah ich zu mir Menschen kommen, die psycho-somatisch litten oder in ihrer Liebe zerrissen waren, oder angehende Priester, die sich schämten, als sie entdeckten, daß sie homosexuell waren. Ein Mann kam, der seit langen Jahren ein Verhältnis mit einer seiner Angestellten hatte und buchstäblich von Krankheit überwältigt wurde, als seine Frau davon erfuhr... In all diesen Fällen bin ich niemals jemandem begegnet, den man hätte verurteilen können. Alle aber waren gedemütigt, von sich selbst entfremdet, und verstrickten sich ungewollt in schuldiges Handeln, in dem sie sich selbst nicht wirklich erkennen konnten. Mir war klar, daß vieles sich nicht durch das Bewußtsein, die Vernunft, die Philosophie erfassen läßt – nicht einmal durch die Existenzphilosophie. Hier war offensichtlich die Psychoanalyse gefragt. Daher beschloß ich, mich selbst in der Psychoanalyse ausbilden zu lassen. Damals wußte ich noch nicht, daß ich hier vieles über mich selbst würde lernen müssen. Als ich es entdeckte, entstand eine enorme Spannung: zwei Welten bekämpften sich in mir. Während auf der einen Seite die Theologie, die ich gelernt hatte, nach dem vermeintlichen Beispiel Jesu mich den Leuten beistehen hieß unter Hintanstellung aller eigenen Wünsche, trieb mich die Psychoanalyse wieder zu mir selbst, zu einer Art gesunden Egoismus. Sie ließ mich die Erlaubtheit des eigenen Glücks entdecken und fühlen, das ich erst mir selbst gestatten sollte, glücklich zu sein, weil sonst meine Anstrengungen für die andern vergebens sein könnten. Das allerdings zu entdecken widerstrebte dem Christen, für den ich mich hielt.

Priester sein, ist das nicht zuerst eine bestimmte Aufgabe in der Kirche erfüllen wollen? Es ist eher selten zu hören, die erste Motivation des Priesters wäre der Wunsch, den Menschen nützlich zu sein.

Das in der Tat war mein einziges Motiv. Zu dieser Zeit wäre ich auch gerne Arzt geworden. Mein Ideal wäre gewesen, wie Albert Schweitzer erst Theologie zu studieren, um dann Arzt zu werden. Ich wußte aber, daß es illusorisch war, beides zu wollen; gewisse Kirchengesetze verbieten es. Besteht aber denn nicht das »einzig Notwendige« darin, wie Jesus Menschen zu heilen? Die Wunderheilungen des Neuen Testaments waren mir außerordentlich nah und sind es bis heute. Aber um diese Texte wirklich zu verstehen, mußte ich die tradierte Theologie einer Revision unterwerfen. Ich sagte mir: Solche Erzählungen können nicht nur aus irgendeinem Aberglauben stammen, denn sie sprechen zu uns mit einer echten menschlichen Wahrheit. Die Interpretation jedoch, die wir in der Kirche von ihnen haben, entspricht nicht dieser Wahrheit.
Wir haben immer wieder gehört, daß Jesus, weil er Gottes Sohn ist, alles machen konnte, was er wollte. Das ist irrsinnig. Wahr ist, daß uns das Evangelium immer wieder erzählt, wie Jesus bei den Menschen war, wie er sie an die Hand nahm. Wir hören, wie Jesus sie aus den Dörfern herauskommen ließ, ihnen die Hände auflegte, damit sie »Sehende« wurden.
Ich war gefordert, mich zu fragen, wie das heute zu leben ist. Es braucht eine lange Zeit, bis ein Mensch sich lösen kann vom Urteil der Menge, die ihn umgibt, bis er frei wird vom Einfluß seiner Familie, damit er Sicherheit bekommt. Nach und nach wird er fähig zu sehen und zu urteilen. Die Texte des Evangeliums sind alle wahr, aber sie müssen richtig interpretiert werden, d.h. menschlich. Deshalb scheint mir die Psychotherapie ein wichtiges

Hilfsmittel zu sein, da sie es erlaubt, die im Unbewußten liegenden Bilder zu entziffern.

Ich gehe so weit zu sagen, daß die Psychoanalyse ein unentbehrliches Instrument zum Verständnis des Menschen ist, und insbesondere, um die Gestalt Jesu zu verstehen.

Sie beklagen die Neigung der Kirche, zu verurteilen. Wie ist das psychologisch zu verstehen? Und, weiter gefragt, was bedeutet die Leichtfertigkeit, mit der der Mensch über andere urteilt?

Es gibt eine Art von Menschen, die kaum jemals erfahren hat, was es heißt, wehrlos zu sein, verzweifelt zu sein und mit den besten Absichten in die grundfalsche Richtung zu geraten. Diejenigen, die nicht in aller Tiefe erfahren haben, was seelisches Leid ist, neigen dazu, zu behaupten, daß man alle Probleme lösen kann durch den Willen, durch die Klarheit des Entschlusses, dank einer richtigen moralischen Überzeugung. So verfahren sie bei sich selbst und so wollen sie bei anderen verfahren. Eine solche Menschenart wage ich »pharisäisch« zu nennen. So heißt in der Bibel der Kreis hochengagierter und zu selbstsicherer Menschen. Psychoanalytisch kann man sagen, daß hier eine Struktur der Zwangsneurose besteht, so daß in der religiösen Haltung die Klarheit des Gesetzes stark betont wird sowie die Richtigkeit der objektiven Entscheidungen. Bei diesem Menschentyp findet eine starke Verdrängung statt, und das Gefühl spielt nur noch eine minimale Rolle. Erst zählt der Wille, die Biographie des Menschen fällt sozusagen kaum noch ins Gewicht. Solche Menschen scheinen in voller Rüstung vom Himmel gekommen zu sein. Sie neigen dazu, von sich selbst nur ihre Leistungen zu zeigen, ihre Erfolge, oder sogar ihre Mißerfolge. Was sie schaffen – oder nicht schaffen – ist ihnen viel bedeutender als das, was tief in ihnen geschieht.

Zweifelsohne hat diese Struktur der Zwangsneurose die ganze Gunst der katholischen Kirche.

Das Beispiel Jesu aber ist ganz anders. Wir hätten niemals von Johannes dem Täufer abweichen müssen, wenn uns eindeutige moralische Befehle gerecht würden. Jesus aber sah die Menschen ungleich hilfloser, zerbrechlicher. Deshalb lehrte er, daß besonders solche Menschen Zugang zu Gott haben sollten. Ihnen gegenüber zeigte er eine grenzenlose Güte, eine bedingungslose Annahme, die einfach bewirkte, daß die Menschen sich selbst wiederfanden. Bei ihm durften sie sich so geborgen fühlen, daß sie zum Guten fähig wurden. Später wird das Paulus auf systematische Art ausdrücken mit den Worten von der rettenden Kraft der Gnade und der mörderischen Kraft des Gesetzes. Jesus selbst hatte es so nicht ausgedrückt. Jedoch meine ich, daß Paulus hier eine richtige und wichtige Seite des Problems aufzeigt.

Wie sehen Sie die Persönlichkeit Jesu psychologisch?

Es wäre verwegen, davon auf der rein geschichtlichen Ebene eine sichere Auskunft finden zu wollen. Trotzdem können wir mit einiger Sicherheit sagen, daß er sich als Prophet zu erkennen gab. Und das gibt Einblick in einige psychische Vorbedingungen. Ein Prophet muß von brennender Ungeduld sein, begabt mit außerordentlicher Kraft zur Beseitigung der Vorurteile, ihn muß eine ungewöhnlich dichte Erfahrung tragen, sowohl in der eigenen Person als in der Kenntnis der anderen. Er muß eine hohe Poesiebegabung haben, eine wunderbare Sensibilität, eine große Auffassungsgabe und eine große Empfänglichkeit für das menschliche Leid, wie es die Bibel immer wieder betont. Und vor allem ein ganz besonders geschärftes Bewußtsein, so daß es ihm möglich wird, aus dem Teufelskreis der Gewalt und Gegengewalt auszubrechen.

Wer war eigentlich Jesus als historische Persönlichkeit? Darüber werden wir wahrscheinlich nie viel wissen. Erstaunlich, festzustellen, wie wenig die biblischen Autoren sich damit aufhalten, ihn psychologisch zu beschreiben. Was wir von ihm im Grunde wissen müssen, ist nichts anderes als das, was er uns mitteilen wollte. Ich für meinen Teil kann diese Eigenart der biblischen Darstellung ohne Schwierigkeiten akzeptieren: Eine Person wird erst deutlich durch das, woran sie wesentlich glaubt. Und das kann man bei Jesus ziemlich klar feststellen.

Sie haben vorhin gesagt, daß für Christus die Kreuzigung eine beinah logische Konsequenz seiner Vorgehensweise, seiner inneren Veranlagung war. Sollte denn schon seine Haltung im vollen Sinne des Wortes notwendig zum Kreuz führen?

Ja, unbedingt.

Und ist das für jeden Menschen so?

Ja, das glaube ich. Wer wie Jesus handelt, wird so enden wie er. Das ist eine Frage nach der Intensität des Lebens, keine Frage der Umstände.

Diejenigen, die zu leicht eine direkte Verbindung zwischen ihrem persönlichen Leid und dem Leid Christi herstellen, würden sich wahrscheinlich schwertun zu verstehen, was Sie sagen. »Ich leide zwar, aber Christus hat soviel mehr gelitten...« hört man. Ist da nicht ein Trugschluß?

Ja, so etwas ist zerstörerisch.

Sie schreiben es übrigens schwarz auf weiß. Wie kann man aber unterscheiden zwischen dieser falschen Haltung und einem Weg, der zwar christusgemäß, aber trotzdem auch unausweichlich zum Kreuz führt?

Das Paradoxe ist, daß Christus nicht hat leiden wollen. Er wollte die Menschen glücklich machen. Er sprach selbst von seiner Zeit wie von einer Brautzeit, in der die Menschen nicht mehr fasten sollten, nicht mehr trauern, sondern sich freuen sollten.
Er wollte die Mechanik des geistigen und sozialen Eingesperrtseins zugunsten der Menschen außer Kraft setzen. All diejenigen, die es ihm nachzumachen versuchen, werden einen steinigen Weg haben. Aber sie werden sich damit abfinden wie er, und werden danach trachten, nicht zuviel Leid auf sich zu nehmen, jedenfalls nicht umsonst zu leiden. Sie werden sich sagen: »Die Perspektive, die ich entdecke, ist so wesentlich, daß es sich lohnt, dafür zu arbeiten; das Ziel ist die Mühe wert, und niemand kann es zerstören. Sollte ich selbst vernichtet werden, das Engagement für die Wahrheit wird trotzdem weiterleben.« So sehe ich es.

Würden Sie es der Kirche so sagen?

Ich würde ihr sagen, daß sie das nicht erfüllt, was Jesus wollte. Sie läßt es links liegen. Sie heilt nicht die Menschen. Sie versucht nicht, sie so zu verstehen, wie sie sind. Sie kümmert sich nicht um ihre Schwierigkeiten, sondern begnügt sich damit, ein fertiges göttliches Wissen zu verwalten im Namen eines unfehlbaren Lehramtes, und darüber hinaus will sie den Menschen eindeutige moralische Gebote auferlegen.

Im Grunde bringt sie damit keine Hilfe, sondern begnügt sich damit sich einzubilden, sie sei imstande, kraft des Priesteramtes die Sünden zu vergeben.

Wer dem Priester seine Sünden beichtet und ihn seiner Reue versichert, dem wird im Namen der Kirche vergeben. Ich weiß jedoch, wie schwer es für den Menschen ist, dazu zu kommen, einfach zu sagen, was er falsch gemacht hat. Noch schwerer ist es zu unterscheiden, was daran zu bereuen wäre und was bewirken könnte, daß er bei der nächstbesten Gelegenheit nicht wieder rückfällig wird. Auch weiß ich aus Erfahrung, wie schwer es ist, die Menschen dahin zu bringen, endlich sich selbst vergeben zu können. All diese Fragen kann man unmöglich in einer Beichte von ein paar Minuten abhaken, kraft eines angeblichen Vergebungsamtes der Priester. All diese Dinge, die die Kirche zu verwirklichen vorgibt, erweisen sich in Wirklichkeit als viel komplizierter, als es die katholische Kirche wahrhaben will.

Würden Sie also sagen, daß die Beichte, wie die Kirche sie praktiziert, in gewisser Weise abergläubisch ist?

Ganz bestimmt. Es funktioniert wie eine Art Magie. Ja, so ist es. Ich kenne überängstliche Personen, die eine so große Schuldangst haben, daß sie am liebsten zehnmal am Tag die Absolution erteilt bekämen.

So, wie man sich die Hände wäscht!

Sie empfinden einen unwiderstehlichen Zwang. Weil es nicht anders geht, höre ich ihre Beichte, und für eine Stunde, oder vielleicht nur für fünf Minuten, haben diese Leute endlich ein wenig Frieden. Zwar darf ich offiziell keine Beichte mehr hören. Trotzdem kommen viele Leute zu mir. Ich muß ihrer Erwartung entsprechen, ich sage mir: »Jetzt zur Zeit brauchen sie es. Hoffentlich reifen sie eines Tages und lassen das hinter sich.«

Wie kann man erklären, daß Christus, der sein ganzes Leben lang den Menschen zu sich selbst führen wollte und ihn niemals der Entfremdung preisgeben wollte, ihm eine Aufgabe erteilt, von der Sie sagen, daß sie so schwierig zu verstehen und zu erfüllen ist?

Es müssen viele Hindernisse beiseite geräumt werden, bevor Menschen zu sich selbst finden. Kein Mensch kommt auf die Welt ohne eine riesige Sehnsucht nach Liebe, Verständnis und Sicherheit.

Sicherheit? In welchem Sinne?

Sicherheit in dem Sinne, als wir uns angenommen fühlen müssen, nicht alleine gelassen werden möchten vor den wichtigsten Fragen des Daseins; jeder von uns braucht eine menschliche Umwelt, in der er aufblühen, in der er heimisch werden kann. Es gibt kaum Väter oder Mütter, die das nicht ihrem Kind bieten möchten. Aber die Menschen haben ihre Grenzen, ganze Räume, in denen Traum und Glück ihnen verwehrt bleiben.
Und da zeichnen sich die Grenzen ab für das Kind, wenn es im Schatten seiner Eltern groß werden muß. Das Paradoxe ist, daß die Kinder sozusagen gezwungen sind, die Liebe ihrer Eltern durch Gehorsam und Unterordnung zu erringen, und dort ist die Wurzel einer ganzen Reihe von Ängsten, von Verdrängungen, von Auflösungen, von widersprüchlichen reaktiven Gefühlen, die eines Tages nach außen drängen. Das alles tummelt sich in unserem Unbewußten. Daher muß sich die Personbildung unter großen Schwierigkeiten vollziehen. Die Autorität der Eltern wird verinnerlicht und stellt eine feste Instanz her, die uns fortan unsichtbar begleitet.
Viele tiefsitzenden Bedürfnisse stammen aus dieser Zwangsstruktur – und daher entsteht unweigerlich ein dialektisches Pendeln

zwischen »Über-Ich« und »Es«. Für die meisten Menschen ist es sehr schwierig, mit so verwickelten Dingen zurechtzukommen. Hoffen wir, daß eines Tages die Liebe zwischen Mann und Frau die seit Kindertagen in die Tiefe der Seele versunkenen Dinge wieder an das Bewußtsein bringt. Da geschieht nämlich etwas wie ein Aufblühen, wenn zwei Menschen einander wirklich lieben. Aber die Liebe selbst bringt auch Probleme mit sich. Aus all diesen Gründen ist es schwer, aufrichtig zu sein. Der Mensch hat immer Angst, daß der andere, wenn er sich so zeigt, wie er ist, ihn dann nicht wirklich lieben kann. Oft bringt die Aufrichtigkeit Nachteile: der Partner zieht sich zurück, es gibt Enttäuschungen, aggressive Reaktionen. Man schämt sich, so zu sein, wie man ist. Darauf antworten die wunderbaren Worte der Bibel, als Jesus sagt: »Selig sind diejenigen, die noch wagen zu weinen!« Oder, wenn er am Ende sagt: »Ich war nackt, und ihr habt mich gekleidet.« Ich glaube, diese Worte berühren eine der wichtigsten Fragen überhaupt: Wie kann man mit dem anderen so in Beziehung kommen, daß er sich nicht länger schämen muß und zu dem Vertrauen gelangt, das ihm Aufrichtigkeit gestattet?

«Den anderen bekleiden«, das ist es! So zu sein, daß keine Verhüllung mehr nötig ist, daß der Mensch seine ursprüngliche Schönheit wieder entdeckt. Alles kommt darauf an, ob der Mensch den Respekt vor sich selbst wiederbekommt. Das ist wesentlich und scheint einfach, aber in Wirklichkeit ist es schwierig, weil andere Fragen sich aufdrängen, wie: »Was ist mit den Menschen anzufangen, wie kann man sie benutzen, in welche Partei, in welche Kirche sollen sie, in welcher sozialen Gruppe werden sie am nützlichsten?« Und niemand fragt: »Wie geht es Dir, wer bist Du, was willst Du? Wozu bist Du aufgerufen? Wer könntest Du sein vor Gottes Angesicht?« Solche Fragen werden im Alltag niemals gestellt, als ob man sie vergessen hätte... Wo es doch Aufgabe der Religion und der Psychotherapie wäre, solche Fragen in ihrem ganzen ursprünglichen Gewicht zu stellen. Wenn er einen Menschen traf, fragte ihn Jesus: »Was willst Du?«, oder: »Wer bist Du?« oder: »Wie ist Dein Name?«

Etwas Nützliches für den Menschen

Wie kam es dazu, daß Sie die Kirche ohne jeden Umweg ansprachen und in Frage stellten? Und wie sind Sie zum Schreiben gekommen?

Die Kritik an der Kirche war ein Ergebnis meiner Grundmotivation zum Priestertum: ich wollte anderen helfen. Deswegen war ich immer auf der Suche nach dem, was dem Menschen dort helfen kann, wo er gerade ist. Und das veränderte mich selbst immer wieder: Ich mußte lernen, gewisse theologische Stellungnahmen, gewisse Lehren der Kirche wieder in Frage zu stellen oder sie zumindest auf neue Weise zu interpretieren.

Was das Schreiben angeht, mußte eine lange Zeit vergehen, ehe ich dazu wirklich fähig wurde. Ich brauchte praktisch sechs Jahre für meine Doktorarbeit und meine Habilitationsarbeit: Es wurden drei Bände mit dem Titel »Strukturen des Bösen«. Wochenlang saß ich vor einem leeren Blatt. Dann plötzlich sprudelte es aus meiner Feder heraus, indem ich begriff, daß ich den Menschen aus der Tiefe seiner Seele anzureden hatte. So ist heute noch meine Haltung. Was mich dazu bringt, ein bestimmtes Thema zu behandeln, das sind gerade die Fragen der Menschen, die ich kenne.

Ich höre meinen Gesprächspartnern aufmerksam zu, manche ihrer Worte, die sich eines Tages einfügen, suchen ihren Weg. Es werden gewisse Assoziationen in mir geweckt, ich komme den Worten auf die Spur, die der andere in seinem Kontext braucht. Bei der Vorarbeit für meine Bücher stehen im Geiste immer die Menschen vor mir, mit denen ich mich gerade austausche.

Ich suche die treffendste Art, sie zu erreichen. So geht es auch bei meinen Vorträgen. Niemals hätte ich gedacht, so viele Zuhörer zu finden. Denn erstens soll meine Stimme melancholisch und eintönig klingen...

Finde ich nicht!

Ehrlich gesagt, ich auch nicht! Aber manche finden es so. Übrigens glaube ich zu erahnen, woher dieser Eindruck kommt. Viele, die letzten Endes wenig oder nichts zu sagen haben, ergreifen das Wort, während ich immer versuchte, die Zuhörerschaft durch den Inhalt meiner Rede, durch meine Ausdrucksweise, und – warum nicht – durch die Schönheit der Sprache zu fesseln. Das versteht sich nicht von selbst. Ich bin buchstäblich außerstande, den Mund nur aufzumachen, um Allerweltweisheiten zu verkünden, wie es zu oft geschieht. Ich konnte es noch nie. Indessen wundert mich doch, wie groß meine Zuhörerschaft ist.

Sie dürfen ja nicht mehr predigen...

Ich habe Lehr- und Predigtverbot.

Und dabei...

Seinerzeit habe ich meinem Bischof zu verstehen gegeben, daß ein solches Verbot unsinnig ist. Ich habe ihn davon in Kenntnis gesetzt, daß ich entschlossen bin, weiter Vorträge zu halten, zwar nicht als Lehrbeauftragter oder Dozent der Theologie – ein Titel, der mir für einen Priester immer dubios schien, den ich nie haben wollte – aber als Mensch, der auch ein Recht auf Redefreiheit hat[1].

Tatsächlich bleibt die Art, wie ich meine Zuhörer anrede, nahe an dem, was man gemeinhin eine »Homilie« nennt. Es finden sich kaum Theologen, die bei Verzicht auf gelehrte Vorträge den Menschen eine wirklich religiöse Betrachtung anbieten. Was mich angeht, biete ich jede Woche zwei oder drei Vorträge an und will es weiter so halten.

Und was die Beichte angeht?

Ich stehe denjenigen zur Verfügung, die wie selbstverständlich vom Gespräch zur Beichte übergehen möchten. Die werde ich doch wohl nicht zum Bischof schicken!

Dürfen Sie lehren?

Nein, nicht im eigentlichen Sinne.

Tatsache ist, daß Sie keinen Lehrstuhl haben.

Dem habe ich mich immer widersetzt. Mir war schwer zu vermitteln, wie man die Rolle eines »beamteten« Theologen begehren kann, um ein gutes Gehalt dafür zu bekommen, daß man die Armut Jesu verkündet. Daher habe ich mich für den Stand des »Privatdozenten« entschieden. Als Privatdozent bekam ich keinerlei Honorar. Ich war also »lehrbeauftragt«, aber kein »ordentlicher Professor« und dachte, als Theologe sprechen zu dürfen, ohne wie die reguläre Theologenschaft Geld aus der Staatskasse zu beziehen. Der deutsche Titel eines Privatdozenten scheint mir im übrigen lächerlich. Bei meiner Habilitation war mir nicht einmal bekannt, daß es so eine Bezeichnung gibt... So aber trifft mich das Lehrverbot weniger, als es einen ordentlichen Professor treffen würde. Wäre ich »ordentlicher Professor« gewesen, so hätte mich der Staat weiter beschäftigen müssen: ich hätte mein Leben lang mein Gehalt weiter bekommen können, ohne zu arbeiten. Das aber entspricht nicht meiner Lebensauffassung.

Wie ist denn Ihre Lebensauffassung?

Ich sage es noch einmal, ich möchte den Menschen nützen, und in meinem Handeln der Absicht Jesu entsprechen. Das sind ab jetzt die beiden einzigen Dinge, die mir wichtig sind. Mich kümmert es nicht mehr zu wissen: was will die Kirche? was tut die Kirche? was kann sie sonst noch tun?, da mir einzig daran liegt zu suchen, was die Menschen brauchen, und wie man dem Beispiel Jesu zumindest ein wenig nachfolgen kann.

Finden Sie es normal, daß die Kirche Strafen verhängt?

Darunter habe ich schwer gelitten, es war mir ein weiterer Beweis der angeborenen Unfähigkeit der Kirche, das menschliche Grundbedürfnis nach Freiheit zu akzeptieren. Darauf machte ich aufmerksam, ich wollte der Kirche damit nur dienen. Als sich das als unmöglich erwies, war es sehr schmerzlich für mich. Eine Zeitlang hatte ich heftige Selbstzweifel, dachte, ich hätte mich nicht verständlich gemacht und wäre also verantwortlich für die Schwierigkeiten der Bischöfe mir gegenüber. Als ich aber merkte, daß meine Bestrafung von vornherein beschlossene Sache war, habe ich aufgehört, Verantwortungs- und Schuldgefühle den Bischöfen gegenüber zu haben. Ich fühlte mich erleichtert, daß ich allein meinem Gewissen verantwortlich bleibe. Deswegen leugne ich nicht, daß es bestürzend sein kann, ausgeschlossen zu werden, festzustellen, daß die Kirche weiter auf dieser Ausschlußpraxis besteht, weiter diese Mauern des Schweigens baut. Sie kapselt sich immer weiter ab. Wieso sollte also bei mir eine Ausnahme gemacht werden? Aber die Situation grenzt schon an Irrsinn. So werden die Verlage gemieden, die meine Bücher herausgeben. Was in Frankreich mit dem »Cerf« passiert ist, ist in Deutschland der Regelfall.[2]

Laut dem Präsidenten der katholischen Verleger und Buchhändler genügt es, daß ein Verleger Drewermann druckt, um seitens der Kirche gänzlich in Verruf zu geraten. Unentwegt wird Druck auf die katholischen Buchhändler ausgeübt, und diese Taktik bringt Früchte, denn viele von ihnen sind auf irgendeine Weise von der Kirche abhängig.

Die Sanktionen betreffen vor allem die Bildungszentren. Widerwärtig schien mir das Verbot, das voriges Jahr an den französischen Bischof Jacques Gaillot erging, diese oder jene französische Diözese zu besuchen, weil er sich ein paar Minuten öffentlich mit mir unterhalten hatte. Das ist ein Indiz unter vielen anderen, das bezeugt, wie sehr die Kirche ihren eigenen Gläubigen mißtraut. Sie sollte als Gemeinschaft auf Vertrauen gründen, statt dessen wird sie von der Angst regiert. Wie kann diese Kirche die Worte der Schrift: »Fürchtet euch nicht!« zusammenreimen mit ihren Prinzipien der Unterordnung und der Angst?

Hier werden doch die richtigsten Worte in ihrem Sinn pervertiert und scheinen das Gegenteil auszusagen. Woher kommt dieser Zustand? Ich meine, die Angst der Menschen wird nicht ernstgenommen und zu beantworten versucht, statt dessen versucht man, sie sozusagen magisch zu beschwören.

«Fürchtet euch nicht!«, das klingt wie eine Losung. Wird denn die Angst nicht sogar gezüchtet, als Herrschinstrument über die Menschen?

Ja, so ist es. »Ihr braucht keine Angst zu haben, wenn ihr uns gehorcht.« Was mich persönlich angeht, glaube ich, daß die Institution Kirche sogar vor mir Angst bekommt, weil ich daran erinnern möchte, daß Religion niemals eine besondere Form der Organisation ist, sondern eine bestimmte Art zu leben. Die Versteinerung der Kirche in bestimmten Strukturen bringt eine entscheidende Bedrohung des Lebens mit sich. Sekten gegenüber ist und bleibt sie die Stärkere. Aber die Menschen, die sich ihrer Verantwortung bewußt sind und wissen, daß sie selbst für sich einstehen können, werden von der Kirche verdächtigt und gefürchtet, denn sie weiß, daß solche Menschen eines Tages aus der Reihe tanzen.

Finden Sie in Ihrer Lage noch Freunde?

Innerhalb der Kirche, bei den Kollegen, habe ich nicht viele... Zugegeben, es gibt ein paar wunderbare Leute, die selbst solche Grunderfahrungen hatten, und denen ich dankbar bin, daß sie standhaft bleiben. Dennoch stelle ich fest, daß es manchmal genügt, daß einige sehr nah an meiner Sichtweise sind, um an den Rand gedrängt zu werden. Viele verlieren ihre Stelle, weil sie mich unterstützt haben. Es geht manchmal bis ins Absurde.

Das Wichtigste in Ihrem Leben...

Daß wir die Angst besiegen durch Vertrauen und Liebe.

Und was ist mit dem Christentum?

Wenn man das Christentum als organisiertes Glaubenssystem versteht, sieht man bald seine Grenzen. Das Christentum, wage ich zu behaupten, wird die Botschaft Christi erst wieder verstehen, wenn es von den anderen Religionen lernt. Vom Judentum kann es lernen, was der Jude Jesus wirklich dachte und wollte. Vom Buddhismus, worin die Weisheit des Menschen besteht, wie man sich selbst findet, seine Seele klärt. Von den Muslimen schließlich, wie einfach Glaube sein kann, wenn man einmal nicht bei der erdrückenden Last von Gesetzen stehenbleibt.

Versteht man Jesus so, wie er es wollte, und richtet man sich nach der Wirklichkeit seiner Worte und seines Lebens, dann sollte es im Grunde genommen kein besonderes Christentum geben. Kam denn von Jesus nicht eigentlich eine Anleitung zum Menschwerden? Er hat sich gern als »Menschensohn« bezeichnet, oder doch auf den kommenden »Menschensohn« berufen. Hier liegt ein mythischer Begriff aus der jüdischen Apokalyptik in seiner ganzen Bedeutungskraft zugrunde. Er will besagen, daß in Jesus die Menschlichkeit Person geworden ist. Da ist alles gesagt, was er sein und sagen wollte.

Er verstand sich also als Mensch im vollen Sinne?

Gewiß. Seine Leidenschaft bestand darin, den Menschen zur vollen Menschlichkeit zu verhelfen. Nichts ist wichtiger, als in diesem Sinne zu wirken. Es entspricht nämlich dem Hauptgebot und zeigt, wie man es verstehen sollte: Gott zu lieben mit allem, was man ist, und mit allem, was man hat – Gedanken, Gefühlen, mit ganzem Herzen – und unseren Nächsten wie uns selbst. Erst dann ist die Frömmigkeit eins mit allem, was im Menschen lebt. Dort geschieht Einheit als Frucht einer glaubwürdigen, einer wirklich gläubigen Frömmigkeit.

Die große Symphonie der Natur
in der Seele

Was bedeutet für Sie »befragen«?

Es gibt zwei Arten von Fragen. Bei der ersten Art bezieht man sich auf bestimmte Urteile, bestimmte Kenntnisse, bestimmte Verstandesinhalte. Man erreicht die Grenzen seines Wissens, und etwas Neues kommt zum Vorschein, aber man behält den Eindruck, daß das Neue mit den bereits benützten Mitteln erfaßbar ist. In diesem Fall bleibt das Fragen eine Vorgehensweise, die unsere eigene Perspektive erweitern kann.

Ganz anders das Fragen aus dem bedrängenden Gefühl heraus, das, was uns bis heute grundlegend gewesen ist, müsse radikal in Frage gestellt werden. Hier wird alles erschüttert. Ein lebendiger Prozeß wird eingeleitet, der nicht nur den Intellekt betrifft, sondern auch unsere Lebensweise anders orientieren wird. Hier wird nicht so sehr eine Antwort gesucht, der Mensch selbst wird zur Frage und wird selbst in Frage gestellt. Wer jetzt noch den eingeleiteten Denkprozeß weiterführen möchte, findet keine Antwort mehr, denn hier geht es um echte Erneuerung. Saint Exupéry schreibt zu Recht in »Stadt in der Wüste«, daß das Leben selbst die meisten Fragen beantwortet, insoweit es uns lehrt, sie nicht mehr weiter zu stellen. Die Erfahrung bestätigt das. Es gibt in der Tat eine ganze Reihe von Fragen, die keine Antwort brauchen. Daß man sie stellt, ist aber ein Reifezeichen. Die Dinge ordnen sich anders, und wir verstehen, daß die Frage, so wie sie gestellt war, nicht beantwortet werden konnte.

Wir sprachen bereits über solch ein Rätsel bei der Theodizeefrage: Wie kann ein allmächtiger und allweiser Gott eine Welt des Leids zulassen?

Diese Frage ist in dieser Form falsch gestellt und kann also nicht beantwortet werden.

Wie muß man sie denn Ihrer Meinung nach stellen?

Im Laufe der Jahre bin ich realistischer geworden. Je älter man übrigens wird, um so weniger empfänglich ist man für die fertigen Begriffe, für die überkommenen, »traditionellen« Begriffe sozusagen. Ebensowenig wird man dann geneigt sein, bestimmte Ideen oder Ideale gegen die Wirklichkeit aufrechtzuerhalten und zu verteidigen. Aber gerade die Idee eines Gottes, der die Welt überragt, der alles weiß und alles kann, widerspricht der Wirklichkeit, wie sie ist. Die Einsicht in diese Evidenz hat mein Gottesbild endgültig verändert. Der Mensch muß eine offene, nicht schon festgelegte Welt akzeptieren lernen, was ihn in seine volle Verantwortlichkeit einführt, davon bin ich überzeugt. Das Abenteuer eines so offen konzipierten Universums bringt Folgen mit sich, die unabsehbar und unvorhersehbar sind wie die Wolkenbewegungen oder wie die mittelfristige Wetterentwicklung. Warum sollte es bei der Geschichte der Menschen oder beim Schicksal des einzelnen anders sein?

Wahrscheinlich muß man es als reifer Mensch so sehen.

Das meine ich. Von daher ergibt sich auch die Fähigkeit des Menschen, die Wirklichkeit, so wie sie ist, in ihrer eigenen Schönheit dankbar anzunehmen. Denn paradoxerweise ist das Leben um so offener für die Dankbarkeit, je gefährdeter es ist.

Welche Beziehung besteht für Sie zwischen Verstand, Gefühl und Liebe?

Wenn ich aufrichtig bin, muß ich – auch auf die Gefahr hin, seltsam zu erscheinen – sagen, es ist für mich eigentlich gefährlicher, zu denken als zu fühlen. Das behaupte ich auf Grund meiner Erfahrung. Die meisten Menschen müssen wohl erst ihre Neigungen und Leidenschaften beherrschen lernen; das habe ich auch lernen müssen. Doch warum dann diese größere Gefährdung beim Denken als beim Fühlen? Das Gefühl schafft ein Stück Unmittelbarkeit, ein Stück spontaner Gewißheit, aus der wir leben können; wo mich ein starkes Gefühl trug, habe ich mich selten geirrt.

Das Denken aber muß anderen Kriterien genügen, dort könnte ich viel leichter irregeleitet werden. Ich könnte bei einem Irrtum bleiben, selbst bei langwährender Überzeugung, trotz scheinbar unwiderlegbarer Argumente, trotz einer Fülle an Informationen, die alle etwas belegen, was ich für evident halte.

Eine Gefahr unseres Jahrhunderts besteht darin, daß es die Menschen zwingt, einem solchen einseitig rationalen Denken anzuhängen. Die schlimmsten Entscheidungen werden ermöglicht durch die Begründung: »Weil es vernünftig ist.« Dann werfen wir Bomben ab, töten, verwüsten ganze Landschaften, erlassen Gesetze zur Versklavung von Hunderttausenden. Es genügt, daß es heißt: »So ist es vernünftig. Das ist der Wille der Mehrheit des Volkes oder der Kirche oder des lieben Gottes.«

Man beruft sich auf die Wissenschaften – Jurisprudenz, Politologie, Geschichte –, um diese vermeintliche Evidenz zu begründen...

Beunruhigend, zu erleben, wie der Mensch dieses Spiel so weit treibt, daß er seinen einzigen Schutz – seine Intelligenz – quasi umwerten läßt und mit überraschender Sorglosigkeit versucht, sich ein solches emotionsloses Denken anzueignen.

Auf solche Weise wehrlos geworden, können die Menschen sich sozusagen nicht mehr von ihrem eigenen Gefühl korrigieren lassen, von dem, was in ihnen grundlegend gewachsen ist.

Sicher habe ich genauso wie die anderen gelernt, meine Emotionen vom Intellekt steuern zu lassen. Es muß wohl so sein. Sonst führen starke Gemütsbewegungen, die vom Verstand unkontrolliert bleiben, geradewegs zu pathologischen Zuständen. Das steht einwandfrei fest, jeden Tag habe ich neue Beweise dafür. Selten jedoch warnt man vor der umgekehrten Gefahr, die auf den Menschen lauert, der sich nur noch als denkendes Subjekt versteht. Als einziger in der ganzen Weltliteratur weist Dostojewski auf diese Gefahr hin. Er zeigt in »Schuld und Sühne«, wie Raskolnikow, der Student, dessen ganze Existenz nur aus Gedanken besteht, rational, logisch bis zum Verbrechen gebracht wird.

Aus dem einzigen Grunde, daß ihn ein scheinbar logischer Ge-
dankengang dahin brachte?

Er bezieht sich auf Napoleon als »großen Menschen«. Ein »großer
Mensch«, ein Held, soll über Leichen gehen können. Raskolnikow
muß es also selbst versuchen. Die Menschheitsgeschichte ist voll
von solchen »Heldentaten«, die darin bestanden, andere Menschen
zu opfern. Dadurch sollte Gedanken zum Triumph verholfen
werden, die schon deshalb richtig sein sollten, weil es ideale,
göttliche Gedanken waren.

Daraus scheint zu folgen, daß Menschen sich aufopfern sollten,
damit »richtige« Gedanken zum Durchbruch kommen.

Was ich fühle, fühle ich als Individuum, selbst wenn ich dabei in
vielem mit den Empfindungen und Gefühlen aller Lebendigen aus
Vergangenheit und Gegenwart zusammenhänge. Was ich frei
denke, das erbe ich sozusagen auch, zumindest teilweise, von
anderen, von einer ganzen Tradition. Wenn ich im weitest mög-
lichen Sinn denken möchte, wäre es da nicht zweckmäßig, nicht
zu trennen zwischen Intellekt und Gefühl, die letzten Endes aus
einem Guß sind?

Der Gedanke zielt auf das Allgemeine, auf Kenntnisse, die viele
teilen können, so daß es unwichtig ist zu wissen, woher er letztlich
kommt. Beim Gefühl ist es anders, es gehört ganz zu der Person
in ihrer Individualität. Selbst wenn die Menschen ähnliche Gefühle
haben, oder sogar gleiche, so ist das Gefühl in ganz persönlicher
Ausprägung vorhanden. Etwas Persönliches, etwas ganz Lyrisches
steckt im Herzen des Erlebens.

Allerdings können auch Gedanken zu starken Gefühlen werden –
und Gefühle zu Gedanken. Das beste wäre, nichts zu denken, was
man sich nicht bildhaft vorstellen und also auf gewisse Weise
erfühlen kann. Die Umkehrung gilt genauso, und ich erwarte von
mir selbst, *daß ich meine Gefühle denken kann.* Sonst würde ich
unkontrolliert und blind sprechen.

In der Tat brauchen wir diesen Zusammenhang, diese Verbindung.
Es gibt Wetterlagen, in denen die Wolken über ein Gebiet ziehen,
ohne jemals Regen zu bringen, so wie in der afrikanischen

Namib-Wüste. Es gibt zwar Wolken, aber keinen Regen. Gedanken zu isolieren heißt ihnen die Fruchtbarkeit verwehren. Dagegen gibt es reine Sumpfgebiete, in denen es reiches Tierleben geben mag, aber die Menschen kaum überleben. Der Urwald ist für den Menschen schlecht bewohnbar. Zwischen Wüste und Urwald liegt der Raum des Menschlichen.

Sie sprechen oft von dem Mythos, der für Sie von großer Bedeutung ist. Welche Beziehung besteht für Sie zwischen Mythos und Logos einerseits und zwischen Natur und Vernunft andererseits? Preisen Sie in Ihren Schriften nicht eine Art »Zurück zur Natur«, während Sie gleichzeitig das Fehlen echter Rationalität beklagen? Besonders in der Vorgehensweise der Kirche...

Im kirchlichen Denken ist das Menschenbild unglücklicherweise getrennt von der Wirklichkeit der Natur. Schon in der Genesis erkennt der biblische Schöpfungsgedanke dem Menschen eine Sonderposition im Universum zu. Man muß sogar sagen, daß dadurch die Beziehung des Menschen zur Natur ernsthaft gestört wurde. Dies vorausgesetzt, war die Entdeckung des Kopernikus, der im 16. Jahrhundert den Anspruch der Erde, Weltzentrum zu sein, verwarf, eine schlimme Beleidigung für den Narzißmus des Menschen. Zum ersten Mal wurde das christliche Menschenbild erschüttert, eine buchstäblich astronomische Erschütterung. Noch schockierender war die Entdeckung Charles Darwins, als er nachwies, daß der Mensch aus dem gemeinsamen Lebensstrang aller Lebensformen entspringt. Diesen Schock hat die Kirche noch immer nicht auf fruchtbare Weise überwinden können; ja, sie kann nicht umhin, weiterhin mit Widerwillen auf diese Entzauberung zu reagieren.
Nimmt man aber die Tatsache ernst, daß der Mensch aus der Tierreihe kommt, muß man zwangsläufig dem Unbewußten einen Platz in der Psychologie einräumen und den Trieben im Menschen Rechnung tragen. Hier müßte man von der Logik des Zwischenhirns im limbischen System reden. So begann die Psychoanalyse vor hundert Jahren, aber das Feld ist bei weitem noch nicht ganz erforscht.

Daß wir einfach »natürlich« werden, ist weder recht möglich noch wirklich wünschenswert, es ist das Ergebnis einer unhistorischen Bewegung, einer Art Gegenkultur, wie sie von den Hippies in den 60er Jahren gepflegt wurde. Diese Logik führt unausweichlich zum Rückzug aus der westlichen Zivilisation, zur Nachahmung etwa von Nepal oder Afghanistan oder von den nordamerikanischen Indianern... Da liegt die Lösung nicht. Niemals habe ich das notwendige »Zurück zur Natur« so verstanden.

Es erscheint mir dagegen ganz notwendig, daß wir unsere innere »Natur« wiederentdecken. Dies wollte schon Nietzsche, der uns zur Pflicht machte, »Menschen« im vollen Sinne zu werden, unverkrüppelte Menschen. In diesem Sinne müssen wir wieder der großen Symphonie der Natur in unserer Seele Gehör schenken. Tun wir es, so bringen wir dadurch den neurotischen Verstand zur Strecke, der nicht nur ein kranker, sondern auch ein krankmachender Verstand ist. Denn in ihm spuken allerlei Ängste, Trennungen, Auflösungen, Verdrängungen, so daß nicht mehr wirklich vernünftig und rational gedacht werden kann. Hier könnte man keine Wertediskussion mehr führen.

Und jetzt kommt es: Ich hoffe, die Menschen lernen wieder echter zu träumen, sie hören wieder mehr auf ihre Visionen und können eines Tages ihre Gefühle integraler, vitaler leben, und sie erreichen dann eine neue Beziehung zur Natur.

Um es so zu sagen: es ist wirklich absurd, von den Naturwissenschaften zu lernen, wie eng die Beziehung zwischen Mensch und Tier ist, und dabei weiter eine Ethik und eine Theologie zu betreiben, die eine solche Beziehung gänzlich ignorieren. Betrachten wir nur einmal die Handlungsweise des abendländischen Menschen gegenüber den Tieren, wie sie schon seit Jahrhunderten ist, so verstehen wir, daß unsere Kenntnisse aus der Naturwissenschaft unsere Weltsicht nicht wirklich verändert haben. Wir hängen offensichtlich immer noch der alten irrigen Anthropozentrik nach. Hier ist der Kern des Problems: Wir haben keineswegs das richtige Maß der Veränderung unseres Weltbilds verinnerlicht, so wie Philosophie und Religion es uns hätten zeigen sollen. Der Fortschritt, wenn es überhaupt einen Fortschritt gab, ist wie äußerlich erfolgt, von einem bestimmten Punkt her, wie abgetrennt von der ursprünglichen Wurzel. Unter bestimmten Umständen kann eine gewisse intellektuelle Einseitigkeit methodisch günstig sein; indessen wird es aber höchste Zeit, daß Gefühl und Empfindung zu ihrem Recht kommen.

Da wir heute wissen, wie die Beziehung zwischen Mensch und Tier in Wirklichkeit ist, sollten wir denn nicht echtes Mitgefühl mit den Tieren haben, eine echte Sympathie, eine gemeinsame Art zu fühlen, die uns unsere Verwandtschaft erkennen ließe? Und sollte nicht dann eine ganz andere Haltung entstehen, die viele positiven Folgen in der Ökologie hätte? Wir könnten, je »menschlicher« wir lebten, um so besser die Natur gedeihen lassen. Mensch und Natur hätten eine religiöse Dimension ihres Verhältnisses zueinander erreicht.

So verstehe ich die Rückkehr zum Mythos, zu jener Wirklichkeit, ohne die man das Verhältnis des Menschen zur Natur kaum verstehen kann. Der Mythos wurde zwar verdächtigt, irrational zu sein. Tatsächlich aber gehört er zu dem Gebiet der Poesie und des Gefühls. Er drückt sich in Erzählungen aus, die wie eine Anregung und eine Stütze für wirklich konkretes und existentielles Denken sind.

Wo hat er seinen Ursprung?

Der Mythos zielt darauf, drei Gebiete zusammenzubringen. Die Berufung des Mythos auf die Natur betrifft auch das soziale Dasein des Menschen und selbstverständlich die Geschichte der Menschheit insgesamt. In diesem Sinne hat der Mythos mit Fragen der Kosmologie, der Soziologie und der Psychologie zu tun; anders ausgedrückt: mit dem Werden des Menschen, der Gesellschaft und der Natur. Der Mythos versucht, das alles zu benennen und zu integrieren durch bestimmte Erzählungen, die ein zusammenhängendes Vorstellungssystem ergeben. Gelingt das, so findet der Mensch seinen eigenen Stellenwert – so wie in einem dunklen Kinosaal der Sitz durch einen Lichtstrahl kenntlich gemacht wird. Der Mensch kann sodann vieles sichten und selbst dabei seinen Standort finden. Er wird schließlich zu Recht empfinden, daß das Schauspiel seinen Preis wert war. Er wird nicht umsonst gelebt haben.

Woher kommt der Mythos?, fragen Sie. Bestimmt aus zwei verschiedenen Quellen: einmal aus der Kosmologie und einmal aus der menschlichen Psyche. Er entspringt der Projektion von Bildern aus der menschlichen Seele. Vieles im Mythos stammt aus der anthropomorphen Vorstellung der Natur: ursprünglich fremde Kräfte werden menschlich dargestellt, wie wenn sie einen eigenen Willen besäßen und also durch menschlichen Willen beeinflußbar wären, wenn man nur auf geeignete Weise verfährt. So wird das Unbekannte verständlich und analog zugänglich, wie beim menschlichen Handeln.

Der mythischen Kosmologie liegt also ein psychologischer Faktor der Seele zugrunde; daher kann der Inhalt des Mythos dem Menschen auch dann noch naheliegen, wenn durch den Fortschritt der naturwissenschaftlichen Kenntnisse die Naturvorstellung, die in ihm am Werke war, seit langem überholt sein sollte. Der Mythos spricht z. B. nie nur von der Sonne, sondern immer gleichzeitig von dem, was die Seele des Menschen erhellt.

Es wäre schädlich, unkontrolliert auf mythische Gedanken zurückzugreifen, dies könnte ein Hinweis auf einen individuellen oder kollektiven psychotischen Zustand sein. Denn Erzählungen, die vor Tausenden von Jahren einen Sinn ergaben, haben oft aufgehört, für unsere Zeit bedeutungsvoll zu sein. Der Mythos muß interpretiert werden.

Insofern stehe ich kritisch zum Programm des »Zurück zur Natur« à la Rousseau.

Das hat mich veranlaßt, den Prozeß einmal anders herum aufzurollen: Ich wünsche, daß wir zur Natur als erstes zurückfinden, um ein tieferes Bewußtsein von uns selbst zu erreichen. Von dort her und durch die Frucht des Wachsens zur menschlichen Ganzheit könnten wir zu einer tieferen Einheit mit der Natur gelangen, gemäß dem Bild, das die Wissenschaft uns schon lange vermittelte. Das tiefere Bewußtsein von uns bringt uns eine wahrere Menschlichkeit, die unter anderem Güte zum Tier, zum Lebendigen, beinhaltet und eine allgemeine Daseinsdankbarkeit entwickelt – eine wirklich religiöse Dankbarkeit. Kurz gesagt, wir würden Gott als Schöpfer neu kennenlernen.

Eine entscheidende
religiöse Eingebung

Was ist eigentlich ein religiöser Mensch? Kommt denn jeder mit einer Grundanlage zur Religiosität auf die Welt, oder kommt die Religion später als eine Art Zusatz zum persönlichen Wesen?

Alles hängt hier von der Definition der Religion ab. Ich werde hier nur über meine eigene Vorstellung des religiösen Seins reden. Auf diesem Gebiet muß man genau und klar definieren, zuerst dem heutigen Bewußtsein gegenüber. Wir haben kaum eine wichtigere Aufgabe als die, unser Personwerden so offen und weit wie möglich zu gestalten, kurz, so menschlich wie möglich. Indessen ist es kaum vorstellbar, daß jemand zur Person reift ohne eine lebendige Beziehung zu einer anderen Person. Diese Beziehung zwischen Personen, zwischen Ich und Du, ist in meinen Augen in sich schon von gewichtiger religiöser Bedeutung.

Zwar ist jede menschliche Person, jedes menschliche Du, wesentlich hinfällig durch seine Endlichkeit, ja sogar widersprüchlich, und man kann ihm nur bedingt Halt und Hilfe zutrauen.

Jedoch fühlt jeder Mensch für sich selbst ganz genau, was er wirklich braucht. In jedem Menschen steckt in der Tiefe die Sehnsucht nach dem Absoluten, nach unbedingter Hingabe, nach Liebe. Für mich ist diese Sehnsucht identisch mit Religion, mit Erfahrung des Göttlichen.

Kann man bei dieser Sicht der Dinge noch behaupten, eine bestimmte Religion sei besser als eine andere?

Endgültig nein.

Gewiß kann man von verschiedenen Arten des Menschseins sprechen, und vielleicht von bestimmten Stadien im menschlichen

Werden, d.h. im Bewußtsein. Diese letzte Behauptung jedoch muß man mit Vorsicht genießen, da wir ja keineswegs unsere menschliche Evolution vollendet haben. Den Begriff »Evolution« selbst, der aus der Biologie stammt, kann man nicht ohne weiteres auf geistigem Gebiet anwenden. Welche Kultur besser sein soll, ist schwer zu entscheiden. Mir scheint jedoch unleugbar, daß vor allem Freiheit, Persönlichkeitsentfaltung und Selbstverfügung der Menschen im Laufe der Zeit eine echte geistige Entwicklung vorangebracht haben. In diesem Punkte hat Hegel weitgehend recht, wenn er meint, daß die Menschheitsgeschichte darauf zielt, eine immer größere Freiheit der Menschen zu entwickeln. Halten wir uns bei der Geschichtsbeobachtung an diese Perspektive, so können wir von verschiedenen Stufen reden, auf denen die Menschheit sich nach und nach differenziert entwickelt.

Hier aber von »besser« oder »schlechter« zu sprechen, scheint mir abwegig. Man müßte dazu definieren, auf welchem Gebiet der Vergleich gelten soll.

Geht es um Moral, oder soll nur pragmatisch der Stand der Technik entschieden werden, oder der Grad des Energieverbrauchs pro Kopf? Ganz abgesehen davon, daß die Frage vielleicht auch nach dem persönlichen »Glück« der Beteiligten zu entscheiden wäre. Es wäre z. B. gewagt, zeigen zu wollen, daß die alten Ägypter unter der Diktatur des Einen, des Pharao, insgesamt weniger glücklich gewesen sind als wir heute. Was man dagegen feststellen könnte, wäre, daß sie durchaus mehr Zahnschmerzen und Knochenkrankheiten hatten! Das Maß unseres physischen Leids hat wenig mit dem ihren zu tun. Trotzdem behauptete Schopenhauer wohl zu Recht, das Maß des Leids bleibe immer konstant, während die Art des Leids wechsele und von einem Gebiet zum andern übergehe.

Von daher geht wahrscheinlich die persönliche Entfaltung zu mehr Freiheit einher mit einem Anwachsen psychischer Probleme, die in den weit zurückliegenden Zeiten der Geschichte praktisch unbekannt waren. Demnach könnte man als Maß für den Stand einer Religion die Vielfalt und Freiheit der spirituellen Entwicklung benutzen; es fällt dann auf, wie einfältig sich die abendländische Form von Religiosität, so wie sie sich in der Kirche ausdrückt, in diesem Zusammenhang erweist.

Dringend wird etwas Neues gebraucht, etwas Scharfsinnigeres, Mystischeres.

Es wird behauptet, Sie hätten keinen Geschichtssinn und würden die Geschichte nicht wirklich berücksichtigen.

Die Menschheitsgeschichte ist für mich äußerst wichtig. Ich meine sogar, es gibt wenig Theologen, die in ihrem Werk dem Gang der Geschichte soviel Gewicht beimessen. Aber in einem Punkte weiche ich oft von anderen ab: Für die meisten Theologen ist »Geschichte« die Zeit zwischen Abraham und Christus und bis zum heutigen Papst. Also ein winziger Teil in der Geschichte des Kosmos, unseres Planeten Erde, in der Geschichte des Lebens und des Menschen selbst.

Für welchen Theologen spielen die alten Höhlenmalereien von Altamira und Lascaux eine betrachtungswürdige religiöse Rolle? Es wird nicht gesehen, wie unentbehrlich die Kenntnis der Vorstellungen der Eiszeitjäger ist, um zu verstehen, wie und warum der Gedanke entstand, in der Gestalt einer bestimmten Speise einen Gott zu verzehren. Diese Bilder zeugen von den Vorstellungen der Menschen vor dreißigtausend Jahren etwa, in der Zeit des Cro-Magnon-Menschen: man tötet ein Tier, das in Wirklichkeit ein Gott ist, und empfängt die Gottheit selbst in der Gestalt der Speise, in der Kraft des getöteten und verspeisten Fleisches.

Auf diesem Hintergrund erscheint die Eucharistie auch nach heutigem Verständnis als ein »archaisches« Sakrament, dessen Lebenswurzeln bis in jene Urzeit reichen.

Wollte Christus denn so etwas?

Sicher nicht in dem Sinne, den ich eben erläutert habe. So etwas war für einen Juden absolut undenkbar. Aber die Handlung an sich ist archaisch, uralt. An diesem Beispiel kann man ermessen, daß Geschichte viel weiter gefaßt ist als in der allgemeinen theologischen Sicht.

Das ist nur ein Beispiel zum Erweis der wirklichen Dimension der Geschichte. In der Bibel geht es nur um etwa sechstausend Jahre menschlicher Geschichte, von der Schöpfung bis zur Erwählung Israels. Es geht also nur um eine eingeschränkte Periode seit der neolithischen Revolution, den Anfang von dem, was wir »Geschichte« nennen; die riesige Zeitspanne der Vorgeschichte, der Paläontologie, bleibt gänzlich außen vor. Die Vorgeschichte des Menschen – sie erstreckt sich über Jahrmillionen und bringt den Menschen aus der Tierreihe hervor – wartet immer noch darauf, als vollwertiges theologisches Thema anerkannt zu werden. Wenn ich mich bemühe, die Geschichte in ihren wirklichen Dimensionen zu betrachten, geht es mir darum, zu betonen, wie sehr unsere besonderen religiösen Vorstellungen von ihrem eigenen Kulturrahmen und ihrem raum-zeitlichen Zusammenhang her verstanden werden müssen. Daher halte ich es für entscheidend, daran zu erinnern, daß man heutige religiöse Fragen nicht lösen kann, indem man auf gewisse vermeintlich historische Informationen in der Bibel zurückgreift. Dieses Problem hat schon der Existentialismus aufgeworfen; auch hier weiche ich ab von vielen meiner Kollegen, da mir immer schien, die Bibel müsse geschichtlich »kritisch« gelesen werden. Und dann erweisen sich viele der bedeutendsten Bibelstellen, besonders im Neuen Testament, als unhistorisch. Sie enthalten dafür aber uralte menschheitliche Bilder oder Symbole, statt historischer Informationen.
In diesem Punkte gibt es bei den meisten Theologen eine Grauzone der Zweideutigkeit und Unaufrichtigkeit. Um Ihnen ein sprechendes Beispiel zu geben: Weihnachten kann man nicht historisch verstehen. Aufrichtig wäre es, zu bekennen, daß Jesus nicht in Bethlehem geboren ist; daß seine Mutter nicht im biologischen Sinne Jungfrau gewesen ist; daß keinesfalls orientalische Magier zur Krippe pilgerten; daß kein Stern jemals über der Krippe stillstand; daß Herodes niemals ein Massaker an den Kindern von Bethlehem angeordnet hat; daß auf den Fluren keine Engel sangen und keine Hirten anbeteten. Das alles ist Legende.

Viele, wenn sie so etwas vernehmen, schließen daraus, das Christentum insgesamt sei irrig. Für mich dagegen ist entscheidend zu wissen, daß diese Bilder einen Sinn haben, einen Inhalt, und auf einen tiefen Zusammenhang hindeuten, wie ein Gedicht. Diese Bilder sagen uns, was in Wirklichkeit die Person Jesu wesentlich bedeutet. Daher kommt meine Bemühung, dem Mythos wieder seinen Platz und seine Bedeutung zu geben; denn die Bibel vermittelt uns an den entscheidenden Stellen letzte Wahrheiten einzig in dieser »mythischen« Ausdrucksweise.

Dann allerdings kommen Theologen und werfen mir vor, ich nähme die Geschichte nicht ernst. Heißt es denn etwa, die Geschichte nicht ernst zu nehmen, wenn ich feststelle, daß die Bibel gewisse entscheidende Erfahrungen auf die Art des Dichters und nicht auf die Art des Journalisten berichtet? Im übrigen kann nur auf diese Weise etwas entstehen, was die Menschen aller Zeiten anspricht. Shakespeare kann man heute noch lesen, aber eine Bekanntmachung aus dem Hofe der Königin Elisabeth würde nur einige Spezialisten des XVI. Jahrhunderts interessieren; das ist der Unterschied. Mir liegt daran, daß das Buch der Bücher kein Privatrevier der Orientalisten wird...

Jedoch werfen Ihnen einige vor, den historischen Werdegang der Kirche nicht zu beachten. Ist die Kirche denn nicht, wie übrigens jede Wirklichkeit, abhängig von einer Geschichte?

Es stimmt; ich sehe religiös und existentiell keinen wirklichen Fortschritt in der Kirche. Ich denke nämlich, sie verfügte über 2000 Jahre Zeit, um – und sei es nur millimeterweise – in die Richtung der Bergpredigt voranzukommen. Wir müssen dagegen feststellen, daß sie sich statt dessen um Meilen in die umgekehrte Richtung begeben hat und mit Riesenschritten immer weiter davon entfernt. Systematisch. Willentlich. Wie sollte man also hier von einer Entwicklung in die Richtung der Botschaft Jesu sprechen? Stehen wir denn hier nicht eher vor einer Fälschung, die sich auch noch mit unverschämtem Unfehlbarkeits- und Göttlichkeitsanspruch großtut? Im IV. Jahrhundert sollte die Kirche wählen zwischen Christus und dem römischen Kaiser, sie wählte den Kaiser. Ein historischer Schritt zur Staatsreligion und dann zur Staatskirche.

Wie sollte ich hier einen Fortschritt im Verständnis der Botschaft Jesu erkennen?

Wie dem auch sei, all das ist wahrscheinlich zweitrangig. Denn wiederum erhebt sich die Frage, was zuerst gelten soll. Was bedeuten zweitausend Jahre Kirchengeschichte angesichts des einzigen wesentlichen Wortes: »Wer bist Du selbst, als Mensch?« Zweitausend Jahre Geschichte beweisen nichts über die Wahrheit einer Religion. Entscheidend ist die Art, wie wir leben. Um die Geschichte der Kirche beurteilen zu können, muß man den dialektischen Vergleich heranziehen, der von Jesus selbst im 23. Kapitel des Matthäus vehement eingebracht wird: Immer wird von den Märtyrern und Propheten aus der alten Zeit erzählt, und dabei werden ihre Nachfolger genauso unterdrückt und mundtot gemacht wie sie selbst damals. Dies ist der Beweis, daß immer wieder in die Bequemlichkeit des Vergangenen geflüchtet wird, um sich dem Drängen der Gegenwart zu entziehen.

So werden beispielsweise heute in Deutschland die Menschen hochgelobt, die vor fünfzig Jahren Hitler die Stirn boten. Dagegen ist nichts einzuwenden, aber dann müßte sich heute z.B. gegen die fremdenfeindlichen Einwanderungsgesetze und Abschiebepraktiken Widerstand regen. So aber dient die Geschichte als Alibi, um dringenden Gegenwartsfragen auszuweichen. Vor einem halben Jahrtausend hat die protestantische Reformation die Diskussion darüber eingeleitet, ob nicht die ersten tausendfünfhundert Jahre der Kirchengeschichte eine Apostasie bedeutet haben und ob es nicht zweckmäßig wäre, einen neuen Anfang auf Grund der Bibel zu wagen, um den echten Jesus wiederzuentdecken: Das war eine ganz brauchbare Vorstellung der protestantischen Seite. Für meinen Teil kann ich hier in allen Punkten zustimmen.

Religion im wirklich christlichen Sinn muß die Geschichte der Kirche und der Gesellschaft notwendig »kritisch« betrachten. Die Elemente der Vergangenheitsschilderung dürfen nicht unverarbeitet übernommen werden, es sei denn, man wollte sie als göttliche Offenbarung verstanden wissen, was schädlich wäre. Denn dann sitzt man bald fest in einer auf falsche Weise wörtlich genommenen, psychisch nicht durchgearbeiteten mythischen Geschichtsideologie von einem Königtum Gottes nach Art der orientalischen Herrscher, deren Entscheidungen als grundsätzlich göttlich inspiriert galten... Nehmen Sie z. B. David. Als er im Begriff steht, Jerusalem zu erobern, befragt er Gott, und dieser antwortet ihm: »Vorwärts!« Als er Hebron besetzt, wendet er sich abermals an Gott, und so geht es weiter: all sein Tun vor seiner Thronbesteigung wird so von Gott gelenkt. Wer heute über solche Dinge zu berichten hätte, würde sich scheuen, auf diese Weise Gott ins Spiel zu bringen. Es geht nicht an, diese oder jene politische Entscheidung als göttlich motiviert auszugeben.

In einer Ihrer Schriften sprechen Sie von der »Steinzeit« in bezug auf bestimmte Verhaltensweisen.

Ja, wir Christen stehen vollkommen unzeitgemäß der Gesellschaft gegenüber, wegen der zu großen Zahl archaischer Strukturen im Christentum, die wir dogmatisiert haben, statt sie psychisch zu interpretieren und zu existentialisieren. Nehmen Sie als erstes die Vorstellung, daß der Sohn Gottes zur Erlösung der Welt getötet und verzehrt werden muß: ein ganz archaischer Gedanke, ein steinzeitliches Ritual. Gewiß muß der hier vorhandene Archetyp ernstgenommen werden, da er großes Eigengewicht hat und eine große psychische Wirkung; aber genau aus diesem Grund muß er auch als Archetyp erkannt und darf nicht als direkter Ausdruck göttlicher Offenbarung ausgegeben werden.

Was hätte Christus von einer solchen Bilderwelt gehalten?

Er wäre absolut dagegen gewesen. Jesus kannte als Jude keine solchen Bilder, und hätte er sie gekannt, hätte er sie höchstwahrscheinlich bekämpft.

Als er sagte: »Das ist mein Leib...«

So, wie Sie es zitieren, nach Kapitel XIV des Markus, hat er wahrscheinlich nie gesprochen. Aber das sind historische Fragen, die man stellen darf und nur bedingt beantworten kann. Daß Jesus ein Passahmahl abgehalten hat, wie berichtet wird, kann durch die einfache Tatsache widerlegt werden, daß er in den letzten Tagen vor seinem Tod sozusagen ein Verfolgter gewesen ist, der nicht mehr in den Tempel durfte.

Vollends unwahrscheinlich ist, daß er eine Institution oder ein Sakrament im Widerspruch zur Religion seines Volkes einzusetzen gedachte. Mit anderen Worten, es ist sehr problematisch, das letzte Abendmahl als historisches Ereignis im Sinne der kirchlichen Dogmatik aufzufassen.

Wenn er gesagt hat: »Dies ist mein Leib, dieses Brot bin ich«, so kann man es vielleicht in dem Sinne verstehen, in dem Gott im Buch Ezechiel dem Propheten befiehlt, das Buch aufzuessen, das »in seinem Mund süß wie Honig wird und im Bauch bitter«. Der Prophet soll es sich aneignen als das Wort Gottes. Dann hätte das Wort Jesu bedeutet: »Was ich verkörpere, ist für euch das Leben selbst; sollten sie mich umbringen – und sie werden es wohl bald tun – so sage ich euch, ihr werdet erst wirklich leben, wenn ihr mit mir eins werdet.«

So mag er gedacht haben. Es ist wunderbar. Tatsächlich aber hat man die ganze Lebensgeschichte Jesu mit ihrem Höhepunkt am Karfreitag nach einem archaischem Opferschema interpretiert, dem Jesus selbst nicht anhing: Es sollte ein Sohn Gottes sterben, um die Menschheit zu retten oder um eine Art Gottesstaat zu gründen! Das liegt jüdischem Denken ganz entgegengesetzt. Mehr noch: Die Vorstellung, daß ein göttliches Wesen geopfert und gegessen wird, stammt allem Anschein nach aus dem dionysischen Kult und wurde als solche von der jüdischen Religion bekämpft.

Er ist ein wunderbares
Kind geblieben

So wie Sie es geschrieben haben, sollte man die Absetzung Jacques Gaillots von seinem Bischofsamt in Evreux im Januar 1995 nicht als beliebiges Medienereignis ansehen. Sie meinen im besonderen, sie sei nicht nur eine interne Angelegenheit der französischen Kirche.

In den letzten Jahren habe ich Jacques Gaillot kennen- und schätzengelernt. Er war der einzige Bischof, der im Jahre 1991, als ich mit Lehrverbot bedroht wurde, dem Generalvikar von Paderborn geschrieben hat, um ihn davon abzuhalten. Es war ein kurzer Brief von nur drei Zeilen, der jedoch von großer Bedeutung war. Damals fühlte ich mich gestärkt und getröstet zu wissen, daß es auf Erden zumindest einen Bischof gab, dem es nicht um Ausschluß, sondern um Verständigung ging und der von Gott ohne Grenzziehungen zu reden versuchte[3].

In diesen drei Zeilen eines mir unbekannten Bischofs, geschrieben in einer fremden Sprache, fühlte ich mich viel besser verstanden als von meinem eigenen Bischof, mit dem ich nur ein einziges Mal unter dem Druck der Medien habe reden können...

Später bin ich Jacques Gaillot persönlich begegnet, als er in der ersten Reihe einem Vortrag zuhörte, den ich in der Pariser Sorbonne zu halten hatte, als mein Buch »Kleriker« in Frankreich erschien. Später und zu wiederholten Malen legte er Wert darauf, anwesend zu sein, wenn in Frankreich verschiedene Veranstaltungen mit mir stattfanden; ich erinnere mich besonders an die Begegnung in Straßburg 1993, bei einer Sendung der Fernsehanstalt Arte. Es war das zweite Mal, daß wir zusammen an einer solchen Debatte teilnahmen. In den Tagen nach diesem allzukurzen

Austausch über Fragen meiner Theologie – es war nur eine halbe Stunde Zeit mit vier Gesprächspartnern, so daß Jacques Gaillot kaum einige Worte sagen konnte – bekam er eine Verwarnung vom apostolischen Nuntius: Er wurde aufgefordert, so etwas in Zukunft zu unterlassen.

Was sollte er also tun?

Mich meiden und so etwas nie mehr mitmachen... In dem Flugzeug, das uns nach Paris zurückbrachte, erzählte er mir, wie er das Gefühl hatte, daß seit Jahren der Graben auch für ihn immer tiefer wurde. Ich wollte seine Stellungnahmen über die sozialen Themen kennenlernen, an denen mir liegt; besonders über Wehrdienstverweigerung, eine Frage, die mich von Anfang an beschäftigt. Hier wäre ich, wenn ich in Frankreich gelebt hätte, kaum tragbar gewesen: Im Kolonialkrieg in Algerien wurde den Franzosen praktisch kein Kriegsdienstverweigerungsrecht zugestanden. Damals unterstützte die Kirche noch stärker als heute die Legitimität militärischer Lösungen. Übrigens wich die Stellungnahme der katholischen Kirche in Deutschland, besonders zur Zeit Adenauers, keinesfalls von der französischen ab.

Ich fragte Gaillot also, wie er damals habe katholisch bleiben, wie er später habe Bischof werden können. Er vertraute mir an, die Abhängigkeit der Kirche von der »grande nation«, die bedingungslos für Kolonialkriege einstand, sei für ihn immer ein echtes Trauma gewesen.

Es sei 1982 weitergegangen mit der Befürwortung der »force de frappe« durch die französische Bischofskonferenz; ein bestimmter Bischof engagierte sich sogar besonders für die Erklärung eines göttlichen Rechts Frankreichs auf die Fortentwicklung seiner Atomkraft.

In all diesen wichtigen Punkten befand sich Jacques Gaillot durch seine Mentalität und seine Art zu denken notwendig in einer Abseitsposition. Er sah sich außerstande, sich rückwirkend mit der französischen Politik während des Vietnamkrieges und seinem Ergebnis in Dien Bien Phu einverstanden zu erklären (obwohl er zu jener Zeit noch gar nicht kritisiert wurde!). Er war genausowenig einverstanden mit der Behandlung der in großer Zahl nach Frankreich einwandernden Algerier. Erst jetzt erscheinen diese Themen in der Presse, aber sie begleiteten Jacques Gaillot von Anfang an.

Im März 1994 hatte er erwogen, ob er nicht einem Prozeß von Atomwaffengegnern beiwohnen sollte, der in Poitiers stattfand, und ob er den Atomgegnern nicht öffentlich als Zeuge Beistand leisten sollte. Für ihn war das selbstverständlich, es wäre sogar geboten gewesen, hätten die beiden Angeklagten daraus einen juristischen Vorteil erwarten können. Ich sagte mir, ich wäre gern Franzose gewesen, Priester bei Jacques Gaillot. Oder er hätte Deutscher sein sollen, ich wäre zu Fuß zu ihm gelaufen, um ihn zu bitten: »Nehmen Sie mich in Ihre Diözese auf!«

Zwischen uns herrschte von Anfang an volle Übereinstimmung, sowohl in der Art der Fragestellung, der Form der Debatte als auch in unseren Zielvorstellungen. Auch hatten wir keinerlei Differenzen in der Frage der Beweggründe des christlichen Engagements. Am Tag vor der Fernsehdebatte damals hatte ich in Straßburg einen Vortrag über Tiefenpsychologie und Theologie gehalten sowie über meine Art der Bibelinterpretation geredet. Jacques Gaillot stimmte im wesentlichen mit dem Gemeinten überein. Bei unserem Gespräch am nächsten Tag sprach er klar das Wesentliche aus meinem Anliegen aus.

Sie sagen, Jacques Gaillot hätte Sie vollkommen verstanden. In gewissen Kreisen in Frankreich gilt er aber alles in allem als etwas »beschränkt«.

Ja, ich weiß... Ich glaube eher, Jacques Gaillot kann einen gewissen »Intelligenztypus« nicht verstehen! Und es ist gut so. In gewissem Sinne ist er ein wunderbares Kind geblieben. Er sieht die Notwendigkeit von Kompromissen nicht ein, er versteht nicht die Logik der Macht, und auch nicht die Preisgabe des Persönlichen wegen angeblicher Amtsverpflichtung oder Gruppenzwang. Er ist unfähig dazu, von oben herab auf die Menschen zu sehen und ihnen aus lauter Gehorsam Befehle weiterzugeben, die ihnen schaden könnten. Wenn Intelligenz darin besteht, die Individualität der eigenen Person zu leugnen, um mit der Macht konform zu gehen, dann ist Jacques Gaillot ganz unintelligent. Was er aber lebt und vorschlägt, ist eine wunderbare Umsetzung dessen, was im Neuen Testament als beispielhaft vorgestellt wird. Und ich freue mich, daß Jacques Gaillots große Intelligenz auf diese Weise nicht verschwendet wird.

Ich habe geschrieben, daß der entscheidende Punkt in dem Streit um Gaillot gar nicht erwähnt wurde. Fest steht, daß gewisse innerfranzösische Debatten der Bischofskonferenz ihn ausgegrenzt haben; fest steht aber auch und vor allem, daß der Papst sich der Frohbotschaft gegenüber versündigt hat, indem er aufrechte Christen nicht ertragen wollte, sondern lieber eine Herde blökender Schafe wünschte; und fest steht schließlich, daß Jacques Gaillot die französische Innenpolitik schonungslos in Frage gestellt hat – was hinter den Kulissen noch schwerer gewogen haben mag als der kirchliche Disput um das Präservativ.

Noch wird in Rom zwischen machtpolitisch Wichtigem und weniger Wichtigem unterschieden; aber wenn die Kirche ihre Verwicklung in die Politik und in die politische Logik abschütteln könnte, wäre ein großer Schritt nach vorn gelungen. Gewiß müßte der Vatikan dann manches neu bewerten, er würde Einfluß- und Propagandamittel verlieren... Aber im Moment sind wir davon weit entfernt; also kann man für wahrscheinlich halten, daß der von Gaillot eingeleitete Streit über französische Innenpolitik sich für ihn schädlicher ausgewirkt hat als andere Umstände, es sei denn, der Vatikan ist so verbohrt, daß er in der Frage der Empfängnisverhütung als einziger Besitzer absoluter Wahrheit auftritt und die Amtsinhaber weiter auf seine Linie einschwören will. Dann könnte man nichts mehr für die römische Kirche tun – noch weniger als ursprünglich gedacht.

Der Kern des Konflikts scheint mir in der Auffassung des Kirchenamtes zu liegen. Jacques Gaillot hat das Amt nie dogmatisch definiert – gerade wegen seiner Intelligenz. Er wußte, er würde seine Chance verspielen, verstanden zu werden, sobald er sich dogmatisch ausdrücken würde. Ich als Theologe habe die Psyche vieler Menschen untersucht, welche die Person wesentlich vom

Amt her verstehen, und ich hoffte, damit einen Impuls zur Veränderung der Kirche auf diesem Gebiet geben zu können. Jacques Gaillot seinerseits dachte bestimmt, wenn er in seiner Amtsführung menschlich und weitherzig sei, könne er zur Erneuerung beitragen. Beide wollten wir nie dogmatisch vorgehen. Doch in beiden Fällen kam es zu einer Verurteilung.

Nach der dogmatischen römischen Sicht kann ein Bischof nur im Amt sein, wenn er vom Papst eingesetzt ist und mit ihm im Einvernehmen bleibt. Genauso, wie ein Priester nur Priester sein kann, wenn der Bischof ihn weiht und wenn er mit ihm im Einvernehmen bleibt.

Die Dinge werden sehr eng gedacht – vom Papst über die Bischöfe bis zum letzten Priester. Die Gemeinschaft der Gläubigen ist nicht wesentliche Trägerin des Glaubens: sie ist nur wesentlich da, um die Botschaft zu empfangen. Nach einem solchen Schema sind auch die Bischöfe erst wirklich »christlich«, wenn ihre Worte ganz und gar mit denen des Papstes übereinstimmen – sonst droht ein Schisma oder Häresieverdacht.

In dieser Perspektive bedeutet Christsein logischerweise, dem Papst zu gehorchen. Also nicht auf die innere Stimme des Gewissens hören, nicht auf andere in der Kirche hören, noch weniger, auf Menschen außerhalb der Kirche. Nicht einmal auf Gott hören oder die Bibel persönlich lesen. Alles, was wir in unserer Zeit von der Bibel zu lernen hätten, oder was Gott uns zu hören geben will, das können wir nach römischer Vorstellung nur irrtumsfrei durch den »Glanz der Wahrheit«[4] erfahren, deren Gewährsmann der Papst ist und den er selbst verkörpert. Im engeren Sinne wären wir nur durch den Papst Christen.

Solch ein Denken ist buchstäblich ungeheuerlich und vom Neuen Testament keineswegs autorisiert. Im Hintergrund geht es zurück auf die Auffassung des Königtums im antiken Orient. Ein König wird von Gott eingesetzt, er ist von göttlicher Abstammung – sei es geistig, oder biologisch, mythisch oder sakral gemeint; das Volk indes wird dadurch gegründet, daß es sich wie Arbeitsbienen um die Königin versammelt, und nur insofern, als die Gründergene in den Arbeitsbienen wieder identisch weitergegeben werden. Ich übersetze: insofern die geistige Struktur des Papstes allen weitervermittelt wird.

Diese Königsgestalt hielt sich in Europa bis in die Zeit des Absolutismus. So konnte Maria Stuart auf die Suche nach ihrem Volk gehen, weil sie »blaues Blut« hatte – denn das Volk war erst juristisch relevant, wenn es durch die Königin vertreten wurde. Eine Königin, die aus Frankreich nach Schottland kam, und von der man nicht wußte, inwiefern sie wirklich »Königin« war... So fing ihre Kontroverse mit Elisabeth an.

Nicht das Volk wählte da den König, sondern der König begründete das Volk: so der Kern des Absolutismus. Der traditionelle Begriff entstand etwa zweitausend Jahre vor Christus und existiert in einzigartiger Weise, zweitausend Jahre nach ihm, eben in der Gestalt des römischen Papsttums. Diese archaische Vorstellung, die im Politischen eine äußerst wichtige Organisationsaufgabe erfüllt hat, ist aber in keiner Weise in der Bibel begründet. Dazu kommt noch, daß sie im Widerspruch steht zu der in Europa heute geltenden politischen Kultur, während sie beansprucht, ein universell gültiges Beispiel zu geben. Ich vermute, in Rom hegt man immer noch die Hoffnung, dieser Typus päpstlichen Regierens lasse sich den agrarisch-vorindustriellen und politisch zentralistisch regierten Ländern der Dritten Welt aufoktroyieren; aber die Zukunft wird dieses Modell unweigerlich verwerfen.

Wie ich andernorts mal geschrieben habe, hat Luther alles Wesentliche in diesem Punkte ganz richtig in den Schmalkaldischen Artikeln vor etwa vierhundertfünfzig Jahren ausgedrückt: Der Papst, behauptet er, kann nur dann als das Haupt der Christenheit betrachtet werden, wenn er zugibt, daß er als solcher von Menschen eingesetzt wurde; wenn er sich für von Gott eingesetzt ausgibt, steht er im Gegensatz zu Christus, ist er der »Antichrist«. Die Kirche muß zwischen diesen beiden Möglichkeiten wählen. Diese Frage trennt die Christen seit einem halben Jahrtausend. So kann es nicht bleiben. In diese Spannung hinein kam Jacques Gaillot, der sich selbst in keiner Weise um dogmatische Streitereien kümmert und dem nur das Wohl der Menschen und die Botschaft Christi am Herzen liegen.

Einige sahen eine Beziehung zwischen dem Fall Lefebvre und dem Fall Gaillot..

Natürlich ist das Unsinn, denn so würden alle über einen Kamm geschert, die Schwierigkeiten mit der römischen »Zentrale« haben, ohne Rücksicht auf die Ursache der Schwierigkeiten!

Diese Verquickung ist für mich ein Ergebnis der Massenpsychologie: Der an den Rand gedrückte Mensch trifft auf andere Ausgeschlossene, von denen er womöglich weit entfernt war und ist; aus Gründen der Vereinfachung wird er ihnen mißbräuchlich zugesellt.

Lefebvre ist in gewissem Sinne ein Fundamentalist, ein ehemaliger Missionsbischof, für den die Zeit stehengeblieben ist. Er hat sich hinreißen lassen, noch traditionalistischer zu sein als diese Kirche, die sich nach Vatikanum II gegen Vatikanum II entwickelt hat. Schon unter Paul VI. – und vor allem unter Johannes Paul II. – ist es so gewesen. Es kann als paradox erscheinen, daß die Zirkel der Lefebvre-Anhänger sich vor allem durch die Liturgiereform von Vatikanum II bedroht fühlten und nicht durch andere wirklich neue Impulse; in Wirklichkeit zeigt dies, daß diese Impulse so bedrohlich wohl nicht waren. Das kann man auch daran merken, daß sie die Dynamik, die ihnen vermeintlich innewohnte, doch nicht entwickelt haben. Was die Liturgie betrifft, so gab es dort einige kleine Änderungen von nur partieller Bedeutung: so z. B. die Möglichkeit für die Laien, die Kommunion in die Hand zu nehmen, die Wirklichkeit Gottes selbst also – entweder das bleibt nur eine symbolische Geste, oder aber sie wird zu Ende gedacht, und die Laien klagen ihr Recht auf selbständiges Handeln in der Kirche ein, aber da werden sie auf taube Ohren stoßen.

Nach Vatikanum II wurde der Priester aufgefordert, die Messe mit dem Gesicht zum Volk zu zelebrieren. Ich weiß, was für eine harte Zumutung dies sein konnte für viele Priester, die dreißig oder vierzig Jahre gewohnt waren, es anders zu praktizieren. Im Hintergrund muß man die Verdinglichung, die Verhärtung, die Sakralmagie aufspüren, die dieser ganzen Priestergeneration eingeschärft worden war. Für sie genügte es, daß ein Wort nicht ganz korrekt ausgesprochen worden war, und die ganze Messe war ungültig. Das kleinste Stückchen Hostie fallen zu lassen bedeutete, der Heiland und Gott selbst könnte mit Füßen getreten werden... Der Priester war mit seiner Würde und Macht jemand so unvergleichlich Wichtiges für das Fortbestehen der Welt, daß sich jede Annäherung zum Volke wie ein Sakrileg ausnahm. Ihm wurde beigebracht, jede Änderung in den Regeln der Eucharistiefeier sei eine Todsünde. Und jetzt plötzlich sollten doch einige Elemente verändert werden. Die Worte der Wandlung, die bis dahin nur geflüstert werden durften, sollten plötzlich laut gesprochen werden, dazu noch in der Volkssprache und nicht mehr in Latein. Für viele Kleriker war solch eine Forderung objektiv höchst gefährlich. Wenn ich mir solche Fälle vor Augen halte, kann ich Lefebvre in gewisser Weise verstehen. Aber er ist selbstverständlich weit entfernt von den Sorgen Jacques Gaillots: Dieser wollte eine Einheit zwischen Altar und Volk und niemals einen Gegensatz.

Was beide verbindet, hört man, sei, daß sie dem Papst nicht gehorcht haben.

Für Lefebvre gründete der Gehorsam auf die Tradition der Vergangenheit; für Gaillot bedeutet er die Sorge um den Dienst am heutigen Menschen und den Wunsch, auf die Zukunft hin sich zu öffnen. Im ersten Fall müßte man statt von Gehorsam oder Ungehorsam von einer so empfundenen Veränderungsunmöglichkeit wegen zu großer Starrheit reden. Bei Jacques Gaillot ist es ganz anders, er kann sehr variabel reagieren. Für ihn gibt es keine fertige Wahrheit, die man aus der Tradition heraus lediglich übernehmen soll. Lefebvre ist ein traditionalistischer Konservativer, der niemals verurteilt worden wäre, hätte man seine Haltung nicht als eine Art Karikatur auf die Starrheit des Papstes selbst empfunden. Weil er in gewisser Weise den Papst nachgeäfft hat, wollte man ihn los sein: Er trieb die konservative Haltung auf die Spitze. Wie wenn man ein zu ähnliches, zu verräterisches Spiegelbild hätte beseitigen wollen... Es mag sein, daß die Versöhnung mit Lefebvre eines Tages ohne viele Schwierigkeiten geschieht; mit Gaillot hingegen kann es keine wirkliche Versöhnung geben, denn der Konflikt ist strukturell. In den Zielen geht es um ein radikal anderes Verständnis der christlichen Existenz.

Wie erscheint Ihnen die Haltung der französischen Bischöfe im Fall Gaillot?

Sie handeln so, daß sie zuallererst einer Pflicht zur Solidarität genügen. Darin reagieren sie wie jede bedrohte Behörde. Ähnlich wie in der Armee, im Richterstand oder im Industriemanagement können die Bischöfe nicht tolerieren, daß einer von ihnen originelle Ideen verkündet oder im Grunde sein Recht auf Anderssein in die Tat umsetzt. Was sie Jacques Gaillot am meisten vorgeworfen haben, waren nicht so sehr seine Stellungnahmen zu Moral- oder Politikfragen, sondern seine Freiheit, sein Wunsch, nicht in eine Form gegossen zu werden. Lange Zeit jedoch – mehr als zwölf Jahre – hätten sie feststellen können, wie wichtig die Anliegen Jacques Gaillots sind, um Menschlichkeit und Wahrhaftigkeit voranzutreiben. Sie hätten sich, auch unabhängig von seiner Person, kritisch äußern sollen zu den römischen Hemmnissen, die die Gläubigen bedrücken. Das haben sie nicht getan. Der Gruppenzwang stand für sie über Wahrheitssuche und Menschlichkeit.

Seit mehreren Jahren stellte die Bischofskonferenz Jacques Gaillot im Grunde vor eine Alternative, vor ein buchstäblich absurdes Entweder-Oder. Was sollte er tun? Verkünden: »Ihr habt recht; macht aus mir, was ihr wollt; ich werde praktisch aufhören, ein unabhängiger Bischof zu sein«, oder es zum Bruch kommen lassen?
Kardinal Gantin hat Jacques Gaillot aufgefordert, zurückzutreten. Dieser hat, wie Sie wissen, sich geweigert, seinen Standpunkt aufzugeben. Jacques Gaillot ist ein lebendiger Mensch geblieben. Er hat nicht gekuscht unter dem Druck derer, die von ihm reuiges Schweigen erwarteten.
Im Lauf der Affäre war die Haltung des französischen Episkopats tatsächlich ziemlich widersprüchlich und fast unverständlich. Mehrere Bischöfe signalisierten Sympathie für Jacques Gaillot, ja sogar

Schmerz, und schienen trotzdem die römische Entscheidung zu rechtfertigen und zu verstehen.

Mir scheint, es ging in ihren Augen darum, die Einheit der Kirche um jeden Preis zu bewahren, das Bild der Einigkeit.

Wenn man so vorgeht, täuscht man sich. Man wird ja nicht von Einigkeit auch nur zwischen zwei Personen sprechen, nehmen wir einen Mann und eine Frau, wenn beide schweigen, und auch nicht, wenn nur einer schweigt... Ich kenne bestimmte Paare, die zusammen vor dem Fernseher sitzen und unfähig sind, miteinander zu sprechen. Wenn die Einheit der Kirche nur darin besteht, dem Papst zuzuhören und zu vernehmen, welche Richtlinien er hier und da in der Welt vorschlägt, wenn sich die lebendigen Beziehungen der Kirchenmitglieder darauf beschränken, dann kann man vom Bankrott der Einheit sprechen.

Man muß fragen, ob Einheit nicht eine Beziehung, eine Wechselseitigkeit der Menschen untereinander voraussetzt; wenn ja, dann ist offensichtlich, daß zum Erreichen der Einheit zuerst und wesentlich Respekt und Toleranz für die Meinung anderer erforderlich ist. Auch muß debattiert werden können, Unterschiede müssen so ertragen und eingebracht werden, wie sie sich in Meinungen und Spannungen kundtun. Dann ist Einheit eine dynamische Größe, welche die zwischenmenschliche Beziehung der Partner als Personen offenbart.

Dagegen besteht die Einheit der Kirche, wie sie der Papst oder die Bischöfe beschwören, nur in einem wesentlich einseitigen Verhältnis, das jeder Gläubige zur römischen Zentrale knüpfen muß; es gibt kein Gespräch, sondern es muß zugehört werden, wenn der Papst das Wort an die Gläubigen richtet. Dann ist es allenfalls erlaubt, zu wiederholen, was er gesagt hat, wie ein treues Echo, und einen Dialog darüber einzuleiten, was man verstanden hat.

Wir haben es hier mit jener Massenpsychologie zu tun, wie Freud sie seinerzeit (1921) gut beschrieben hat in seinem Werk »Massenpsychologie und Ich-Analyse«. Die Masse, auch die Kirche als Hochmasse, erreicht ihre Ziele erst durch die Ausrichtung aller

Mitglieder zu einem gemeinsamen Zentrum hin. Psychologisch gesehen, existieren die Individuen der Masse nicht als Personen, sondern nur als Statisten des Überich, aus äußerlich erlassenen Zwängen, die sie haben verinnerlichen müssen.

Eine Masse besitzt zwar eine Einheit, aber nur in einer einzigen Blickrichtung. Die Menschen in ihr unternehmen nichts, was Wechselseitigkeit erfordern würde. Diese Konstellation widerspricht dem, was Jacques Gaillot für die Kirche und für sich selbst erträumt hat. Er will nicht zulassen, daß die Menschen bestimmt werden von dem, was in der römischen Zentrale nach mehr als zweitausend Jahren Geschichte der Theologie sich vermißt, als verpflichtende göttliche Wahrheit aufzutreten.

Der Bischof von Fulda, Dyba, hat den Ausschluß Jacques Gaillots seinerzeit so kommentiert: Es sei eine Wohltat für alle, wenn auf einer Autobahn ein Falschfahrer gestoppt werde – ein unverschämter Kommentar, der voraussetzt, die Kirche solle wie eine Militärkolonne immer nur in eine Richtung fahren. Hier herrscht die Magie der Macht und des Rituals, hier haben wir ein Beispiel der vollkommenen Äußerlichkeit geistigen Wirklichkeiten gegenüber; denn dort, wo der Mensch sich im Intimen selbst erreichen sollte, findet er sich zutiefst entfremdet. Auf solcher Verdrehung der Dinge beruht die Hypnose des katholischen Prinzips.

Der Mensch soll sich von sich selbst trennen; dadurch trennt man ihn von Gott, so tiefgreifend, daß er aus eigener Kraft nicht mehr über den Graben kann.

Die katholische Kirche lehrt logischerweise, daß es in der Beziehung zu Gott keine rechtmäßige Unmittelbarkeit gibt; um den Menschen mit Gott zu verbinden, ihm den Himmel zu öffnen, bedarf es einer komplizierten Hierarchie, die von Gott über den Heiligen Geist, die Mutter Gottes, die Erzengel, die Engel – einschließlich Schutzengel – bis zu den heiligen Namenspatronen und allen Heiligen hinunterreicht. Dazu kommen die Verdienste, die die Kirche sich erwirbt und die sie verwaltet... Dieser himmlische Prozeß setzt sich auf Erden fort durch den Papst und die Bischöfe; dann kommen die Priester, die Sakramente, die Wallfahrtsorte, die besonderen Gebetszeiten, die Gebetsformeln, die

Ablaßformeln, die Gaben (die finanziellen Gaben, um genau zu sein); wenn das alles stimmig ist, dann erst wird der Mensch den Graben überwinden und zu Gott kommen können.

Ist es denn denkbar, Gott finden zu können in diesem ganzen komplizierten Instanzenzug? Mehr als problematisch! Vor einiger Zeit las ich zufällig eine humorvolle Geschichte. Es war eine Art Religionsmesse mit großem Werberummel organisiert worden; es ging um die Information der ganzen Welt in drei großen Hallen. In der ersten Halle erfuhr man, daß Gott gut ist, aber nur ein einziges Volk erwählt hat. In der zweiten Halle erfuhr man, daß Gott ganz barmherzig ist, aber seine Botschaft nur Einem einzigen mitgeteilt hat, seinem Propheten. In der dritten Halle hörte man, daß Gott zwar nachsichtig ist, aber nur die Mitglieder seiner eigenen Kirche in den Himmel läßt. »Was hast du gelernt?«, fragt Gott den Besucher am Ende des Jahrmarktbesuchs. »Daß Du eng, grausam und fanatisch bist!« antwortet der Besucher.

«Gerade deswegen war ich gar nicht auf diesem Jahrmarkt«, sagt darauf Gott. »Mir liegt nichts an Religionen, was mir am Herzen liegt, ist der Mensch.«

So muß Jesus die Dinge empfunden haben.

Die ihre Fenster öffnen

Würden Sie sagen, die »Offenbarung«, wie das Christentum sie versteht, habe Sinn für den heutigen Menschen?

Offenbarung geschieht ununterbrochen, wenn es stimmt, daß es eine Wirklichkeit gibt, für die unsere Augen erst geöffnet werden müssen. Für mich kann »Offenbarung« nicht bedeuten, daß Gott, durch irgend einen Entschluß und nur in einer bestimmten Zeit, ein für alle Male den Menschen eine bis dahin unerhörte Wirklichkeit kundgetan hätte.

Zu behaupten, wir Menschen – oder zumindest wir Theologen! – wären fähig, die Welt von Gott aus zu betrachten, scheint mir unsinnig. Wir haben keinerlei Möglichkeit, die »Sicht Gottes« zu teilen; wir können nicht einmal wissen, was Gott von sich aus tun wollte; wir können nur von uns aus in Richtung auf Gott sprechen.

Von Gott zu sprechen hat für mich nur dann Sinn, wenn man voraussetzt, daß Gott immer nah ist, daß er immer wirkt. Sich hingegen einen Gott vorzustellen, der Jahrtausende in seinem Himmel vor sich hindöst, eines Tages aufwacht, nur einmal sich zu Wort meldet auf eine Weise, die übrigens recht mißverständlich ist und zu allerlei Streit Anlaß gibt, um sich dann von Neuem für Jahrtausende zurückzuziehen und nie mehr zu sprechen, ist absurd. Gott offenbart sich überall, in jeder Wirklichkeit und durch alle Ereignisse, so daß er uns ununterbrochen antreibt; die einzige lohnende Frage lautet daher, ob wir Augen und Ohren haben, um Gott zu sehen und zu hören, und ein offenes Herz, ihn zu empfangen.

Unter »Offenbarung« verstehe ich also, daß in der Menschheitsgeschichte es immer einzelne gab und geben wird, die ihre Fenster öffnen, so daß das Sonnenlicht in ihr Haus hineinscheinen kann.

Sie leben von diesem Licht und vermitteln seinen Reichtum denjenigen, die im Dunkeln leben. Eine so vermittelte Offenbarung sollte jeden dazu veranlassen, seine eigene Wohnung zu lüften, sie vom Licht durchdringen zu lassen; dabei sollte er unabhängig vom Ort und von der Form des Offenbarungsgeschehens bleiben.

Daß wir Christen heißen, sollte uns zuallererst veranlassen, so zu leben wie der Mann aus Nazaret. Jesus wollte nie, daß wir ihn als Person anbeten und zwischen Gott und den Menschen stellen. Er lehrte die Menschen, seine Sicht der Dinge zu leben. Darüber hinaus bin ich fest überzeugt, daß Gott sich nicht nur im Menschen offenbart, sondern die ganze Natur eine großartige Offenbarung dem bereithält, der sie entziffern kann.

Da scheint mir die Kirche die Dinge zu eng zugeschnitten zu haben, wenn sie allen Ernstes meint, die Offenbarung Gottes sei in der Person Jesu selbst »abgeschlossen« – zumindest endgültig und unüberbietbar. Diese Haltung scheint mir unvereinbar mit der Vorstellung der Evolution.

Sagen wir so: der heutige Homo sapiens ist nur ein Übergangswesen, das steht fest. Aller Wahrscheinlichkeit nach wird der kleine Planet Erde noch beträchtliche Zeit bestehen – man schätzt, die Sonne wird noch etwa 5 Milliarden Jahre scheinen; von daher hätte die Erde noch eine lange Frist vor sich. Selbst wenn wir Menschen es mit unserer Vorstellungskraft schaffen, uns zurechtzufinden in Zeiträumen von Jahrtausenden oder gar Jahrmillionen, steht der Evolution noch fünftausend Mal soviel Zeit zur Verfügung, eine fast unendliche Strecke zur Erprobung neuer Lebensmöglichkeiten. Überschreitet man dann noch eine Schwelle, um diese Dinge auf der Ebene der kosmischen Evolution zu betrachten, erreicht man noch unvergleichlich größere Möglichkeiten; hat denn nicht unsere eigene Milchstraße hundert Milliarden anderer Sonnen? Und wir wissen schon heute, daß es im Universum hundert Milliarden Milchstraßen gibt?

Dies alles ist eine Kundgebung der Wirklichkeit, die wir Theologen bis jetzt nicht wirklich zur Kenntnis genommen haben. Wenn wir derart einfältig über Offenbarung reden, dann haben wir das Maß der Erschütterung unseres Weltbildes noch nicht begriffen.

Würden wir die Entdeckungen der Naturwissenschaften religiös in Betracht ziehen, würden Frömmigkeit und Mystik davon beeinflußt. Indirekt hat es auch damit zu tun, was wir über Jacques Gaillot sagten. Derjenige, der ernsthaft die Evolution bedenkt, kann nur von unten her denken; er muß von der Tatsache ausgehen, daß die Natur und die Welt sich durch Prozesse ordnen, die der Mensch selbst mitgestalten soll; dazu braucht er keinen Statthalter oder Oberbefehlshaber, der ihm die Vorgehensweise vorschreibt. Unser Gehirn, das größte Wunderwerk auf Erden, resultiert aus keinerlei Vorschrift; es ist ein erstaunliches Werk, das wir bestenfalls zur Hälfte nutzen und noch weniger kennen. Da hat niemand durch bloße Willensentscheidung festgesetzt, wie die Neuronenverbindungen geschehen sollen; und doch gibt es kein auch noch so vollkommenes technisches Werk, das mit unserem Gehirn auch nur in etwa verglichen werden könnte.

Die größten Wunderwerke der Welt und der Natur verdanken sich der Eigengesetzlichkeit; sie gehen auf kein vorbestehendes Programm zurück; weder der Papst noch sonst jemand ist bevollmächtigt, der Evolution Vorschriften zu erlassen und Zwecke vorzuschreiben.

Tatsächlich gibt es eine Selbststeuerung des Entstehens und der Entwicklung, was uns logischerweise zu demokratischen Schlußfolgerungen bringt, und insofern ist es keineswegs verwunderlich, wenn im XIX. Jahrhundert die herrschenden geistigen Kräfte sich in der Restaurationszeit gegen die Evolutionstheorie ausgesprochen haben.

Die Evolutionstheorie hat durchaus eine politische Dimension, ja auch eine kirchenreformatorische. Da hängt vieles wiederum davon ab, wie man Offenbarung versteht. Versteht man sie nämlich als eine Erscheinung, die die Entwicklung des Menschen, seine Geschichte, die ihn umgebende Natur ermöglicht haben, wird man versuchen, eine Gemeinschaft zu bilden, in der die Gläubigen selbst ein mitmenschliches Leben gestalten können. Wenn dagegen die Offenbarung wie ein über riesige Entfernungen in Raum und Zeit auf die kleine Menschenkreatur ganz sporadisch und teilweise herabkommendes Ereignis erscheint, folgt daraus ein wahnsinniger

Ausschließlichkeitsanspruch: An einem bestimmten Ort besäße eine bestimmte Gruppe die ganze Wahrheit über die ganze Welt. Dann stehen Fanatismus, Autoritarismus und Zentralismus vor der Tür: Dann entsteht ein erbitterter Machtkampf aus dem Anspruch auf universell gültigen Wahrheitsbesitz. Diese Dinge hängen im Positiven wie im Negativem mit dem vorherrschenden Verständnis der Offenbarung zusammen.

Deswegen erscheint es der etablierten Kirche so bedrohlich, wenn man sich mit Psychologie oder anderen anthropologischen Wissenschaften beschäftigt und ein anderes Kirchenmodell sucht. Das Problem der Reformatoren in der Kirche – dafür ist das Beispiel Jacques Gaillots erleuchtend – besteht darin, daß sie es für möglich halten, ihre Wirkungsweise zu ändern, ohne ihre geistigen und geistlichen Strukturen zu verändern. Wahrscheinlich wird man mich hier für vermessen oder gar häretisch erklären. Wie soll aber vorgegangen werden, ohne auf radikale Weise die *geistigen* Probleme einer Kirche in die Debatte zu bringen, die gerade darauf besteht, eine *geistige* Macht zu sein? Es ist kaum möglich, mit ihr so zu verfahren wie mit einer Partei, die man lediglich in dem einen oder anderen Punkte reformieren möchte.

Solch eine Neigung, sich über alle erheben zu wollen, der Anspruch, allein die Wahrheit zu besitzen, scheint mir von einer gewissen Paranoia zu zeugen. Wenn Sie sagen, Christus hätte sich geweigert, sich zwischen den Menschen und Gott zu stellen, wollen Sie damit andeuten, er hätte sich auf die Seite des Menschen schlagen wollen, um ihm zu zeigen, wer er wirklich ist?

Die paranoide Haltung, die Sie ansprechen, ist strukturell im Denken der Kirche vorhanden. Sie ist kollektiv und gibt vor, dem Individuum manche Suche zu ersparen, indem sie erklärt, sie besitze die ganze Wahrheit – der einzelne braucht sie dann nicht selbst zu suchen, es genügt ihm dann, selbst der Partei/Kirche anzugehören, und er muß nichts von der eigenen Person aufs Spiel setzen. Demjenigen dagegen, der selbst auf der Suche nach Wahrheit ist, wird bedeutet, als eine Art höchster Infragestellung, er würde sich selbst zum Gott machen und sich vermessen, mit dem

Papst auf eine Stufe sich setzen zu wollen... Dann ist der Vorwurf der Geistesverwirrung nicht mehr weit für einen Menschen, der nur als Mensch hat leben wollen.

Die paranoide Struktur der römischen Institution Kirche wird in aller Klarheit sichtbar, wenn jemand verurteilt wird: Um das Urteil zu stützen, wird auf eine Art Persönlichkeitsspaltung hingewiesen, auf so etwas wie Besessenheit. Übrigens lesen wir im Neuen Testament, daß Jesus gegenüber genauso verfahren wurde. Im dritten Kapitel des Markus wird ihm gerade vorgeworfen, vom Satan besessen zu sein, und auch seine Angehörigen wollen ihn abholen und ihn als geistig krank nach Nazaret mitnehmen. Wenn man auch nicht soweit in der Verfolgung von Besessenheit und Krankheit geht, so hört man zumindest den Vorwurf der Inkompetenz. Tatsächlich läßt sich die Kirche fortwährend von solchen Urteilen leiten: Sie wirft ihren engagiertesten Reformatoren vor, Psychopathen zu sein und die religiöse Wahrheit geistig verraten zu haben.

So wie im Falle Gaillot?

Auch da sind beide Anschuldigungen offensichtlich gegenüber Jacques Gaillot vorhanden. Zunächst wird man ihm unweigerlich vorwerfen, seinen Eid als Bischof gebrochen zu haben. Nebenbei bemerkt, steht im Evangelium »Schwört ihr überhaupt nicht...«. Tatsächlich war Jacques Gaillot gezwungen, dem Papst einen Treueeid zu schwören, den er frei interpretieren wollte, anders als gewünscht. Zudem wird verbreitet, er sei dünkelhaft und suche den Medienrummel, damit von ihm die Rede sei. Das behaupten seine Verleumder, die ihrerseits dafür halten, nur *eine* kirchliche Medienzentrale sei zuzulassen, die dazu noch, wie heute festzustellen ist, vom Opus Dei durchdrungen ist.

Was aber war denn die »Offenbarung« Jesu? Johannes redet davon.

Wenn es um eine Grundreform der Kirche geht, muß man immer darauf zurückkommen, was Jesus wollte.

Dazu müssen wir aus historischen Gründen die Ausdrucksweise

des Johannes weitgehend beiseite lassen. Zwar greift die Kirchendogmatik am liebsten auf das vierte Evangelium zurück, besonders bei Fragen der Christologie – deswegen, weil gerade hier Jesus als Gottessohn dargestellt wird. Aber in diesem Evangelium gibt es leider fast kein Wort, das Jesus historisch gesehen wirklich gesprochen haben könnte.

Was ihm hier in den Mund gelegt wird, kommt, wie anderes aus dem Johannesevangelium, sichtlich aus der alexandrinischen Rhetorik, und entstand erst zwei Generationen nach Jesus. Wenn wir also dem Mann aus Nazaret historisch glaubhaft nahekommen wollen, müssen wir von den synoptischen Evangelien ausgehen. Dort finden wir erstaunliche Szenen dargestellt. Im 10. Kapitel des Markus z. B. kommt ein junger Mann zu Jesus und spricht ihn mit den Worten »guter Meister« an. Bevor er weiter sprechen kann, fragt ihn Jesus: »Was nennst du mich gut? Gott allein ist gut!« Vom Beginn seines öffentlichen Auftretens an verbietet sich Jesus also jeglichen Titel, jedes Beiwort, das ihn von den anderen Menschen absondern könnte. Sah er doch als seine einzige Aufgabe an, den Weg zu Gott freizumachen. Nichts anderes wollte er. Nichts sollte sich querlegen können, es sollten keine Hindernisse mehr zwischen Gott und den Menschen liegen. Daher das »Nein« zu den Priestern in Jerusalem, das »Nein« zu den Schriftgelehrten, den Rabbinern jener Zeit; die Menschen selbst, wer sie auch sein mögen, sind aufgerufen, Gott zu erfahren.

Dies ist eine sehr alte prophetische Sicht in Israel: Über Gott wird nicht gelehrt, über Gott wird nicht doziert, sondern Gott selbst teilt sich dem menschlichen Herzen mit. Dieser Wahrheit wollte sich Jesus widmen: Das können wir historisch beweisen, indem wir daran erinnern, wie Jesus sich zu denen gesellte, die dem Täufer am Jordan folgten; schon Johannes der Täufer spricht von Gott in einer Weise, die zeigt, wie sehr er die Tempelfrömmigkeit verabscheut und damit also auch den Priesterstand; er verwirft den Zentralismus von Jerusalem und spricht sich dafür aus, »Gerechtigkeit«, also ein »richtiges« und »rechtes« Leben vor Gott und den Menschen walten zu lassen. Das allein war für Johannes den Täufer entscheidend.

Jesus fühlte sich von der Botschaft dieses Mannes zutiefst ange-sprochen. Das bedeutet, daß er nicht glaubte, Gott in der offiziellen Religion finden zu können, sondern nur abseits vom etablierten Kult, im Herzen einer reformatorischen Strömung, die übrigens von der Apokalyptik stark beeinflußt wurde. Dieser Strömung ging es um Grundwahrheiten, die Jesus selbst auf seine Weise in der Bergpredigt erörtert. Auf seine Weise, denn seine Botschaft vermochte sich von dem johanneischen Drohen zu befreien, um nur noch der Güte das Wort zu reden, einer solchen Nähe Gottes zu den Menschen, daß Jesus Kranke heilen konnte. In diesem Geiste sendet er die Jünger im 6. Kapitel des Markus aus: »Geht in die Städte von Galiläa, heilt die Kranken, vertreibt die bösen Geister«, wie wenn wir heute sagen würden: »Kümmert euch um die Geisteskranken, um die Neurotiker, um die psychosomatisch Leidenden; sprecht von Gott niemals anders, als von jemand, der so unendlich gut ist, daß die Menschen sich verstanden und begleitet fühlen dürfen.«

Aber Jesus war nicht einfach ein »Anarchist«? Er war ein Apo-kalyptiker. Was heißt das?

Ja, er war wirklich jeder Willkür abhold.

Zwar kann man mit Fug und Recht meinen, Jesus habe gefühlt, daß in seiner Person Wichtiges zur Entscheidung kam, worin er mit der Apokalyptik seiner Zeit übereinstimmte. Hat er doch behauptet: »Jetzt entscheidet es sich, jetzt ist die Zeit gekommen«. Um ihn jedoch wirklich zu begreifen, muß man diese apokalyp-tische Vorstellung existentiell übersetzen und neu formulieren. Als er beispielsweise das Gleichnis der törichten Jungfrauen und die Vision vom letzten Gericht erzählt – im 25. Kapitel des Matthäus -, will Jesus feierlich erklären, daß es im Leben eines jeden Menschen ein endgültiges »Zuspät« geben kann. Um das wahrzunehmen, braucht man keineswegs unmittelbar apokalyp-tisch zu denken, denn eines Tages steht jeder Mensch vor der Notwendigkeit der Entscheidung. Das Maß, das Jesus hier anlegt, ist unvergleichlich treffend: Allein die Art zählt, wie wir den notleidenden Menschen begegnet sind. Wie habe ich gehandelt an denen, die nackt, fremd, gefangen waren – alles Fragen, die Jacques Gaillot auf seine Weise formuliert: Was tut man für den Einwanderer, und vor allem, was macht man mit ihm zusammen? Ich war selbst Einwanderer, was habt ihr für mich getan? Ich war gefangen, habt ihr mich besucht? Alles heutzutage eminent politische Fragen.

Hier entscheidet sich das Leben eines Menschen, nicht bei einem formalen Gottesbekenntnis. In dem erstaunlichen 25. Kapitel des Matthäus, das wie eine Zusammenfassung des ganzen Evangeliums gelesen werden muß, verkündet schließlich Gott selbst den Menschen, daß sie ihn einzig gefunden haben in den Leidenden. Hier geht es keineswegs um Dogmatik, um Zugehörigkeit zu einer Institution. Man könnte zwar diskutieren, ob das Gleichnis des letzten Gerichts wirklich von Jesus in dieser Form hat erzählt werden können; dennoch gibt es dafür Parallelen im Lukasevangelium und besonders ein mindestens genauso scharfes Gleichnis, das ganz bestimmt von Jesus selbst stammt: *die Geschichte des guten Samariters* aus dem 10. Kapitel des Lukas.

Hier ist Jesus das Kunststück gelungen, den Priester und den Leviten als so treue Diener der Jerusalemer Riten darzustellen, daß sie gar nicht die Erlaubnis haben, auf den blutend am Wegesrand Darniederliegenden zuzugehen. Daraufhin kommt ein für orthodoxe Juden Verfemter, ein Samariter, ein Volksfeind, ein Apostat, der sich um den Tempel überhaupt nicht schert, aber Zeit dafür hat, einfach gut zu sein. Diese ganze Erzählung ist gegen den Klerus gerichtet und tödlich scharf. Jesus braucht solche Erzählungen, um deutlich zu machen: »Ihr braucht keine Priester, keine Vermittler, keine heiligen Stätten, keine Institutionen; die Menschen auf eurem Weg sind die Tempel Gottes.«

Genau das wird ihm in den letzten Begründungen beim Prozeß vorgeworfen werden. »Er hat gesagt: Ich kann den Tempel Gottes niederreißen und in drei Tagen wieder aufbauen.«, heißt es im 14. Kapitel des Markus. Das sollte doch wohl heißen, daß wir keinen Tempel brauchen, da die lebenden Menschen die Tempel Gottes sind...

In diesem Sinne war Jesus Mittler der Unmittelbarkeit, in der wir

Menschen Gott stets begegnen können. Er wollte nie eine neue Instanz zwischen Gott und Mensch einsetzen. Gewiß ist es schon sehr früh innerhalb der Kirche anders geworden, schon in der Zeit des Neuen Testaments, und besonders bei Paulus. Aber die Frage bleibt bestehen: Wie wollte Jesus selbst aufgenommen, verstanden werden? Und was berechtigt uns, aus ihm eine Art Offenbarer im Sinne der Mysterienreligionen zu machen? Das einzige, was ich vorsichtig noch anführen könnte, um die kirchliche Dogmatik hierin zu verstehen – nicht zu rechtfertigen –, wäre, daß Jesus unermüdlich darauf hinweist, die Angst im Herzen der menschlichen Existenz erfordere gewöhnlich, um überwunden zu werden, das Einschreiten einer anderen Person. Sobald diese sich als echter »Mittler« erweist, können alle Dinge tatsächlich wieder ins Lot kommen. Ein solcher »Mittler« als personales Gegenüber eines absoluten Vertrauens, das alle Angst überwindet, ist unerläßlich zur Selbstfindung und Gottfindung des Menschen. So ist für mich Jesus.

Dieser Mittler sollte also keinen Platz beanspruchen und den Menschen, deren Einheit er sichert, nicht beschwerlich werden.

Ja, er sollte mich nicht zwingen und nicht über mir stehen, ich soll nicht zu ihm aufschauen müssen. Er sollte mich begleiten, bis daß ich mich selbst gefunden habe, und mir Platz machen, damit ich meinen Weg gehen kann. Er sollte durchsichtig sein wie die Luft, die keinen Schatten wirft. Luft, die einen Schatten wirft, nennt man Fata morgana.

An sich selbst glauben

Man spricht von »Offenbarung«, aber auch von »Forschung« in der Theologie – und da setzt man das Funktionieren eines »freien« Gedankenlebens voraus. Wie läßt sich das vereinbaren mit dem Offenbarungsgedanken, wie er gemeinhin verstanden wird?

Tatsächlich läßt es sich nicht vereinbaren. Seit der Aufklärung ist dies genau der Punkt, der in Europa den heftigsten Streit hervorruft: Inwiefern kann denn die als Wissenschaft verstandene Theologie an der Universität gelehrt werden? Das war der Kern des berühmten »Fakultätenstreits«, der in Deutschland zur Zeit Kants und Fichtes ausgetragen wurde. Schließlich wurde er auf unehrliche Weise beigelegt. Denn die Theologie konnte ihren Platz an der Universität behalten, aber nur sozusagen zum Zwecke der Beglaubigung der Staatsideologie der Fürsten.

Der Fürst war Gewährsmann der theologischen Fakultäten und genoß dafür den Vorteil, als eine Art Hoher Priester in Erscheinung zu treten, wie es etwa im antiken Rom der Fall war.

Eine Theologie, die von der Kirche abhängig ist, die im Grunde ihren Sinn nur darin sieht, zu beweisen, daß die Lehre der Kirche richtig ist und daß ihre Dogmen, die man mit neuen Namen versieht, von vornherein Wahrheit sind, ist das nicht Unsinn? Tatsächlich haben wir es hier buchstäblich mit nichts anderem als mit Ideologie zu tun, und diese hat bekanntlich mit Wissenschaft nichts gemein. Das Dilemma brach auf zuerst in den protestantischen Kirchen: dort wurde die Theologie, besonders in den Bibelwissenschaften, viel stärker erkenntnisoffen und frei betrieben als im Katholizismus. Es war ein echter Schicksalsschlag, ein Desaster, als man im XIX. und XX. Jahrhundert erkennen mußte, wie richtig schon Spinoza die historische Problematik des Kirchendogmatismus bei seiner kritischen Bibellektüre gesehen hatte.

Daraufhin mußte man streng zwischen »Historie« und »glaubendem Interpretament« in der Bibel unterscheiden und sah sich gezwungen, das in Frage zu stellen, was man bis dahin in der Bibel der Inspiration oder Offenbarung zugeschrieben hatte. Da wurde die riesige Spannung, ja der Widerspruch wahrgenommen, der zwischen dem eigentlichen Ursprung des Christentums und der Entwicklung der kirchlichen Lehre liegt. Die Lehre widerspricht oft dem, was wir von Jesu Persönlichkeit erfassen können, wenn wir die historischen Schichten abtragen, die sich auf das Ursprüngliche legten und die Reinheit der Botschaft verdunkelten. An vielen Stellen ist der Weg der Theologie durch die Zeit mit Monumenten der Märtyrer der Wahrheit gesäumt. Ich beschränke mich hier darauf, an den Modernistenstreit am Anfang dieses Jahrhunderts zu erinnern und an so ehrwürdige Persönlichkeiten wie Alfred Loisy und George Tyrell; sie lagen intuitiv nah bei Albert Schweitzer, der als erster erkannte, die »realisierte Eschatologie« – der Glaube an das nahe Kommen des Gottesreiches – sei tatsächlich der Hintergrund der gesamten Botschaft Jesu. In diesem Punkt zeigt sich deutlich, daß sich Jesus, so wie seine Zeitgenossen, geirrt hat.

Und das ist eine ganz normale Sache. Auch Genies sind Kinder ihrer Zeit und können sich irren; was entscheidend ist, ist ihr eigenes Denken, ihre Eigenart. Jesus glaubte an den Teufel, an die Hölle, an das Letzte Gericht, an das nahe Weltende – kurz gesagt, an die apokalyptische Mythologie seiner Zeit. Darin ist er nicht originell oder richtungweisend in bezug auf Gott; aber der Punkt, an dem er sich festmacht, ist doch vor allem der Maßstab der Liebe zur Selbstbeurteilung des »Gerichts« des »Menschensohns«. Und dort ist er großartig.

Es geht darum zu wissen, was Jesus »Hölle« nennt...

Wenn Jesus im schon zitierten 25. Kapitel des Matthäus im wesentlichen behauptet, daß manche kaltherzig an den Notleidenden vorbeigehen, muß man verstehen, daß solche Menschen in

Wahrheit gar nicht zur Hölle fahren müssen, denn sie sind schon dort. Die Frage lautet, wie sie da wieder herauskommen, wie man sie ansprechen muß, damit ihnen die Augen aufgehen und sie aus der Erfrierung befreit werden. Die Hölle brennt nicht, sie ist *kalt.* Wenn man Jesus genau zuhört, versteht man: die Hölle ist die Entfernung zwischen den Menschen, ist die Tatsache, daß sie Lichtjahre voneinander getrennt sind. Abgekühlte Überreste einer Sehnsucht nach Liebe...

So etwas nennt Jesus »teuflisch«. Im 4. Kapitel des Matthäus gibt es einen wunderbaren Mythos, eine Legende, die besagt, der Teufel habe Jesus angesprochen, um ihm alle Königreiche der Erde, die Beherrschung der ganzen Welt zu versprechen, wenn Jesus sich vor ihm niederwürfe, um ihn anzubeten. Daß man versucht, Macht über die Menschen auszuüben im Namen dessen, was wir »Staatsraison« oder »historische Notwendigkeit« nennen, war für Jesus ein Irrsinn. Er war deshalb, ich wiederhole es, jedem Herrschen abhold. Für ihn war es teuflische Versuchung.

Er widersetzte sich sofort.

Er trat zurück, sobald die Kranken geheilt waren. Er gab sie Gott wieder zurück: So handelte er. Er wollte niemanden beherrschen. Wenn ich ein Bild aus der Chemie gebrauchen darf, war er ein Katalysator. Katalysatoren sind notwendig, damit bestimmte Prozesse in Gang kommen; die Katalysatoren selbst verändern sich nicht, sie bleiben, was sie sind, und verschwinden, wenn die Katalyse stattgefunden hat. Jesus wirkte wie ein unentbehrlicher Katalysator, und die Kraft, die er dann entwickelte, kam ganz aus seiner Liebe und Güte.

Die Güte ist etwas, was schwer zu begreifen ist.

Und doch einfach. Sie ist schwer zu üben in dem Maße, wie sie voraussetzt, daß man sich von der Macht unabhängig weiß, daß man sich anderen öffnet, von gewissen Ängsten befreit, Vorurteile abbaut und die Hindernisse wegschafft, die Menschen voneinander trennen. Fragen wir uns, wie Frieden möglich ist, wenn gewisse

Religionen immer noch vorgeben, allein im Besitz der Wahrheit zu sein...

Was buchstäblich unmöglich ist.

Wie kann es Frieden geben zwischen den verschiedenen christlichen Konfessionen, wenn beispielsweise eine Protestantin praktisch katholisch werden muß, wenn sie will, daß ihr katholischer Mann, der verpflichtet ist, seine Kinder im Katholizismus zu erziehen, in ihr Hilfe, Unterstützung und Einverständnis findet?

In diesem Fall und in ähnlichen Fällen spricht man von Barmherzigkeitsökonomie. Aber viele haben Schwierigkeiten mit dem, was die Kirche Barmherzigkeit nennt.

In gewissen Fällen ist diese kirchliche Barmherzigkeit reine Heuchelei. Zu oft gibt sich die Kirche barmherzig, um Probleme zu lösen, die sie selbst geschaffen hat. Sie redet den Menschen ein, sie wären große Sünder, gänzlich machtlos, Quellen des Lasters und der Verderbnis, um dann Vergebung zu spenden in einem zu oft klerikalen Geist. Nein! Zuerst wollen die Leute ihre Würde bewahren.

Die Liebe geht anders vor. Sie entdeckt den anderen als so kostbar, so einzigartig, faszinierend und großartig, daß es undenkbar ist, negativ über ihn zu urteilen. Wenn also jemand in irgendeiner Weise auf den Holzweg geraten ist, nähert sich ihm die Liebe mit der Vermutung, er könne sich selbst trotzdem wieder in seiner eigentlichen Größe erkennen, sobald er zu sich selbst gefunden hat.

In Wirklichkeit ist der Mensch zu groß, um ein Objekt kleinmachender und demütigender Barmherzigkeit zu sein. Ich sage es in einem Bild: Irgendwo an der italienischen Küste oder in Südfrankreich haben Archäologen eine antike Statue entdeckt, die dort seit 2500 Jahren lag, ganz bedeckt mit Meereskalk und Algen. Sofort schätzt man, es handele sich um ein Kunstwerk. Spezialisten bemühen sich, es von den fremden Ablagerungen zu befreien und es zu restaurieren, damit die Statue der Göttin von neuem in ihrem ganzen Glanz erscheint. Damit haben sie keine »Barmherzigkeit« geübt, sondern versucht, das vermutete Kunstwerk zu Tage zu fördern. So geht die Liebe vor: Sie beruft sich auf das Unverfälschte, das die Schönheit des Menschen ausmacht. Das erfordert manchmal Geduld und Anstrengung, aber nicht die geringste »Barmherzigkeit«. Tatsächlich ist die Frucht der Liebe die Freude, die sie gibt, und das Glück, jemand zu sich selbst kommen zu sehen.

Für Jesus waren die Menschen Wunderwerke Gottes. Sonst hätte er nie die Worte prägen können:»Ihr seid in eurer Schönheit kostbarer als die Kleider des Salomo – was ihr braucht, ist echte Selbsterkenntnis, echte Selbstliebe. Schön sind nicht nur die, die auf einem Thron sitzen und nach Macht streben oder Geld ansammeln. Was ihr als Menschen seid, ist das Erstaunliche.«

Was bedeutet für Sie Glaube?

Glaube ist identisch mit Vertrauen. Dabei haben wir bei dem Wort Glauben im Deutschen wie im Französischen eine nur abstrakte, begriffliche Vorstellung, die ein Problem darstellt, das allerdings genauso alt ist wie das Neue Testament, denn dieser Glaubensbegriff geht auf das griechische Modell zurück:. Wir sagen »ich glaube, daß...« und ergänzen sofort den Inhalt, woran wir glauben, durch einen Aussagesatz. Dann bezieht sich »glauben« auf einen bestimmten Inhalt, den man intellektuell näher bezeichnen kann, dessen Begründungen aber nicht zu einem Beweis hinreichen und also nicht zur Erkenntnis im eigentlichen Sinne führen.

Da befindet man sich also in einer Art Zwischenraum; es wäre zwar zu einem rechten Leben vorzuziehen, wirklich die Wahrheit zu besitzen und sie als Erkenntnisgrundlage zu benutzen, aber leider reichen entweder unsere Möglichkeiten oder unsere Fähigkeiten nicht dazu, und werden wohl auch nie reichen. Dann spricht man von »glauben«.

Religiös hat aber das Wort eine ganz andere Dimension. Ich gehe so weit, zu sagen, daß auf dieser Ebene die ganze Kraft des Wortes personenbezogen ist. Da sagt man nicht mehr: »Ich glaube, daß...«, sondern »Ich glaube Dir...« und noch genauer; »Ich vertraue Dir«. Dadurch wird der Partner anerkannt als Grundlage einer Beziehung

– dies ist eine höchst wichtige Wirklichkeit im Leben eines jeden, in dem Maße, wo hier gerade das im anderen hochgehalten wird, was man selbst braucht. Dieses Vertrauen ist absolut lebensnotwendig, weil es allein fähig ist, die Gegenkraft der Angst zu besiegen – dieser elementaren und ursprünglichen Angst, die sich schon bei den Tieren kundtut und im Leben des Menschen eine zentrale Rolle spielt. Die Angst mag zwar einige vorteilhafte Seiten haben, wie sie z. B. gegen Drohungen aller Art eine Warnfunktion erfüllt; zu oft aber ist sie lähmend, und wir müssen sie zumindest zähmen und eindämmen, ohne verdrängen zu wollen, daß gewisse wesentlichen Ängste uns nie verlassen.

Welche Ängste denn?

Wir wissen, daß wir eines Tages sterben müssen. Wir wissen auch um unsere Freiheit, die beinhaltet, daß wir nie ganz abgesichert sind. Schließlich wissen wir, daß wir bei der Suche nach Wahrheit in jedem Augenblick irren können. Diese Endlichkeit des menschlichen Daseins, diese Begrenzung, die der Mensch überall erfährt, diese Zerbrechlichkeit führt im Menschen zur Angst; diese Angst ist in ihm strukturell angelegt. Dazu kommt noch, daß in uns die Ängste aus dem Tierreich vervielfacht werden, wenn sie in die Strukturen unseres Bewußtseins aufgenommen werden. Daher ist es grundlegend wichtig, daß ein Mensch einem anderen wirklich vertrauen kann – grenzenlos vertrauen. Aber die rationalen Begründungen zu solchem Vertrauen bleiben schwach; wir müssen einen echten Sprung ins Ungewisse wagen – ohne daß dadurch sich etwas ändert an unserer Sterblichkeit, an unserer Fehlbarkeit und der Möglichkeit, das ganze Leben auf falscher Fährte zu verbringen.

Was meinen Sie damit?

Ein Mensch weiß nie endgültig, was das wert ist, was er tut. Nehmen Sie das Leben des Van Gogh. Bis zu seinem Ende fand sich niemand, der seine Malerei positiv beurteilt hätte, abgesehen von einer Handvoll Künstlerkollegen, mit denen er dann noch Unannehmlichkeiten hatte wie mit Paul Gauguin. Van Gogh mußte sich seine Arbeitsmittel erbetteln und war schließlich gezwungen, bereits benutzte Leinwand zu übermalen...

Wie kann ein Mensch den Wert seines Schaffens erkennen? Ihm bleibt nur, sich so rein und unverfälscht auszudrücken, daß er sich selbst dort wiederfindet. Was daraus wird, weiß er nicht. In den Augen der Menschen kann sein Werk als verrückt gelten und wie ein vollkommener Irrweg erscheinen. Selbst Genies können so mit der Gefahr des Irrens konfrontiert werden. Bei seiner ersten großen Ausstellung mußte Edvard Munch sich mit seinen Bildern unterm Arm wieder zurückziehen, denn die Besucher bogen sich vor Lachen bei ihrem Anblick. Sein Stil schockierte – oder amüsierte – sie so, daß sie ihn nicht verstanden, nicht verstehen konnten und auch nicht wollten. Ehrlich gesagt, wenn man sich anschaut, wie seine Zeitgenossen die gleichen Themen behandelten, versteht man, wieso er es so schwer hatte, anerkannt zu werden! Er hatte ganz einfach den ästhetischen Schleier gelüftet, der meistens über Kunstwerken liegt.

Derjenige, der, auf welchem Gebiet auch immer, beschließt, unverfälscht zu leben, kann sich oft sozial starken Anfeindungen aussetzen. Dann lautet die Frage, woher er die Kraft nimmt, sich zu wagen angesichts von soviel Feindschaft, Unverständnis und Lüge. Nun aber liegt diese Kraft im Vertrauen. Das Aufblühen der ersten Blumen, der Schneeglöckchen, wird von einem chemischen Prozeß eingeleitet: Helligkeit und Wärme nehmen zu. Wären die Schneeglöckchen zur freien Entscheidung fähig, würden wir sagen, daß sie auf die Zukunft vertrauen: Die Winterkälte ist vorbei, die Sonne scheint stärker, und sie wollen wachsen, um das mitzuerleben... Solch ein Vertrauen übersteigt die Angst. Das nenne ich »Glaube«. Glaube ist nichts als ein gewisser Mut zu einem wahren Leben, als Widerstand gegen die Angst und jede Form der Abhängigkeit.

Meinen Sie hier den Glauben an sich selbst oder an etwas anderes?

An mich selbst innerhalb eines anderen Zusammenhangs. In meinen Augen ist Religion, als Beziehung zu Gott, gleichzeitig eine Form von Selbstläuterung und Mut zum Selbst. Es ist kaum möglich, zu behaupten, Gott habe den Menschen erschaffen, und gleichzeitig zu sagen, daß der Mensch prinzipiell ein Fehlschlag sei. Der Glaube an Gott geht mit der Anerkennung des Lebens als Wunderwerk einher. In diesem Punkte bin ich nach wie vor ganz nah am Existentialismus, selbst wenn ich mir wünschen würde, Sartre hätte ihn etwas weiter gefaßt.

Ich glaube nicht, daß Werte zuerst und vor allem von uns selbst gesetzt werden müssen. Eher stimmt das Gegenteil. Darüber hinaus meine ich vor allem, das Wunder unseres Daseins müsse dankbar erfahren werden, bevor man von einem Gelingen unserer Existenz sprechen könne.

Würden Sie sagen, daß es Gott erst dadurch gibt, daß der Mensch existiert?

Ja. Ich glaube zumindest, daß das, was wir Gott nennen, aus einem Erfahrungsfeld der Menschlichkeit kommt. Aber ich bin mir über die Tiefe dessen, was wir menschliches Dasein nennen, nicht ganz klar. Wir sprachen über Evolution: In Wirklichkeit können wir nur staunen über das kleinste Stück Wirklichkeit um uns, da es so vielfältig ist! Ein Schmetterling, eine Katze oder eine Blume sind so unglaublich schön... Schon in sich selbst, aber noch mehr in Beziehung zur Welt im ganzen. Wenn wir unsere Umwelt auch nur ein wenig verstehen, fällt uns sofort auf, daß alles, aber auch buchstäblich alles, als dazugehörig verstanden werden muß. Es geht immer so weiter. In dieser Optik ist gleichgültig, ob man vom Frosch oder vom Menschen ausgeht; für uns Menschen ist es einfacher, vom Menschen auszugehen; aber man könnte schließlich von jeder beliebigen Wirklichkeit ausgehen – von einer Schneeflocke...

Marguerite Duras sagt irgendwo, daß der Mensch Gott erschafft, weil er ja selbst den Namen Gottes erfunden hat.

Was wir Gott nennen, ist tatsächlich ein menschlicher Begriff. Selbst wenn wir Gott »Liebe« nennen, verwenden wir ein menschliches Wort. Ein Wort übrigens, das ein ganzes Zusammenspiel von Empfindungen beschreibt, das uns und den Tieren gemeinsam ist. Wenn wir »Liebe« sagen, gebrauchen wir die Sprache der Säugetiere. Oder ein anderes Beispiel: Wenn wir von »Person« sprechen, so verwenden wir einen im Westen geläufigen Begriff, der aber keine Entsprechung im Arabischen oder Chinesischen hat; diesen Sprachen fehlt im Grunde der wichtigste Begriff der westlichen christlichen Theologie, wenn es darum geht, Gott zu bezeichnen – Gott als »Person«... Ein solches Beispiel genügt, um zu zeigen, wie äußerst relativ die Sprache ist, die wir gebrauchen.

Bis ins Abstrakte hinein manifestiert sich die innere Abhängigkeit der im Religiösen benutzten Begriffe. Wäre es da nicht passender, wir würden einander unsere Grunderfahrungen mitteilen? Zwar steht hinter jeder Erfahrung eine Wirklichkeit, die wir nur indirekt durch »Projektion« erreichen. Seit Feuerbach aber hängt dieser Begriff »Projektion« mit der Religionskritik zusammen – meines Erachtens zu Recht, denn der kirchliche Glaube in seiner objektiven Form kaschiert nur die Tatsache des projektiven Anteils aller religiösen Vorstellungen.

Wir täuschen uns, wenn wir unsere Vorstellung für »das Ding an sich« halten. Da wird immer wieder gegen das erste Gebot verstoßen: »Du sollst dir kein Bild machen«. Denn, genau gesprochen, ist Projektion nichts anderes als das *Bild*, das auf eine Leinwand projiziert wird; dort hält man einige Erfahrungswerte fest, die man für gesichert annimmt. Hat man in Afrika eine Giraffe fotografiert oder hierzulande einen Damhirsch, dann kann man das Bild als Dia auf die Leinwand *projizieren*. Die so entstandenen Bilder stammen aus der Lebenserfahrung, und trotzdem können wir sie ohne Leinwand nicht sehen. Der Irrtum der Theologie liegt darin, daß sie das Bild auf der Leinwand für die Giraffe hält.

Hier entsteht ein Zirkelschluß sozusagen, der sich jedoch als notwendig erweist – vorausgesetzt, wir sind imstande, ihn wahrzunehmen.

Ja. Wir können diesem Zirkelschluß nicht ausweichen, und es ist nicht einmal wünschenswert. Ist Projektion nicht für uns die einzige Art, unsere Lage in dieser Welt auszudrücken? Auf hoher See z.B. nimmt man sich unweigerlich wie in der Mitte der Wirklichkeit befindlich wahr. Wohin wir auch fahren, es wird immer so sein. Xenophanes sagte: »Wenn die Schildkröten ein Bild von Gott zeichnen sollten, sähe es aus wie eine Schildkröte«. Wir sind Menschen, und deswegen, mögen wir auch noch so abstraktionsfähig und kritisch auf religiösem Gebiet sein, werden wir uns Gott stets unter der Gestalt eines überdimensionierten Menschen vorstellen: als Subjekt, Liebe, Freiheit, Vernunft, Wille – das alles ins Unendliche gedacht.

Gibt es Gott für Sie?

Ich denke, wenn in der Natur ein Wesen entstehen konnte, das wie der Mensch voller Fragen ist, worauf die Natur nicht antworten kann, ist es berechtigt zu glauben, daß irgendwo diese Fragen eine Antwort finden. Die Natur hat uns eine Falle gestellt: Sie hat lebendige Wesen hervorgebracht, die selbst nachdenken können, die das Gefühl haben, als einzelne etwas Einzigartiges und höchst Wichtiges zu sein. Das ist ein großes Risiko, denn für die Natur als solche sind wir weder einzigartig noch unersetzlich. Ganz im Gegenteil: sie hat uns nur ermöglicht und wird uns eines Tages genauso gleichgültig wieder zurücknehmen; wir sind ihr weder notwendig noch besonders lieb. Aber diese vernünftige kalte Naturauffassung kann unser Selbstverständnis nicht bestimmen; mehr noch, sie darf unser Handeln andern gegenüber nicht bestimmen. Sonst wäre der Faschismus vor der Tür.
Wir haben viele Fragen an die Natur: Was ist mit dem Tod? Was ist mit dem Sinn, wonach wir suchen? Woher kommt es, daß wir Menschen menschlich leben können? In dem Raum solcher Fragen fügt sich gerade die Religion ein. Die Menschen sind nicht nur der Natur gegenübergestellt, sondern sie fühlen sich größer als sie, sie müssen an ein Gegenüber glauben, das sie übersteigt. Die Transzendenz des Menschen gegenüber der Natur ist der Ursprung des Glaubens an die Transzendenz Gottes. Beide sind parallel. Das Bild Gottes verändert sich gleichzeitig mit dem Bild des Menschen.

Was würden Sie in dieser Perspektive über die Mystik sagen?
Betrifft sie wirklich den Menschen? Ist sie notwendig?

Wenn man es genau nimmt, ist sie die Basis jeder Religion. Es ist sehr schade, daß sie im Laufe der Kirchengeschichte so verdächtigt worden ist.

Unter »Mystik« verstehe ich die wunderbare Wirklichkeit, durch die der einzelne im Tiefsten seines Selbst etwas Absolutes erfahren kann. Dort wird das wahre »Ich« erreicht, das mit Gott ins Gespräch kommt. Wir Menschen tragen in uns etwas, das auf der ganzen Welt nur wir sagen können. In uns gibt es eine bestimmte Gestalt, einen Klang, ein Wort, eine Melodie, ein Gedicht, eine Symphonie, die wir allein erahnen und nur wir anstimmen können. Wenn wir diese Aufgabe nicht erfüllen, haben wir umsonst gelebt. Mystik ist die Erfahrung, die dazu führt, diesen Klang zu finden, dieses Wort zu hören, das nur in uns selbst gesprochen werden kann; daher ist Mystik die Grundlage jeder Religion. Sie zielt wesentlich darauf, den Menschen selbstverantwortlich zu machen; dann braucht er keine äußere Instanz mehr, um die Wahrheit zu kennen. Er erkennt sie in sich selbst.

Mystik ist Erfahrung des Getragenseins, der Geborgenheit in der Tiefe des Selbst. Ihre Sprache ist stets die Sprache der Liebe – deswegen ist sie lyrisch, um so mehr, als sie notwendigerweise Lob und Dank ausdrückt. Der Mystiker wurde verdächtigt, der gleichzeitig übertriebenen und banalen Form bloßer Egozentrik nicht entrinnen zu können. In meinen Augen ist dem nicht so; viel eher geht es dem Mystiker wie dem Künstler – Maler oder Dichter –, der zwischen Berufsleben und Privatleben nicht unterscheiden kann; alles, was er sieht und hört, will er schöpferisch mitgestalten, er empfängt es von innen her und gestaltet es neu. So lebt der Mystiker.

Ein indischer Jesuit hat es einmal sehr schön ausgedrückt. Ein Amerikaner befragt in Singapur einen Liftboy: »Was ist Religion in China?« Daraufhin führt ihn der Boy auf den Balkon und fragt ihn: »Was siehst du?« – »Ich sehe Leute, Wagen, Geschäfte.« »Was noch?« – »Blumen, Bäume, Vögel.« »Aber sonst noch?«

– »Ich sehe, wie der Wind weht.« »Nun, siehst du, das ist Religion in China...« antwortet der Boy. Religion besteht in der Tat darin, eine immer feinere Wahrnehmung zu erlauben: man geht von den Gegenständen aus, geht zu den Lebewesen über, die ihre eigene Schönheit haben, um dann schließlich zum beinah Unsichtbaren und völlig Freien zu kommen, zum Unfaßbaren. Dies wird beim Gespräch mit Nikodemus im 3. Kapitel des Johannesevangeliums wunderschön ausgedrückt: »Der Wind weht, wo er will; du hörst sein Brausen, weißt aber nicht, woher er kommt und wohin er geht«. Robert Bresson hat zu diesem Thema einen wunderbaren Film gedreht: »Ein zum Tode Verurteilter ist entkommen«. Ein Mann, der in Deutschland in Gefangenschaft lebt, plant seinen Ausbruch; er schärft einen Löffel, um daraus ein Messer zu machen; aus seiner Matratze schneidet er eine Leiter. Wir haben hier fast einen Stummfilm, in dem sich alles um den Freiheitskampf eines einzelnen dreht. Das ist der Mensch. Wer das versteht, ist ein Mystiker. Der Mystiker ist derjenige, der dem Wind zuzuhören versteht.

Was meinen Sie? Kann man unabhängig von einer Religion ein Mystiker sein?

Die Mystik ist die Grundlage jeder Religion, aber auch das Ende der institutionellen Religion. Man braucht sich nur auf die Erfahrungen des Buddha und des Meister Eckhart zu beziehen, die im übrigen ganz nah beieinander sind bis in den Ausdruck hinein. Ganze Teile des Neuen Testaments wären bestens in die mystische Sprache eines Lao Tse, der großen Gestalt der antiken chinesischen Weisheit, zu übertragen. Ich bedaure, daß die Worte Jesu, diese Schmuckstücke, sich sozusagen verirrt haben in eine Kultur, die ihnen kaum zur Interpretation dienlich ist. Wir hätten den Kommentar der orientalischen Weisheit nötig, um ganze Stücke des Neuen Testaments als etwas Vermenschlichendes zu verstehen. Wie aber sind sie aus den Klauen eines dogmatischen Zwangssystems zu befreien?

Der lebendige Stier
und die Fleischbrühe

Daß die Dogmatik diese schädliche Entwicklung durchmachte...

...beruht hauptsächlich auf Phänomenen, die ich als geistige Verschiebungen bezeichnen würde. Diese allerdings lassen sich in gewissem Sinne nicht ganz vermeiden. Wenn man jemanden liebt, spricht man davon zuerst in der Sprache der Dichtung; man beschwört eine Menge Bilder herauf, die in der menschlichen Seele bereitliegen, um den Inhalt des Gemeinten in der poetischen Sprache der Mythen einzukleiden. Im Laufe der Geschichte wurden aber die mythischen Bilder aus dem Neuen Testament nach und nach historisiert: Sie wurden nicht mehr wie mythische Bilder behandelt, sondern wie historische Tatsachen; im Laufe der Zeit ist der Unterschied zwischen beidem verlorengegangen.

Da braucht man keine besondere Absicht dahinter zu vermuten. Denn bis zum Mittelalter wurde nicht klar unterschieden zwischen symbolischer Wahrheit und der Wahrheit schlechthin. Erst mit Abälard beginnt die Abgrenzung, die sich in der Renaissancezeit schnell durchsetzt und in der Aufklärung ausdrücklich gegen das historisierende Verständnis der Bibel geltend macht. Damals wird zum ersten Mal an entscheidenden Stellen der Bibel das Vorhandensein mythischer Bilder festgestellt.

Wir stehen hier vor einem schwierigen Problem, um so mehr, als die Erzählungen der Bibel in ihrer Mehrzahl so festgehalten und vorgestellt worden sind, als würden sie objektive und äußere Wahrheiten berichten. Einer der Gründe hierfür dürfte der Wille der Urchristen zur Behauptung und Durchsetzung in ihrer Umgebung sein. Die Gestalt Jesu sollte über alle anderen Religionen erhoben werden und wurde daher zu diesem Unterwerfungsversuch benutzt. Die verwendeten Bilder aber waren den Bildern der Ägypter von Osiris, der Syrer von Adonis, der Phrygier von Attis, der Griechen von Dionysos, von den römischen Mithraverehrern ganz zu schweigen, zum Verwechseln ähnlich. Da wurde statuiert, alle anderen Religionen seien falsch, aus dem Grunde, daß Christus allein buchstäblich historische Wahrheit sei.

So vergingen die ersten Jahrhunderte christlicher Theologie: es war ein verrückter und verzweifelter Kampf um absolute Historizität, mit dem Ziel, jede andere Religion an den Rand zu drängen. Dazu gesellte sich schnell mit Beginn der konstantinischen Zeit der Wille zur Macht: Man brauchte eine einheitliche Christenheit, die von der kaiserlichen »Zentrale« aus sich gut verwalten ließ. In dieser Zeit entschied das gesamte Episkopat unter dem Vorsitz des Kaisers, welche Sprache man benutzen muß, um Christ zu sein. Alle anderen sollten vernichtet werden. So funktioniert die Verkettung: Der Mythos wird historisiert und der historisierte Mythos dann dogmatisch »metaphysiziert«. Zwei Gewaltakte in einem, wodurch der Zugang zu den Ursprüngen – und also zur mystischen Grunderfahrung – bis zur Unkenntlichkeit verfälscht wurde, und so verstellt, daß die Gegner dieser Entwicklung bis heute mit sozialer und physischer Vernichtung bedroht wurden und werden.

Braucht die katholische Kirche wirklich eine solche Entscheidungsinstanz, wie wir sie heute haben?

Keineswegs, vorausgesetzt, die Kirche bleibt den Absichten Jesu treu. Bei Matthäus im 23. Kapitel bittet er beinah flehentlich: »Laßt euch nicht Vater nennen!« – eine Umschreibung der patriarchalischen Entscheidungsinstanz – und »Laßt euch nicht Meister nennen!« – eine Umschreibung der geistigen Lehrinstanz. Jesus wollte beides nicht und ist ein erklärter Gegner solcher Instanzen. Der Text des Matthäus ist hier ganz klar. Er verkündet, jede patriarchalische Herrschaft über Menschen ende jetzt. Daher muß ohne Umschweife gesagt werden: Die Gleichheit aller Menschen vor Gott gehört als notwendiges innerliches Korrektiv dazu, wenn an einer Gründung der Kirche auf der Person des Petrus festgehalten wird. Der Papst macht sich schuldig, wenn er sich »Heiliger Vater« nennt und darauf eine göttlich legitimierte Macht über Menschen gründen will, im Widerspruch zu den klaren Texten des Evangeliums.

Im übrigen weise ich Sie darauf hin, daß viele Religionsformen keinerlei Zentralismus dieser Art kennen: den Hinduismus z. B. gibt es schon seit mindestens 3500 Jahren ohne jegliche »Zentrale«. Die großen Riten der Sakralwaschungen im Indus, die jährlich mehr als 10 Millionen Menschen versammeln, brauchen keinerlei eingesetzte Kirche. Die Riten und Bräuche existieren seit Jahrtausenden und stammen aus dem Volk. Wir haben es hier mit einer volkstümlichen Religion zu tun, die deshalb keinen Führer braucht, weil sie einfach lebendig ist.

Auch das Judentum brachte keine Entscheidungsinstanz hervor, die mit jener in der katholischen Kirche vergleichbar wäre. Und wenn der Buddhismus »Konzilien« kennt, wie das von Rangoon im Jahre 1952, so muß man darunter lediglich eine Versammlung verstehen, in der die verschiedenen Praktiken vorgestellt werden: da wird ein ganzer Strom mündlicher Traditionen kanalisiert. Es hat nichts zu tun mit zwingenden Entscheidungsinstanzen. Wenn dagegen von außen per Dekret entschieden werden muß, was Wahrheit ist, stürzt jede Religion zusammen. Davon bin ich fest überzeugt.

Sie meinen also, die Kirche maßt sich eine Rolle an, die nur Gott zusteht?

Genau gesagt, sie führt sich als Gottes Stellvertreterin ein, als unentbehrliche Mittlerin, wobei sie das Eigene jeder Religion schädigt, nämlich die *Unmittelbarkeit* Gottes. In diesem Sinne bleibt sie hinter den Religionen zurück, die sie abgedrängt hat, weil sie die Botschaft Christi mit dem Herrschaftswillen der römischen Kaiser vermengte. Die Kirche meint, sie sei sonst nicht in der Lage, den Menschen die Wahrheit zu verkünden. Es geht aber einfach nicht an, die Botschaft des Mannes aus Nazaret in der Gestalt eines römischen Kaisers zu verkünden, wie in der Staatskirche Roms seit 391. Es war ein Vorrecht des römischen

Kaisers, der Stellvertreter Gottes zu sein. Der Papst hat sich in dieses System eingepaßt. Daher kann er sich logischerweise nicht auf Jesus berufen, sondern nur auf Konstantin nach dessen Sieg an der Milvischen Brücke am 28. Oktober 312 und dessen triumphalem Einzug in Rom.

Die Päpste, besonders Johannes Paul II., pflegen daran zu erinnern, sie seien »Petrus«.

Der biblische Text selbst wird dabei verdreht. Zuerst muß ich anmerken, daß der Text im Evangelium des Matthäus, Kapitel 16 »Du bist Petrus, der Fels, und auf diesen Felsen will ich meine Kirche bauen« offensichtlich nicht von Jesus selbst stammt. Schon der Ausdruck «meine Kirche« ist für einen Juden undenkbar. Juden sprechen von der »Gemeinschaft Gottes«. Unmöglich, hier ein Possessivpronomen einzusetzen, gerade weil es um die Gemeinschaft *Gottes* geht; niemand kann also jemals »meine Gemeinde« (oder »Kirche«) sagen.

Tatsächlich dürften diese Worte darauf zurückgehen, daß die syrische Kirche, in der dieses Evangelium entstand, sich wegen ihrer besonderen Lage auf Petrus berief. Es entstanden dreißig oder vierzig Jahre nach Jesu öffentlichem Auftritt sehr verschiedene Gemeinschaften mit eigenen Traditionen, z. B. denjenigen, die man in den vier Evangelien dargestellt findet. Da setzt sich Jakobus in Jerusalem dafür ein, die Botschaft Jesu, seines Bruders, in glühender Frömmigkeit beizubehalten. Er ist kein kühner Mensch, keiner, der nach außen wirkt; das Gebet ist die Hauptachse seines Lebens, so daß die Tradition erzählt, die Knie dieses Asketen wären so hart geworden wie die eines Kamels... Er hoffte auf ein baldiges Kommen Gottes, gemäß der apokalyptischen Tradition, und dachte wie viele seiner Zeitgenossen, Gott würde sich bald offenbaren, zumindest, wenn die Menschen dem Gesetz gehorchten. Petrus dagegen beschäftigte sich mehr mit der Verbreitung der Botschaft in Richtung auf Nachbargruppen, besonders auf in der Diaspora lebende Juden.

Aus diesem Grunde wird im Matthäusevangelium Petrus als der »Chef« vorgestellt, der sich mit Fug und Recht auf Jesus berufen darf. In dieser Hinsicht ist jedoch der Text des Matthäus eindeutig: Petrus wird zur Grundlage aus dem einzigen Grunde, daß *er sich zu Jesus bekennt.* »Gott hat es dir gesagt«, behauptet Jesus; »nicht aus dir allein kommen deine Worte, sondern Gott hat es dir gesagt.« Übrigens verbietet ihm Jesus, das Bekenntnis zu wiederholen, das er abgelegt hat: »Du bist der Messias«.

Der »Grund«, der hier hochgelobt wird, ist nicht die Person des Petrus, sondern der Glaube des Petrus, der darin besteht, jemandem alle Macht zuzuerkennen, der gerade jede Macht ablehnt. Das ist das Erstaunliche. Ich für meinen Teil halte die Vorgehensweise des Papstes für unvereinbar mit dieser Haltung, denn er nimmt Jesu Platz ein, was Petrus nie getan hat. Es muß entschieden betont werden: Das Evangelium des Matthäus rechtfertigt keineswegs die Vorstellung, die Kirche sei eine die Wahrheit Gottes tradierende Behörde. Bei Matthäus im 16. Kapitel bezeugt dies das Bekenntnis des Petrus: das Leben ist der Fels, das Zeugnis von Person zu Person; eine Art zu leben wird da beschworen, kein Verwaltungsamt und keine Funktion.

Man kann es leicht aus anderen Stellen dieses Evangeliums erkennen: Am Ende der Bergpredigt, also nicht irgendwo, sondern als krönender Abschluß seiner Botschaft sozusagen, verkündet Jesus: »Wer diese meine Worte hört und danach handelt, ist wie ein Mann, der sein Haus auf einen Felsen baute. Wind und Stürme und Regen mögen kommen, aber es stürzt nicht ein. Wer meine Worte hört und danach handelt, baut auf Fels; wer aber meine Worte hört und nicht danach handelt, baut auf Sand. Wenn nun ein Wolkenbruch kommt und die Stürme toben, da stürzt alles ein und der Schaden ist groß«.

Hier und dort die gleiche Sprache; der »Stein«, der »Fels« bedeutet: Auf Jesus hören und das tun, was er sagt; alles andere hat nichts zu tun mit einer »Felsengründung«. Die Bergpredigt ist die Unterlage, der »Fels«. Daraus folgt: eine Kirche, die in der Person des Petrus eine eigene Legitimation entdeckt und sich anmaßt, verfälscht diese Gründungstexte. Das gilt auch noch für das letzte Wort aus dem Matthäusevangelium, als Christus im 28. Kapitel zu den Jüngern sagt: »Geht zu allen Völkern und macht die

Menschen zu meinen Jüngern«. Hier erreichen wir die Person des geschichtlichen Jesus insofern, als *er* der Grund und die Grundlage jedes anderen Wortes ist: Allein der nach seinem Wort Handelnde kann seinerseits eine »Grundlage« aller Dinge bilden. Ein anders handelnder Papst, der es »besser« macht, als Jesus es wollte, kann keine »Grundlage« bilden: Er bedeutet eine Bedrohung, ein Damoklesschwert über der Menschheit.

Die Art, wie Sie das »Bekenntnis des Petrus« kommentieren, scheint mir eine neue Sicht zu eröffnen.

Wenn man über die Schwelle des Petrusdomes in Rom tritt, liest man in der Kuppel: »Super hanc petram aedificabo Ecclesiam meam«, »Auf diesen Felsen will ich meine Kirche bauen«. Aber dann schauen Sie sich die Krippe des Franz von Assisi an, oder ganz einfach ein Kreuz: Wo ist der Zusammenhang? In der Weihnachtszeit brachte eine deutsche Zeitung eine Karikatur: Geschäftige Menschen hetzen auf der Straße hin und her, die Arme voller Pakete; am Rande steht ein Mann, bei ihm ein Esel, auf dem eine Frau sitzt. Sie schauen sich diese Szene an, mit der sie nichts zu tun haben können... Und das soll das echt Christliche sein?!

Wie stehen Sie zu den Dogmen der katholischen Kirche?

Lange Jahre, und bis heute, habe ich mich bemüht, die Dogmen der Kirche in ihre Urform, in ihre ursprüngliche, symbolische Wahrheit zurückzuübertragen. Alle »Dogmen« sind strukturell falsch, da der Dogmatismus selbst grundsätzlich auf einem Mißbrauch beruht. Religiöse Wahrheit kann man nicht in Lehrsätzen fassen, die die Menschen gezwungenermaßen doktrinär aufzusagen hätten. Man kann auch nicht im Ernst religiöse Wahrheit mittels philosophischer Begriffe klar und deutlich ausdrücken. Das wäre genauso absurd, als wenn man die Erfahrung der Liebe in der Sprache der Biochemie ausdrücken wollte. Solches Unterfangen führt nur zu mechanischen Zwängen, oder sogar zur Unehrlichkeit. Das Widersinnige am Dogma, wenn man so sagen darf, besteht darin, das Unsagbare festhalten zu wollen, das ehedem einmal eine neue menschliche Erfahrung erlaubt hat und deshalb als überraschend erlebt wurde. Was mich angeht, bemühe ich mich, die Sprache des Dogmas aufzulösen, um die Urbilder der entsprechenden Erfahrungen wieder zum Vorschein zu bringen. Das ist nicht leicht. Es ist sogar sehr schwer, zunächst inhaltlich; von der Form her ist es sogar buchstäblich unmöglich, da die Kirche sich weigert, solche Übertragung in freie Erfahrung überhaupt zuzulassen.

Um ein Bild zu gebrauchen, möchte ich das Aufstellen eines Dogmas mit der Gewinnung von Fleischbrühe aus einem lebendigen Stier vergleichen. Abgesehen davon, daß zu einer solchen Brühe eine ziemliche Verwässerung vonnöten ist, wäre es aussichtslos, die so gewonnene Brühe in einen lebenden Stier zurückverwandeln zu wollen. Es mag sein, daß eine gute Brühe wohltuend ist; möchte man aber eine echte Sicht der Wirklichkeit haben, einen lebendigen Stier sehen, sollte man sich nicht mit dem Aufguß eines Brühwürfels aufhalten und statt dessen lieber aufs Land fahren...

Christus hat nur gelehrt; beabsichtigten seine Jünger denn die Umformung seiner Lehre in eine Doktrin?

Die Dogmatik wurde dann unentbehrlich, als man eine starke Bindung an die Kirche gewollt hat. Sie beruht tatsächlich auf einem klaren Mißtrauen gegenüber dem Leben der Menschen. Sie will immer mehr Anweisungen geben, und bläht so die Institution, das System, beträchtlich, ja maßlos auf.

Eine Lehre im eigentlichen Sinne muß also nicht unbedingt dogmatisch sein?

Da bieten ja Hinduismus und Buddhismus bemerkenswerte Beispiele, insofern sie beweisen, daß eine Menge Bilder beibehalten werden dürfen und zur freien Verfügung stehen können, ohne in einem zwingend vorgeschriebenen Begriffssystem aufzugehen.

Und bei der Thora...

Da ist es etwas anders. Darin findet man die rabbinische Tradition, und dazu eine Darlegung der Gesetze und der pharisäischen

Kommentare. Trotzdem bleibt mehr Raum für Debatten als beim christlichen Dogma.

Trotz der Zensur?

Es stimmt, daß es in gewisser Weise sowohl im Judentum als auch im Islam Zensur gibt. Sunniten und Schiiten beispielsweise kennen bestimmte dogmatisch festgelegte Vorstellungen. Dann gilt auch dort meine Bemerkung von vorhin: sobald man die Religion institutionalisiert, wird die Wahrheit verraten.

Es gibt nur die Alternative: Entweder es entsteht aus dem Zusammenleben ein elastisches, veränderbares und im Laufe der Zeit anpassungsfähiges »System«, oder man wählt einen fertigen Apparat. Wie ich schon sagte, ging die Bildung des christlichen Dogmas immer mit der Machtausübung einher und wurde teilweise von ihr festgelegt – die Vereinheitlichung der Sprache wurde gesucht, um die Menge gleichzuschalten. Da ist Christsein nur möglich, wenn wir wie Papageien die Verkündigung der Kirche nachplappern.

Dann kann aber keine religiöse und geistige Wahrheit mehr, wie es sein sollte, vom einzelnen selbst erkannt werden. Als Mystiker leben, echte Erfahrung besitzen, darf dann keineswegs mehr entscheidend sein: es wird ausreichen, zu wiederholen, was die Kirche hören will. Wenn es so steht, haben wir es mit Begriffsfetischismus und mit einer Vergötterung der Macht zu tun, mit Aberglaube und Entfremdung: Dann haben wir nichts mehr von dem, was Religion bieten müßte, und dahin bringt uns letzten Endes die Herrschaft der Dogmatik: Es geht nicht mehr um die Befreiung des Menschen, sondern, wenn ich es so sagen darf, um geistiges Stubenhocken.

Deshalb scheint mir die Dogmatik als formales Prinzip verfehlt. Das habe ich in meinem Buch »Glauben in Freiheit«[5] versucht, im Detail zu zeigen.

Würden Sie dagegen sagen, daß der Mensch eine Ethik braucht?

Wenn man unter Ethik die philosophische Rechtfertigung des moralischen Handelns versteht, brauchen die Menschen insgesamt keine Ethik. Wenige nämlich fragen sich, im philosophischen Sinne, welche Beweggründe entscheidend sind für ihr Handeln. Trotzdem können die Menschen moralisch in ihrem Leben voll bewährt sein. Tiefer noch: Ich glaube, daß moralisch gesehen eine Lehre über Gut und Böse immer zu spät kommt und dem Menschen in wichtigen Entscheidungsmomenten in keiner Weise hilfreich ist. Was geschieht denn? Wer im Innern seines Selbst zur wahren Identität gefunden hat, wird notwendigerweise im eigenen Kulturraum, in der eigenen Situation andern gegenüber Rücksicht und Achtung walten lassen, so daß gewisse gegenteilige Haltungen beinah automatisch für ihn ausscheiden und unmöglich werden. Hier verfügt der Mensch über einen Spielraum, in dem wie von selbst entschieden wird, was zu tun oder zu lassen ist.

Wenn es tatsächlich nötig wäre, jemandem von außen zu sagen: »Dies ist geboten, jenes verboten...«, ohne daß er dies vorher gewußt hätte, so wäre das ein Zeichen seelischer Verformungen, die durch den Zwang eines fremden Systems auch nicht zu beheben wären. So erginge es notgedrungen Missionaren auf Papua-Neuguinea, die erklären würden: »Eure Lebensweise ist verkehrt« oder in Schwarzafrika behaupten würden, daß Vielweiberei eine Sünde sei... Dadurch würde nicht eine bessere Moral eingesetzt, sondern man würde schlicht eine Kultur zerstören. Diejenigen, die mit Berufung auf Religion in solcher Weise vorgehen, handeln so, als ob es nur eine Art von Moral geben könnte, die dann in ihrer Eigenart auf absolute Geltung Anspruch hätte.

Tatsächlich aber wäre das nichts als neokolonialistische Ideologie. Täuschen wir uns nicht: So etwas ist in unserem Kulturraum keinesfalls ausgeschlossen. Denn in einer Kultur muß es Unterschiede geben dürfen zwischen den Standpunkten, den Bildungswegen, den verschiedenen menschlichen Reifungsstufen; aber demgegenüber besteht die Versuchung, eine einzige Verhaltensweise lehren zu wollen. Das tun Eltern oft bei ihren Kindern, Seelsorger bei ihrer Gemeinde – während es doch keinen besseren Weg zur Moral gibt als den, der die Seelenangst aufzulösen hilft und die Menschen begleitet zur Einheit mit ihrem Selbst...

Ein Mensch, der gelernt hat, sich selbst zu trauen, der glücklich in sich selbst ist, hat keinen Grund, grausam zu anderen zu sein. Wenn er unglücklicherweise grausam handelt, so wird er wahrscheinlich von irgendeinem äußeren schlimmen Anlaß dazu gedrängt.

Insgesamt gesehen fußt unsere Moral tatsächlich noch auf ganz primitivem Denken. Dafür bietet das Terrain der katholischen Moraltheologie ein beredtes Beispiel. Das kann man unbesehen in der Tatsache entdecken, daß schon ihre Eckpunkte bipolar angesetzt sind: gut und böse, wahr und falsch. Die Begriffsbildung war schon vor einigen Jahrtausenden so weit, daß sie die Welt beschrieb wie eine Gegenüberstellung von Gegensätzen – eine recht oberflächliche Sicht der Dinge, da die Wirklichkeitsvielfalt auf einen Gegensatz zwischen Schwarz und Weiß reduziert wird. Ein solches Urteilsmaß mit nur zwei Kategorien erweist sich als unfähig, menschliche Motivation in ihrer Verflechtung zu deuten, sowie konkrete Situationen mit ihren eigenen Schwierigkeiten; es wird geurteilt, indem ein festes Maß angelegt wird, das Strafen und Belohnungen setzt, und die festen Kategorien werden niemals von wirklichen Erfahrungen aus in Frage gestellt.

Diese Art des Denkens und des Handelns ist so unsinnig, wie wenn man die Menschen einteilen wollte in Schöne und Häßliche, während echte Schönheit doch in den Zwischentönen liegt. Zwar hat eine Logik mit nur zwei Begriffen den Vorteil, schematisch einfach zu sein, aber sie führt immer wieder unausweichlich dazu, Urteile zu fördern, die unbegründbar und unberechtigt sind. Von daher ist ein solcher zweiwertiger Typ von Moral entschieden abzulehnen, da er an einem erstarrten Denksystem hängt.

Eine komplexe Moral, eine dem Menschen gemäßere, müßte ihren Ursprung in der Situation der Menschen nehmen. Da finden wir das Problem wieder vor, das uns beschäftigt hatte: Kommen Ordnung und Organisation der Dinge von oben oder von unten? In der Tat tendiert jede autoritäre Instanz zu einer bipolaren Moral, die ziemlich leicht zu handhaben ist. Dann nämlich könnte man uns sagen, wie zu handeln sei, wie zu denken sei, und es könnte im voraus festgehalten werden, was man erreichen oder meiden sollte. Die Schwierigkeit liegt dann aber doch darin, daß das Leben so vielfältig ist. Wenn wir dagegen aufmerksam leben und aus dem Leben zu lernen verstehen, können wir nach und nach zu einer verfeinerten und differenzierten Moral kommen.

Die Kirche verkündet z. B., daß der Mensch eine Ehe niemals scheiden darf. Ich für mein Teil rede oft mit Ehepaaren, die im Begriff sind, sich zu trennen und klar bekunden: »Das ist das Beste, was wir füreinander tun können; es ist besser, wir behalten die Erinnerung an die Liebe, die wir gekannt haben, als wenn wir weiterhin aneinander leiden«.

Konkrete Fälle...

Jede konkrete Wirklichkeit wurzelt in einer bestimmten Situation; sie hängt von den Möglichkeiten eines jeden und von seinen Fähigkeiten zum Erbauen einer neuen Welt ab. Und ich kann nicht für den anderen im voraus wissen, was »richtig« und »falsch« ist.

Mit dem richtigen Ton
mitschwingen

*Sie sprachen von einer »glücklichen Art«, mit sich selbst umzu-
gehen. Was verstehen Sie darunter?*

Wenn Sie beim Überschreiten der Schwelle dieses Hauses versucht
hätten, eine Melodie zu summen, hätten Sie gemerkt, daß es in
diesem Betonhaus Schwingungen erzeugt; nach und nach hätten
diese Schwingungen sich von selbst verstärkt. Das ganze Haus
fängt an mitzuschwingen. Mit sich selbst glücklich umzugehen,
das ist wie mit dem richtigen Ton mitschwingen, anders ausgedrückt, eine Selbstresonanz erlangen. Dann wird man von einem
»selbstreferentiellen System« sprechen. Man muß nur lernen, auf
sich selbst zu hören. Schon rein körperlich muß man spüren
können, was einem guttut. Geistig geht es auch nicht anders.

Und wie kann man dann anderen einen Ratschlag erteilen?

Ich werde mich stets hüten, anderen Ratschläge zu erteilen. Ein
Wortspiel sagt ja, ein Ratschlag ist immer ein Schlag. Wir können
nicht wissen, was für jemand anderen gut ist. Wenn jemand mich
um Rat fragt, spüre ich dahinter folgendes Problem: nach Jahren
der Überlegung scheint der Betreffende sich immer noch für
unfähig zu halten, mit sich selbst ins reine zu kommen. Ich sage
mir also: »Der andere überlegt schon lange; wie kann er dann
erwarten, daß ich nach einer halben Stunde Beratung klüger bin
als er? Tatsächlich zeugt seine Erwartung von einem Mangel an
Selbstvertrauen«.
Wichtig ist sodann, zu verstehen, woher so etwas kommen könnte.
Bald entdecken wir die Vergangenheit, z. B. die Gestalt eines
Vaters, der es schon immer besser wußte; dann hätte ich die Rolle

des Vaters zu übernehmen, d.h. in den Teufelskreis einzuspringen! Worum es in Wirklichkeit geht, ist die Überwindung dieser allgegenwärtigen und zwingenden Vatergestalt. Die Arbeit mit den ewig Ratsuchenden muß darauf zielen, sie selbständig werden zu lassen, d.h., daß sie auf ihr eigenes Urteil vertrauen.

Glauben Sie nicht, daß auch das Wirken in der Kirche ähnlich aussehen müßte?

Vor 25 Jahren erlebte ich hier einen Wendepunkt. Ich verstand sehr deutlich, daß, würde ich bei der traditionellen Rolle eines Priesters bleiben, ich dauernd alle möglichen Direktiven und Ratschläge zu erteilen hätte. Vor jedem menschlichen Problem hätte ich mich begnügen müssen zu sagen:»So will es die Kirche, und nicht anders; das ist Sünde, jenes ist recht«.
Dazu konnte ich mich aber nicht durchringen, denn ich verstand, daß eine solche Vorgehensweise den Menschen schweres Unrecht tut.

Wie gehen Sie vor, wenn ein Homosexueller Sie aufsucht?

Zuerst muß ich wissen, was er braucht. Manche Homosexuelle sind mit sich selbst im reinen, und ihre einzige Schwierigkeit besteht darin, daß ihre Eltern oder die Gesellschaft sie abweisen, oder daß sie aus dem Kirchendienst ferngehalten werden. Dann leiden sie nicht an ihrem persönlichen Zustand, sondern unter der Haltung ihrer Umgebung. In diesem Fall kümmere ich mich nicht um die Ursprünge ihres Unbehagens; es genügt, wenn ich ihnen helfe, dem äußeren Druck zu widerstehen, damit sie selbst den Weg zum Selbstverständnis finden.
Bei denjenigen dagegen, die an ihrem eigenen Zustand leiden, muß ich nach dem Ursprung des Leidens forschen. Denn Homosexualität kann aus vielen verschiedenen Angstquellen entspringen. In der katholischen Kirche findet sie ein günstiges Terrain vor, wegen der Angst der Kirche auf sexuellem Gebiet, wie sie vor allem in der Vergangenheit, aber auch noch in der Gegenwart herrschte und herrscht. Was ich jetzt sage, mag seltsam klingen; aber ich versichere Ihnen, daß es so ist: Ich kenne Priester, die

homosexuell geworden sind, weil sie am Anfang der Pubertät, mit etwa 12 Jahren, mit der Vorstellung lebten, daß man ein junges Mädchen nicht berühren, ja nicht einmal an es denken darf...

Ihre Not wurde immer größer in dem Maße, wie die jungen Mädchen in ihrer Umgebung schöner und anziehender wurden. Es nur zu bemerken, schien bereits eine schwere Sünde zu sein; deswegen dachten sie daran, unentwegt, trotz des Verbots. Die Angst, die sie in der Gegenwart der Mädchen fühlten, brachte sie dazu, die Freundschaften unter Jungen zu kultivieren: die Meßdienergruppe, die Jungengruppe der Kirchengemeinde... – Die Eltern merkten davon nichts. Eines Tages dann, in einem Sommerlager, passierte etwas, ein Zwischenfall, der wie eine Zudringlichkeit aussah, weil die Sehnsucht sich einen Weg bahnte.

Solche Anfangserfahrungen verfestigen sich in der Psyche, wie ein Vulkan, der ausbricht und dessen Lava sich verhärtet. Dann muß ein junger Mensch von 17 bis 18 Jahren in einen verzweifelten Kampf gegen die Homosexualität treten; er will nicht nachgeben, er denkt: »Wenn ich Priester werde, wird die Gefahr abgewendet sein. Ich werde vor der Frauengefahr geschützt sein und meinen Hang zur Homosexualität werde ich zu einem guten Zweck verwenden«.

Überflüssig, zu betonen, wie solche jungen Männer leiden; damit sie befreit werden, muß die moralische Vorstellung im Hintergrund aufgelöst werden. Wenn aber das gelingt, bekommen wir Schwierigkeiten mit der Kirche, die weder homosexuelle noch heterosexuelle Priester wünscht; sie würde es am liebsten mit asexuellen Arbeitsbienen zu tun haben! Trotzdem muß festgestellt werden: symptomfreie Homosexuelle unter ihren Priestern sind der Kirche letzten Endes willkommener als heterosexuell sich Betätigende.

Vor einigen Jahren schickte der Papst den Bischöfen die Aufforderung, in diesen Fragen strenger zu sein. Ich habe mich immer gefragt, ob das nicht von seiner Seite auf eine gewisse Fixierung hinweist. Ich will mich hier nicht über seine Person auslassen; aber anmerken muß ich, daß der einzige literarische Versuch des Papstes, der »Laden des Goldschmieds«, ein psychologisch bestürzendes Zeugnis ist. Alles weist darauf hin, daß hier eine

Jugenderinnerung verarbeitet wurde, die Erfahrung eines Mannes, der sich verliebt und aus größerer Liebe zu Christus sich von diesem Erlebnis distanziert. Ich bin fassungslos, feststellen zu müssen, daß die besten in der Kirche immer noch verkennen, daß das, was sie Gott nennen, am allerhäufigsten nur das Bild ihrer eigenen Mutter ist. Mehr als hundert Jahre nach den Anfängen der Psychoanalyse haben sie nicht die geringste Beziehung zu ihrem eigenen Unbewußten. Hundertfünfzig Jahre nach Feuerbach fehlen ihnen die ersten Elemente der Religionspsychologie. Es ist beunruhigend.

Bedeutungsvoll ist doch, daß Bezug genommen wird, übrigens gleichzeitig, auf die Muttergottes und auf die eigene Mutter.

Der Bezug zur Gottesmutter ist oft zweideutig. In seinem Büchlein über den Marienkult aus dem Jahre 1845 schreibt Feuerbach, die Marienfrömmigkeit gehe häufig mit Intoleranz einher. Eine sehr scharfsinnige Feststellung. Er greift hier, wie so gern in seinen polemischen Schriften, zur Ironie und meint, wer auch nur den geringsten Zweifel an der Jungfräulichkeit Mariens nach der Geburt Jesu hege, werde von der Kirche streng gemaßregelt. Ignatius von Loyola, der Don Quichotte des Katholizismus, sei sogar drauf und dran gewesen, einen Mohren zu töten, der die Jungfräulichkeit Mariens leugnete, wenn sein Maultier ihn nicht mit einem Fußtritt daran gehindert hätte! Später aber sei das Maultier für seine Intervention getadelt und Ignatius für seine ursprüngliche Emotion geadelt worden.

Um auf die Frage der Homosexualität zurückzukommen, wurde uns bei der Fernsehsendung, an der Jacques Gaillot und ich 1994 u.a. zum Thema Homosexualität teilnahmen, vorgeworfen, wir hätten die teilnehmenden homosexuellen Priester nicht verurteilt. Diese Priester hatten nämlich gesagt:»Wir sind Kirche«. Wahrscheinlich hört ein Bischof auf, Bischof zu sein, wenn er solches nicht auf der Stelle als unmoralisch und häretisch verurteilt...

Wie, glauben Sie, wäre ein Streitgespräch innerhalb der Kirche möglich?

Schädlich ist das Unverständnis der Kirche allgemein gegenüber der prophetischen Natur der religiösen Erfahrung. Sie zieht sich aus der Schwierigkeit zurück, indem sie verkündet, alle Getauften seien »Propheten«. Da wir dann alle Propheten sind, brauchen wir keinen Propheten mehr! Es ist so, als würde man Geld in so großen Mengen in Umlauf bringen, daß schließlich eine erdrückende Inflation entstünde: Millionen Scheine in den Taschen – und kein Schuhband aufzutreiben! Diese Situation entspringt aus dem kodifizierten Christentum; Spannungen, wie sie im Judentum zwischen Propheten und Priestern bestanden, sind hier buchstäblich undenkbar. Und was die Bibel bezeugt, wurde praktisch unmöglich gemacht durch die in Gang gesetzte Mechanik: die Mechanik einer vom Heiligen Geist geleiteten Kirche, deren Glieder alle mit prophetischer Gabe begnadet sind. Zudem wird die religiöse Existenz ins Rituelle verlegt. Es entsteht eine Art Drama, bei dem jeder erahnt, daß er eigentlich nicht wirklich beteiligt ist. Solche Kunststücke – eine inszenierte Realität anstelle der wirklichen Existenz – sind gang und gäbe geworden. Aber selbst wenn das bis jetzt hat funktionieren können, macht sich nach und nach eine gewisse Müdigkeit breit – obwohl viele nach wie vor die Unterstützung der Kirche für Hochzeit und Beerdigung für sich möchten, wobei sie nicht frei von Heuchelei sind.

Was hat die Kirche für eine Zukunft Ihrer Meinung nach?

So weit wir es überblicken können, sind die Aussichten nicht gerade erfreulich.

Die römische Kirche nämlich scheint schon bei der bloßen Möglichkeit einer Reform in Panik zu geraten, einer Reform, wie sie schon lange wünschenswert wäre, damit endlich die brüchigen Strukturen zusammenbrechen. Diese Angst besteht im übrigen nunmehr ganz zu Recht; denn die Zeit ist vorüber, in der solche Erneuerung noch Aussicht gehabt hätte zu glücken und Frucht zu tragen. Tatsächlich hätte die Bewegung, die Luther vor mehr als einem halben Jahrtausend in Gang brachte, in die römische Kirche eingebracht werden müssen; seine Infragestellungen hätten angeeignet werden müssen, was die Lebendigkeit der Kirche gefestigt hätte. Weil dies unterblieb, steht es in der Logik der Geschichte, daß diese Kirche noch lange Zeit sich krampfhaft an ihren Zentralismus klammern wird, die Bestandteile einer massenpsychologischen Wirksamkeit bevorzugt einsetzen, vermehrt auf ihre »Sichtbarkeit« setzen und immer mehr bedingungslos Anhänger zurüsten muß, die solche Wege einzuschlagen bereit sind.

Zweitausend Jahre nach der Gründung dieser Art von Kirche ist Europa nahezu entchristianisiert; was den Menschen aufgezwungen wurde, ist weggeschmolzen wie Schnee in der Sonne. Demgegenüber hofft die Kirchenspitze auf die Erfolge einer neuen »Mission« auf unserem Kontinent, genauso, wie es in anderen Gegenden der Welt zur Zeit des Kolonialismus war – es gibt die gleichen Kompromittierungen wie damals mit der Macht und dem Geld. Damals dachte man, China evangelisieren zu können, indem man Astronomen an den Hof nach Peking schickte; jetzt hat man eine Neuevangelisierung Europas vor durch die Hilfe der Opus-Dei-Kreise und der Ritter des Heiligen Grabes, die schon jetzt die Medien und die politischen Zirkel stark unterwandern.

Zwar werden diese Anstrengungen von verblüffendem Erfolg gekrönt. So sehen wir z. B., wie durch ein Wunder, den Katholizismus in Osteuropa wieder eindringen, wo er bis jetzt so minimal vertreten war, daß man praktisch von einer Randerscheinung sprechen konnte. Das setzt langatmige Untergrundarbeit voraus. Darauf verstehen sich allerdings die römischen Ämter, welche die Geheimdiplomatie und Unterwanderung ausgezeichnet beherrschen. Trotzdem muß das Unternehmen scheitern, und es wird scheitern. Sieht denn nicht auch der Dümmste unter uns, daß alles, was da geschieht, keinerlei Gemeinsamkeit mehr mit dem hat, was Jesus sagte und wollte? Die Beherrschung der Welt steht auf einem anderen Blatt als die Kultur und die Förderung menschlicher Freiheit; für diese letztere stritt Jesus. Mir ist im übrigen klar, daß der Weg, den die Kirche heute einschlägt und auf dem sie zwar einige aufsehenerregende Erfolge verzeichnet, wie die Reise des Papstes in Asien, auf die Dauer nur aufs Abstellgleis führen kann.

Das denken Sie wirklich, trotz der Erfolge, die Sie erwähnen?

Diese Ereignisse ändern nichts an der geistigen Struktur, sie führen nur dazu, letzten Endes das »Museale« des Kirchenapparates zu verstärken. Machtinstrumente aufzupolieren und dabei die Inhalte auf archaischem Stand zu belassen, zeugt von faschistoider Vorstellung – wenn nicht gar von faschistischer. Sehen Sie sich die Nazis an: In der Propaganda, der Panzerbewaffnung, der Militärlogistik waren sie außergewöhnlich modern und übertrafen die Franzosen bei weitem, von den Russen ganz zu schweigen. Die von ihnen kommende Gefahr war um so ungeheuerlicher, als sie diese Mittel in den Dienst eines unveränderten und unveränderbaren archaischen Inhalts stellten. Unter solchen Umständen ist der Schaden um so größer, als der Erfolg zunächst gesichert ist.

Glauben Sie nicht, daß viele sich über die Existenz einer triumphierenden Kirche freuen und über ihre »Sichtbarkeit«, wie man zu sagen pflegt?

Zweifellos. Dazu kommt noch, daß abgesehen von den innerkirchlichen Kräften, die so denken, viele in konservativen außerkirchlichen Kreisen den Erfolg dieser sichtbaren Präsenz der Kirche wünschen. Überall können Sie eine seltsame Übereinkunft zwischen einem gewissen patriarchalen Zentralismus – z. B. dem im Marienkult herrschenden Ödipuskomplex – mit dem Waffenhandel, dem Militarismus und allerlei dunklen und verdächtigen Geschäften feststellen, wie sie unter allen Unterdrückungsregimen gedeihen.
Wirklich, ein solches System darf nicht lange weiterbestehen.

Sie behaupten es einmal mehr, obwohl Erfolge da sind?

Ich gehe weiter: infolge der Erfolge. Die Geschichte lehrt uns, daß die Erfolge der autoritären Regime tatsächlich deren Untergang einleiten. Was uns betrifft, wir werden ihn zwar nicht erleben, denn dieser Prozeß wird wahrscheinlich hunderte von Jahren beanspruchen, sollte ich schätzen, etwa 500 Jahre... Trotzdem kann schon jetzt der Ausgang als sicher gelten. Aber einmal davon abgesehen, möchte ich glauben, daß abseits der ins »Museale« führenden Einbahnstraßen es noch eine theoretische Möglichkeit gibt, bessere Wege einzuschlagen. Dann würde die Kirche zwar vor einem Scherbenhaufen stehen, insofern, als ihre eigentlichen Institutionen zusammenbrechen würden – es gäbe eine Zeit der Schwankung, der Fluktuation. Danach aber könnte eine ganz »profane« geistige Ordnung entstehen, die sich nicht mehr von Amts wegen festsetzen ließe, von oben nach unten, sondern die wie von selbst und in aller Wahrhaftigkeit wachsen könnte.

Einen solchen Versuch hat heute in Rom niemand den Mut zu wagen, ja, daran wird nicht einmal gedacht. Deswegen ist das, was ich eben skizzierte, rein hypothetisch... Ich möchte Ihnen ein Gedankenspiel vorschlagen. Nehmen wir einmal an, wir leben am Hofe Neros, ungefähr im Jahre 60-68 des ersten Jahrhunderts nach Christus. Während die römisch-kaiserliche Macht noch weit entfernt ist von ihrem Höhepunkt – Rom wird unter Hadrian noch größeres politisches Gewicht haben – kündigt uns Seneca an, daß Roms Macht keinerlei Chance hat, sich zu verewigen. Seneca *wußte* tatsächlich, daß Rom scheitern *mußte,* weil die Gestalt des Reiches, die überall mit militärischer Macht gehalten wurde, auf der Gleichheit aller Menschen, wo immer sie leben, nach den Angaben der stoischen Ethik hätte gründen müssen. Wenn aber die unterdrückten Völker den kostbarsten Inhalt dieser Ethik ernst nehmen und darauf drängen, daß sie verwirklicht wird, dann wird die Sache des Menschen triumphieren und Rom wird am Ende sein.

Der Prozeß dahin dauerte damals noch vierhundert Jahre. Während dieser Zeit sollte Rom noch der Welt auf dem Gebiet der Zivilisation eine Menge Neuerungen und Möglichkeiten bescheren, von der Eisenherstellung bis zum Brückenbau und zu Glasmanufakturen, von der Verwaltung, der Pflege der Literatur und Philosophie ganz zu schweigen... Rom hatte auch damals noch genug Prägungskraft, um drei heute noch lebende Sprachen hervorzubringen. Für Seneca war der Niedergang des Reiches trotzdem vorsehbar

– wegen der inneren Widersprüche, die wie ein Wurm in der Frucht waren.

Wenn ich jetzt so deutlich herausstreiche, daß der römische Katholizismus auch untergehen wird, so unter anderem auch wegen dieses Widerspruchs zwischen »römisch« und christlich.

Je mehr Triumphe er feiert, um so mehr wird der Widerspruch auffallen. Es ist nur eine Frage der Zeit. Voltaire hatte sich nur beim Tempo und bei der nötigen Zeitspanne geirrt: »Ich höre immer sagen, daß zwölf ungebildete Fischer vonnöten waren, um das Christentum zu gründen«, sagte er in einem Witz; »ich werde zeigen, daß ein einziger gebildeter Mensch genügt, es umzustoßen...« Möglich, aber *so schnell* geht es nicht.

Sie sprachen von 500 Jahren.

Zweitausend Jahre sind eine lange Zeit im Leben einer Religion, wenn man nach dem heutigen Rhythmus der Geschichte urteilen darf. Tatsächlich bedeuten 500 Jahre für die künftige Dauer der römischen Kirche eine optimistische Prognose. Die ägyptische Religion hielt sich etwa 3000 Jahre; sie fand darüber hinaus ihr Ende in einem Augenblick, da sie soviel Weisheit besaß, daß alle Welt sich ein Stelldichein in Alexandrien gab, um die Künste und die Wissenschaften zu erlernen...

Tatsächlich bringt es keinen Schaden, wenn eine institutionalisierte Religion ausläuft. Man kann sie noch am Firmament leuchten sehen wie eine Sonne, die in Wirklichkeit schon abstirbt. Tragisch dagegen, wieviel Zerstörung solch eine Religion, welche sie auch sei, noch vor ihrem Verschwinden anrichten kann...

Was die katholische Kirche angeht, so muß ihr aus vielen Gründen das Handwerk gelegt werden: Die Bedrohung aus der Bevölkerungsexplosion, das Aidsproblem, die Sache der Gleichberechtigung der Frau, ihr Widerstand gegen Gedankenfreiheit, dort, wo sie sich ausspricht – in all diesen schwierigen Fragen wird die Gesetzgebung eines säkularen Staates nicht umhinkommen, die Kirche in ihre Schranken zu weisen.

Erlaubt Ihnen das, was Sie hier durchblicken lassen, auf mittlere
Sicht noch von einer »christlichen« Religion zu sprechen?

Ich hoffe – und ich bin beinahe überzeugt –, daß wir langsam auf
das gegenseitig Ergänzende im Zusammenleben der großen religiösen Gemeinschaften zugehen. Wenn es soweit ist, wird die
gemeinsame Sorge sein, einander nicht als Konkurrenten, sondern
als einander ergänzende Partner zu begleiten. Auf jeden Fall ist
bereits klar, daß die westliche Kirchentradition, wenn sie auf sich
begrenzt bleibt, die Botschaft Jesu kaum begreift. Hier würde ich
meinen, um die Erfahrungselemente wiederaufzunehmen, um die
es Jesus ging, seien die asiatischen Weisheiten und die japanische
Mystik geeigneter als die dogmatische Sprache der Kirche.
Wenn dem so ist, spricht in aller Logik alles dafür, daß wir
Buddhisten werden sollten, um bessere Christen zu sein. Und das
auf so vielen Gebieten – angefangen von unserer Beziehung zur
Natur oder von der nötigen Güte zu den Tieren. Diese Realitäten
müssen wir kennenlernen, anstatt uns am »Wohlbekannten« fest-
zuklammern. Wenn wir zu spät daraufkommen, werden wir von
der äußeren Not dazu gezwungen. Was mich im Augenblick
schmerzt, ist die Ahnung der Schäden, die zutage treten werden
und die man hätte vermeiden können.

Das Leid der Menschen...

Die Kreatur leidet wegen der Menschen, und die Menschen leiden
aufgrund eines falschen Welt-, Gottes- und Menschenbildes im
herrschenden Kirchendogmatismus an sich selbst und untereinander. Ich beklage viele Mißstände, die aus keinem erklärten Willen
stammen, und viele Fehler, die immer wieder neu begangen
werden! Ich sage es noch einmal: Wenn die Veränderung nicht
aus freien Stücken kommt, dann muß sie aus »historischer Notwendigkeit« eintreten. In diesem Punkte folge ich Hegel: Wenn
die Menschen nicht wollen, dann muß sie die Geschichte belehren
und die Willkür beenden; Revolution ersetzt dann die Evolution.

In Ihrer Umgebung gibt es viele Gegenstände aus der buddhistischen Mystik.

Es macht mir Freude. Das sind Bilder aus dem Musée Guimet in Paris.

Treiben Sie Yoga?

Nicht im eigentlichen Sinne. Ab und zu in sehr begrenztem Maße.

Und wie ist es mit Zen?

Ich kenne keine Schwierigkeit, meine Aufmerksamkeit zu fesseln. Also brauche ich keine besondere Zeit zur Konzentrationsübung.

Ihr Leben scheint geeint...

Ich denke, so ist es. Ich kann nur konzentriert leben. Ein deutscher Zenmeister, Graf Dürkheim, schrieb ein Buch mit dem Titel »Der Alltag als Übung. Vom Weg zur Verwandlung«. Das finde ich scharfsinnig. Sobald man auf die Art des Zen lebt, ist es beinahe unnötig, Zeiten und Orte der Zurückgezogenheit vorzusehen.

Und das Gebet Christi?

Ich antworte Ihnen mit einer Anekdote. Der Gott Shiva mußte das Gebet eines frommen Mannes so oft hören, daß er die Geduld verlor. »Mein Guter«, sagte er ihm eines Tages, »ich höre dich oft. Noch drei Bitten, die ich dir erfülle. Dann soll Schluß sein!«. Glücklich erbat sich der Mann den Tod seiner Frau, um eine andere ehelichen zu können.
Bei der Beisetzung aber fingen alle seine Freunde an, die Tote als so verführerisch zu schildern, daß der Mann seine Tat zu bedauern anfing, und bei sich dachte: »Wie habe ich nur all ihre guten Eigenschaften verkennen können?«. Also bat er Shiva, sie ins Leben zurückzurufen. Danach hatte er nur noch eine Bitte frei. Er fing an, in seiner Umgebung zu fragen: »Worum soll ich Shiva bitten?« Die einen antworteten: »Um ein ewiges Leben!« Die anderen aber sagten: »Was nützt dir die Ewigkeit, wenn du nicht gesund bist?«; die dritten schließlich: »Was nützt dir die

Gesundheit, wenn du kein Geld hast?« Verwirrt sprach der Mann Shiva an: »Worum soll ich dich bitten?« – »Das ist bereits deine dritte Bitte«, antwortete ihm Shiva, und er fing an, ganz laut zu lachen bei der Antwort: »Daß du mit dir selbst einverstanden wirst.«

Und diese Antwort ist auch Ihre?

In der Sprache Jesu bedeutet das: »Dein Wille geschehe«. Für mich ist es ungefähr das Gleiche.

«Dein« Wille, d. h. »Ihr« Wille?

Ja. Daß zwei eins werden. Ich kann nicht glauben, daß der Wille Gottes etwas Äußerliches sein kann, wie der Befehl eines Vaters an sein Kind. Der Wille Gottes ist, daß die Blumen ins Licht wachsen. Und das sagt er ihnen, wenn sie aufblühen. Der Wille Gottes ist auch, daß die Menschen glücklich sind. Wenn wir uns der Ordnung der Dinge nicht fügen, wird uns Gott früher oder später durch Traurigkeit, Schmerz oder Krankheit zeigen, daß jede Veranlassung besteht, zur seligmachenden Wesenseinheit zurückzukehren.

Ein Gewaltmarsch
in die Vergangenheit

Sie meinten, daß die Kirche seit Konstantin sich für Rom ent-
schieden habe, und daß von diesem Zeitpunkt an ihre Geschichte
wie vorherbestimmt sei. Diese Kirche muß zusammenbrechen,
haben Sie behauptet. Ist es für Sie wirklich unvermeidlich, oder
könnte diese Kirche, so wie wir sie heute haben, noch in einen
historischen Prozeß der Rundumerneuerung treten? War denn –
mit anderen Worten – die Wahl Roms nicht notwendig in der
ersten Zeit, als die ersten christlichen Gemeinden sich vor der
Aufgabe sahen, sich gegen die anderen Religionen durchzusetzen?
Wie dem auch sei, glauben Sie, daß nach dem Untergang der
Institution noch eine Kirche bestehen kann, die sich in der Gestalt
einer klar abgegrenzten Gemeinde zeigt? Es muß doch berück-
sichtigt werden, daß die Kirche, um existieren zu können, ähnliche
Strukturen braucht wie andere menschliche Gesellschaften.

Wir sprechen hier natürlich über die *römische* Kirche. Sie hat
sich in den letzten fünf Jahrhunderten gegen den Humanismus,
gegen die Reformation und gegen die Aufklärung gestellt. Nehmen
wir also einen unwahrscheinlichen Fall an und setzen einmal, es
passierte eine Art geistiger Apokalypse; nehmen wir an, die
Anstrengungen des Vatikans würden mit Erfolg gekrönt und die
Unterwanderung der Gesellschaft durch die Maffiagruppen des
Opus Dei und der Ritter des Heiligen Grabes gelängen, dann
würde der Katholizismus nur noch seine geistige Leere desto mehr
offenbaren.
Dort, wo das römische Prinzip ungehindert hat regieren können,
machte es sich an zwei Punkten fest: einerseits darf die Ehe nicht
geschieden werden, und andererseits darf die Frau keinen Schwan-

gerschaftsabbruch durchführen. Überall, wo der Katholizismus optimale Möglichkeiten der Behauptung hat, hat er niemals *mehr* zu sagen gehabt. Das Beispiel des mit Portugal unter Salazar geschlossenen Konkordats spricht Bände, da kann man nachlesen, daß der Staat nach diesem Dokument nicht einmal das Recht zur Scheidung der zivil geschlossenen Ehen hatte! Ein solcher Katholizismus scheint mir weder religiöse Substanz noch geistige Kraft oder Erneuerungsenergie zu besitzen.

Historisch gesehen kann behauptet werden, der Katholizismus überlebte dank des Engagements Spaniens unter Philipp II. im 16. Jahrhundert. Indessen war eine echte Bindung zwischen politischer Legitimation und religiöser Innerlichkeit – also zwischen der Heiligen Theresa von Avila und Philipp II. – niemals möglich; denn die Grundsätze politischer Gewalt einerseits und mystischer Freiheit andererseits sind von Natur aus unvereinbar.

Genauer gesehen, steht der römische Katholizismus vor einer Alternative: Wenn es sich als möglich erweisen sollte, eine ernste Änderung der Strukturen zu bewirken, wäre das System in Gefahr, zu zerfallen und sich in Chaos aufzulösen. Der Zusammenbruch der Reformversuche Gorbatschows – der Perestroika – zeigt offensichtlich, daß totalitäre Systeme sich keine energische Strukturreform erlauben können, ohne in die Gefahr des Zusammenbruchs zu geraten.

Was also sollte eine radikale Reform innerhalb der römisch-katholischen Kirche beinhalten? Sie müßte zwei Hauptpunkte umfassen. Zuerst müßte der Papst der Auffassung seines Amtes zustimmen, die Luther seinerzeit vorgeschlagen hatte: Um als höchster Führer der Christenheit anerkannt zu werden, müßte er aufhören, sich als Stellvertreter Gottes und Christi auszugeben; er müßte sich dem Evangelium unterordnen, indem er darin einwilligen würde, von der Gemeinschaft der Gläubigen gewählt und kontrolliert zu werden. Unglücklicherweise wäre er dann kein »Papst« mehr...

Der von Gregor VII. im XI. Jahrhundert geöffnete und beim Konzil von Trient weiter befestigte Weg, der im ersten Vatikanum schließlich dogmatisch abgesichert wurde und vom zweiten Vatikanum keinesfalls in Frage gestellt wurde, wäre dann wirklich versperrt: Der Papst hätte seine absolutistische Ausnahmeposition eines Monarchen von Gottes Gnaden, eines Pontifex maximus, verloren. Das wäre die erste ernste Reform, die unabdingbar wäre, damit das Papsttum den Anspruch auf Absolutismus und Exklusivität aufgibt und kein Hindernis mehr für die Einheit der Christen darstellt.

Der zweite wichtige Punkt wäre, der klerikale Führungsanspruch müßte endgültig überwunden werden. Nach allem, was wir wissen, wollte Jesus nie einen Klerikerstand einsetzen, der auf institutionelle Weise und auf Grund seines Amtes zwischen die Gläubigen und Gott tritt. Ganz im Gegenteil wollte er die Unmittelbarkeit Gottes für den Menschen einsetzen durch sein Vertrauen und im Lichte eines wahrhaft menschlich geführten Lebens. Was er absolut verwarf, war ein auf Angst und Schuldgefühl gründendes Verwaltungssystem von Kirche anstelle einer solchen Unmittelbarkeit.

Aber der Katholizismus gräbt tatsächlich einen tiefen Graben zwischen Gott und dem Menschen, damit das System, das sowohl im Himmel als auf Erden viele »Mittler« braucht, funktionieren kann, wie wir schon (S. 66) sagten: Das System lebt von der vermeintlichen Trennung zwischen Gott und Mensch. Bereits im Himmel: nach der dreifaltigen Gottheit kommt die Muttergottes, die den stets erzürnten Vater besänftigt; und um zur Muttergottes zu beten, sind da die ganzen Scharen der Heiligen Nothelfer nötig, die an besonderen Gnadenorten angerufen werden. Dazu noch die Schutzengel, welche wie geistige Mächte um die einzelnen herumschweben. Und jetzt auf Erden: zuerst kommt nach römisch-katholischem Verständnis der Papst; dann die Bischöfe und die Priester; dann die Wallfahrtsorte und allerlei Gnadenmittel der Kirche für die Gläubigen – besondere Ablässe, Gebetszeiten, heilige Orte, Riten, die auf besondere Weise zu beachten sind. Die ganze Vorrichtung, vom Himmel bis auf Erden, bekommt erst Sinn, wenn dem Gläubigen soviel Angst und Schuldgefühl eingeimpft worden sind, daß er sich für krank halten muß und in die ununterbrochene Behandlung von seiten der Kirche einwilligt...

Diese beiden Punkte – der Zentralismus des Papsttums und die Klerikerherrschaft – führen zur Entfremdung, zur Angst, zum Verlust jeder religiösen Innerlichkeit und müssen deshalb unbedingt in Frage gestellt werden. Dann aber müßte der Katholizismus seine »römische« Komponente verlassen und eine echte »Katholizität« entdecken. Ich fürchte, Rom wird sich angesichts dieser beiden Forderungen, die schon die protestantische Reformation erhob, bis ins Extreme wehren.

Nehmen wir also realistischerweise an, Rom werde weiter mit dem fortfahren, was es als richtig zu erkennen beschloß. Dann brauchen wir nur noch Geduld und das System nur noch einen langen Atem, bis es eines Tages von selbst stirbt. Noch einmal: ein solches Machtsystem, das sich in aller Konsequenz entwickelt, kann nur eine Zeitlang seine geistige Leere verdecken; es verwaltet nur noch die eigene Macht. Der Escorial Philips II. ist eine Veranschaulichung hiervon: ein riesiges Gebäude ohne Inhalt. Er ist wie eine übermenschliche Beweisführung der Huldigung einer Wahrheit, die erloschen ist, die nicht mehr auszudrücken ist, weil sie den Menschen nicht mehr von Grund auf betrifft.

Ich glaube, daß diese Kirche, die unter Papst Johannes Paul II. den »Geist« des II. Vatikanums wie ein Gespenst zur Mitternacht betrachtet, einen Weg einschlägt, der einen Gewaltmarsch in die Vergangenheit bedeutet, und daß wir Heutige ihn schon erleben. Allein die Langsamkeit dieses Prozesses hindert uns, ihn wahrzunehmen und klar benennen zu können. Was wir erleben, ist ein Absterben der Kirche, das Jahrhunderte in Anspruch nehmen wird. Wie sollte man sich dann wundern, wenn einige Jahrzehnte eines individuellen Lebens nicht immer erlauben, dies klar festzustellen? Und doch genügt es, den Untergang der römischen Kirche seit Voltaire bis heute zu betrachten, um zu erkennen, daß wir es nurmehr mit einer musealen geistigen Gestalt zu tun haben, die nur noch auf dem Hintergrund ihrer vergangenen Herrlichkeit einen gewissen Stolz beibehält.

Und all das wäre immer noch die unvermeidliche Folge der anfänglichen Wahl »Roms« durch die Kirche?

Das kann man nicht ausschließlich vom Katholizismus sagen; denn das, was unter Konstantin geschah, ist zur gemeinsamen Voraussetzung der ganzen Christenheit in all ihren konfessionellen Gestalten geworden. Zwei Dinge wurden im vierten Jahrhundert entschieden. Erstens: Die dogmatische Ausformung dessen, was man die Selbstdarstellung des Christentums nennen könnte.

Aus der Lebensweise Jesu hat man sich befleißigt, eine etablierte theologische Doktrin zu machen – um gewisse Sprachspiele einzuführen, die als Erkennungszeichen des Glaubens fungieren könnten. So etwas ist unausweichlich, wenn eine kirchliche Macht eingesetzt werden soll.

Und zweitens: Solch ein System braucht einen sachverständigen und gehorsamen Theologenstand, der dem ausgearbeiteten Lehrsystem zur Verfügung steht. Es ist fortan von entscheidender Bedeutung, daß Menschen darin einwilligen, als Sprechmaschinen zu fungieren, die genauestens die vorgefertigten Formeln wiederholen können; erst dadurch wird das Entstehen einer homogenen Masse ermöglicht, über die die autoritäre Macht verfügt und in der sie ihre Beglaubigung findet. Gleichzeitig kommt es zum logischen Ausschluß der Andersdenkenden, zum Verbot einer offenen Forschung, zum Ausfall jeder Ehrlichkeit im Fragen, zur Negierung des vorläufigen Charakters der Existenz und zur Ausmerzung jeder Neuerung, die beunruhigen könnte.

Diese Wahl, die im vierten Jahrhundert getroffen wurde, ist, wie ich fürchte, unumkehrbar. Dieser Typ von Kirche kann in der Tat nur weiterbestehen, wenn jede Erneuerung buchstäblich ausgeschaltet werden kann. Im Rückblick wird offensichtlich, daß gleichzeitig ein großer Teil des gesunden Menschenverstands ausgetrieben wurde. Ein so rational denkender Mensch wie Nestorius – er hatte einen riesigen Einfluß in den östlichen Gegenden der Christenheit, von Mesopotamien bis zu den Grenzen Chinas – plädierte dafür, die Bibel in ihrem eigenen Licht zu lesen, ohne sie durch die Brille dogmatischer Aussagen, die aus kulturell und intellektuell ganz fremden Orten, wie z. B. Griechenland, kommen, zu verfremden.. Wie allgemein bekannt, glückte ihm sein Unternehmen nicht – denn es erschien als häretisch, die Bibel so angehen zu wollen, es galt für »Häresie«, die Evolution des Kirchenlehrsystems nicht mitmachen zu wollen.

Zwar gab es dann weitere Versuche eines unmittelbaren, existentiell relevanten Bibelverständnisses, aber sie wurden alle mit Gewalt vernichtet: ob es um die Bewegung der Nestorianer im fünften Jahrhundert ging oder die der Katharer im Languedoc unter Innozenz III. am Anfang des dreizehnten Jahrhunderts.

Allein die Kirchen der Reformation, welche die politische Macht auf geschickte Weise zu nutzen wußten, konnten sich im sechzehnten Jahrhundert als Alternative durchsetzen. Doch um welchen Preis auch hier! Seither hat sich keine andere Möglichkeit mehr eröffnet, auf diese Weise Religion und Politik zu verbinden; das Religiöse konnte seit dem Westfälischen Frieden im Jahre 1648 nicht mehr von der politischen Verwaltung getrennt werden.

Um die Besonderheit des »römischen« Weges zu begreifen, muß man eine weitere Tatsache beachten: die Unruhen zur Zeit der großen Völkerwanderungen aus dem Osten, als das kaiserliche Rom als Machtfaktor zu schwanken begann. Nach dem Sturz des Ostreiches war die Macht im Westen unbesetzt; in jener Zeit konnte also »Rom« als geistige, vom Papst geleitete Macht eine besondere Bedeutung erlangen.

Demgegenüber erwartet uns heute der Abschied vom Mittelalter – besonders von dem Gedanken, nach dem die politische Macht von seiten der römischen Zentrale als Stellvertreterin Gottes allererst legitimiert werden müsse; so wird nämlich bis heute in konservativen Kirchenkreisen gedacht. Im Grunde genommen hält man dort die Demokratie für gefährlich, da in der Demokratie die Wahrheitsfindung von der Übereinstimmung mit der Mehrheit abhängt; da hinge also die Wahrheitsfindung von »Unwürdigen« ab, denen die Entscheidungsmacht ungebührlich übertragen würde, während sie doch in Wirklichkeit ein Vorrecht aller »Blaublütigen«, des Adels oder der Finanzwelt, bleiben muß. Der führenden Bildungselite muß vorbehalten bleiben zu entscheiden, was das Volk zu glauben hat! Oder eben dem »besonders« von Gott »Berufenen«, dem Kleriker im Bischofsornat...

Ich kann mir nicht vorstellen, daß Rom eines Tages aus dieser selbsterzeugten Absonderung wieder herauskommt. Dann bleibt nur noch der Weg in die Abteilung Volkskunde und Folklore, ein ritueller Abschied vom Leben – etwas, das wirklich museal oder schon amüsant zu nennen ist.

War das wirklich unvermeidlich?

Keineswegs. Es war nicht unvermeidlich, sich in tausendfünfhundert Jahren mit Siebenmeilenstiefeln von der Bergpredigt zu entfernen...

Es stimmt zwar, daß jede Religion eine gewisse Legislative zur Orientierung ihrer Mitglieder braucht. Doch man darf die Gefahr, die darin liegt, nicht übersehen. In den Anfängen einer Religion steht fast immer die großartige Intuition eines herausragenden einzelnen; nach einigen Generationen aber fängt eine Phase der Konsolidierung an, der Organisation, der Einsetzung starker Strukturen; das kann einige Jahrhunderte dauern, oder tausend Jahre, bis das Gewicht des gefestigten Apparates unerträglich wird. Dann erscheinen einige Reformversuche, meistens mit ungewissem Erfolg; dann kommt eine neue Konsolidierungszeit: eine Schwankung, und eine neue Struktur entsteht...

Es ist beinahe der Regelfall, daß im Laufe der Jahrtausende alle Religionen früher oder später von der Last ihrer eigenen Geschichte eingeholt werden. Das geschieht spätestens, sobald sie meinen, eine fertige Wahrheit zu besitzen, die es den Ungläubigen nur weiterzugeben gilt dank einer »Mission«. Wenn man dagegen begriffen hätte, daß religiöse Wahrheit ihren Sitz im Leben hat und nicht in einer Doktrin, in der Art, wie man dem andern begegnet, und nicht in der Organisation als solcher, dann hätte man genug Abstand von jeder Form der Hierarchisierung und Verwaltung, um Änderungen aller Art in der Wirkungsweise zu akzeptieren.

Das setzt aber voraus, daß man Abstand von der Macht genommen hat, damit den Menschen jene Chance geboten wird, die gerade allen Religionsgründern am Herzen lag. So gesehen scheint mir heute der Buddhismus die geistig echteste, am wenigsten dogmatische, am wenigsten von Fanatismus und Intoleranz beschwerte

Religionsform zu sein. Nur auf solch einem Hintergrund wäre die Zukunft des religiösen Lebens denkbar. Aber ich bin kein Prophet, und niemand kann, glaube ich, das Gesicht voraussehen, das eine Religion der Gesamtmenschheit haben könnte, zu der wir wohl in den nächsten Jahrhunderten kommen.

Jedenfalls scheint mir unerläßlich, daß die Menschheit, die anscheinend mit dem rasanten Tempo unserer Zeit eine neue Gestalt gewinnt und ein großes Einheitsbedürfnis aufweist, auch im Religiösen zu einer Form der Übereinstimmung findet.

Was wird dann aus dem Christentum?

Seine Rolle wird zwar wichtig sein, aber es steht dann vor einer Wahl: Entweder es will seine eigene Kontinuität und Eigenständigkeit behalten, oder es bejaht den Zusammenschluß. Im Augenblick scheint die Konkurrenz der Religionen untereinander eher den Fundamentalisten zu nützen; denn heutzutage geht jede Religion durch eine gewisse Unsicherheit, und man versteht gleichzeitig, daß dort die Zukunft der Menschheit, ob man will oder nicht, auf dem Spiel steht. Es ist immer sehr bedenklich, die Zukunft der Menschheit mit der eigenen Rolle zu verwechseln, welche die verschiedenen kulturellen und religiösen Wege sich anmaßen. Der Islam, in gewissen Formen zumindest, setzt auf den Endsieg Mohammeds, während der Katholizismus den Triumph des Papstes erhofft; und beide Religionsformen bekämpfen sich auf militante Weise, trotz aller Reden über Toleranz...

Wie kann man dogmatische Starre mit geistiger Offenheit verbinden? Morgen schon wird die Menschheit verstehen, daß es nicht angeht, irgend jemandem einen besonderen kulturellen Weg aufzuzwingen; ich vermute also, daß das gegenwärtige Streben des römischen Katholizismus – die Machtstrukturen aus dem Mittelalter über die ganze Menschheit auszudehnen – scheitern wird angesichts der fernöstlichen Menschenmassen, die eine andere Kultur und ein anderes Religionsverständnis haben; ein Verständnis, das im übrigen für uns abendländische Menschen kaum von atheistischen Vorstellungen zu unterscheiden ist... Der Begriff des »Einen« aus gewissen chinesischen Religionen ist uns so wenig zugänglich, Konfuzianismus oder Taoismus für uns so wenig einsichtig, daß es uns noch an geeigneten Konzepten fehlt, uns dort zurechtzufinden, und sei es nur, um uns selbst dort einzubringen. Für diese Weisheiten oder Religionen war das Christentum nie ein wesentlicher Dialogpartner. Die Menschheit von morgen aber steht unausweichlich vor der Frage, wie umzugehen sei mit einer Milliarde zweihundert Millionen Chinesen, die von der außerordentlichen Kultur Ostasiens getragen sind. Es geht nicht, ohne daß Buddhisten, Hindus, Taoisten und Konfuzianisten Fragen stellen, auf die der christlich-abendländische geistige Hintergrund überhaupt noch nicht gefaßt ist.

Wie sehen Sie die Tatsache, daß die katholische Kirche behauptet, die ganze Wahrheit zu besitzen, während andere christliche Konfessionen nur einen Teil hätten und andere Religionen nur einen Abglanz?

Ein wesentliches Machtinstrument der katholischen Kirche war und bleibt die Bevormundung der Gläubigen bei der Bibellektüre. Vor kurzem noch wurde den Gläubigen katholischerseits verboten, »das Buch« zu lesen. Bibellektüre galt als protestantisch, fast häretisch schon im Prinzip – das Lehramt der Kirche hatte immer Wert darauf gelegt, als einzig befugter Interpret zu gelten. Daher entstand bald eine Art geschlossener Syllogismus: Bibelexegese war gleichbedeutend mit Selbstlegitimation des Apparates. Wie sollte das historisch aufrechterhalten bleiben? Unglücklicherweise ist diese offensichtliche Tatsache noch nicht in das Bewußtsein der katholischen Massen eingedrungen. Jedem heranwachsenden Katholiken wird beigebracht, der Papst sei der »Nachfolger Petri«, und ihm wird gesagt, daß diese Formel sich aus dem 16. Kapitel des Matthäus ergebe, wo es heißt: »Du bist Petrus, der Fels, und auf diesen Felsen werde ich meine Kirche bauen« – »meine Kirche« soll dabei identisch sein mit der römischen Kirche, der der Papst vorsitzt... Noch einmal bekräftige ich, daß dieses Wort »meine Kirche« niemals von Jesus selbst hat gesagt werden können; dieser Ausdruck ist im Munde Jesu buchstäblich undenkbar. So wie wir es schon erwähnten (S. 92), entstand die Formel im 16. Kapitel des Matthäus aller Wahrscheinlichkeit nach in der syrischen Gemeinde, die sie auf die Person des Petrus als einer Legitimationsgestalt der Mission in der jüdischen Diaspora bezog. Von daher ist es ganz legitim, zu fragen, wieso man in den Gemeinden jener Zeit diesen Vorrang für wesentlich hat halten können.

Wie berechtigt die Fragen waren, die seinerzeit die protestantischen Kirchen stellten, ist vor diesem Hintergrund nur um so klarer: sollte denn nicht das Evangelium allein das Maß der Dinge in der Kirche sein? Und umgekehrt: was berechtigt die Kirche, selbst das Maß zur Interpretation der Bibel stellen zu wollen? Wer mißt hier wen? Wo ist das richtige Maßverhältnis? Wenn das Papsttum absolut von Gott kommt, dann kann die Bibel nicht als Korrektiv des Papsttums auftreten. Das aber ist eine unhaltbare Folgerung, gegen die sich viele Theologen sträuben.

Beim zweiten Vatikanum wurde zwar der grundlegende Wert der Bibel anerkannt, sowie die Notwendigkeit, die Kirche an der Bibel zu messen. Diese offensichtlichen Wahrheiten reichen jedoch nicht aus, die alten Vorstellungen über die päpstliche Unfehlbarkeit zu korrigieren.

Für den Historiker, für den Religionspsychologen, hat das Papsttum in Rom, so wie es heute funktioniert, nichts zu tun mit dem Mann aus Nazaret. Ich wiederhole: Es ist dem römischen Kaisertum zum Verwechseln ähnlich. Der einzige Unterschied, aber ein großer Unterschied: Hier geht es nicht mehr um politische Macht, zumindest nicht direkt, sondern um ein geistiges Reich – das macht die Sache indessen nur noch schädlicher. Leider wurde der Machtverzicht, der dem Evangelium wesentlich ist, von der römischen Kirche nie willentlich geübt durch echte Vernunftentscheidung, sondern er mußte immer von außen erzwungen werden.

Im mittelalterlichen Investiturstreit etwa wurde in Schriften wie denen von Marsilius von Padua im dreizehnten Jahrhundert von Rechtsphilosophen, Juristen, von auf der Seite der Kaiser – vor allem der Staufer – stehenden Theologen versucht, die Bedeutung des Papsttums zu relativieren, es sogar durch rationale und politische Maßnahmen zu kontrollieren; das alles wurde jedoch nur möglich, und auch nur zum Teil, dank dem entschiedenen Einschreiten der Herrschenden gegen den Anspruch der Päpste, als »Stellvertreter Gottes« anerkannt zu werden. Niemals hat Rom von innen her eine echte Reform akzeptiert. Wenn sie angenommen wurde, dann nur durch Zwang.

Um auf Ihre Frage zu antworten: ich denke, daß wenig Hoffnung besteht, daß die Kirche sich von selbst ändert, denn sie steht in einer langen Konsolidierungsperiode von fünfhundert, vielleicht tausend Jahren. Sie wünscht diese Konsolidierung und sieht sie als ihre Aufgabe an. Jeder Änderungsversuch hat ihr bis heute nur den Vorwand geliefert zu einem Rückzug auf die eigenen Stellungen, niemals den Anlaß zum inneren Wandel. Wenn sie manchmal doch zu gewissen Wandlungen getrieben wurde, so immer von außen, wenn nötig durch Gewalt.

Als Beispiel für eine solche Wandlung von außen weise ich auf eine wichtige Veränderung hin, die sich für die nächste Zukunft in Deutschland ergeben könnte, nämlich die Aufkündigung des Konkordats von 1933, das unter Hitler geschlossen worden war; eine solche Maßnahme würde auch in Deutschland endlich die Trennung von Staat und Kirche besiegeln. Dieser Schritt wäre von erheblicher Wichtigkeit. Zur Zeit nämlich zahlen die Katholiken in Deutschland mehr als 8 Milliarden Mark Kirchensteuer, die vom Staat einbehalten werden; was die meisten nicht wissen, ist, daß der Staat von sich aus nochmals 4 Milliarden Mark als Zuschuß zu den Krankenhäusern, Schulen und anderen Kircheneinrichtungen zahlt. Bei einer Änderung des Konkordats läuft die Kirche in Deutschland Gefahr, diese 12 Milliarden zu verlieren, so daß ihre Unterstützung für den Vatikan stark gemindert würde. Rom käme unweigerlich in einen Engpaß. Mag sein, daß das alles nur Details sind, aber die Folgen bleiben erheblich; denn das römische System kann offenbar nur noch durch die Einschränkung getroffen werden, die aus Geldmangel entsteht, da geistige Argumente bis jetzt nichts gefruchtet haben...

Wo lebt Jesus?

Sie haben in Ihren Kommentaren der Evangelien, besonders der Synoptiker, an manchen Stellen behauptet: »*Dies oder jenes stammt aus dem Bereich des Mythos*«. *Oder auch:* »*Solch ein Wort kann nicht von Jesus selbst gesprochen worden sein*«. *Sind solche Aussagen das Ergebnis Ihrer exegetischen Forschung, oder kommen sie auch aus Ihrer Erfahrung als Psychoanalytiker – die Psychoanalyse soll ja eine klare Sicht der menschlichen Realität vermitteln? Oder wirkt beides zusammen?*

Ja, Ihre letztere Vermutung ist richtig. –
Zunächst bin ich ja zum Verständnis der Bibel auf die heutigen, im 19. Jahrhundert entstandenen Forschungsmethoden angewiesen, d.h. in erster Linie auf die »historisch-kritische« Methode.
Es gibt zwar eine Vielzahl von Methoden, welche die Texte so erschließen, daß man sie fundiert interpretieren kann. Aber die »historisch-kritische« Methode ist die Methode der Wahl, wenn es darum geht, zu prüfen, ob ein bestimmtes Wort von Jesus stammen kann, aus welcher Traditionsschicht es kommt, auf welchem kulturellen und religiösen Hintergrund es entstand.
Dann ist es nicht unerheblich, ob ein bestimmter Wortlaut, z. B. bei Johannes oder bei Matthäus vorkommt, denn der eigene Traditionshintergund des jeweiligen Evangeliums muß berücksichtigt werden. All das läßt sich heutzutage mit Hilfe eines umfassenden methodischen Systems untersuchen, das eben den Namen »historisch-kritische Exegese« trägt.
Es zeigt sich aber, daß katholische Theologen hier unter dem Druck des Lehramtes größte Schwierigkeiten haben, einfach aufrichtig zu sein.
Immer von neuem meldet sich die Angst. Um auf unser Beispiel zurückzukommen, hat man Angst, das Dogma würde zusammen-

brechen, sobald feststeht, daß etwa die Weihnachtserzählungen der Form nach Legenden und Mythen sind und nicht als geschichtliche Informationen verstanden werden dürfen (s.o. S. 51). Das gleiche gilt für die Ostererzählungen, für die Himmelfahrt Christi oder für Pfingsten.

Kurz gesagt, gerade die grundlegenden Texte des Christentums liefern niemals Informationen im engen Sinne, sondern sie wollen einen Sinn vermitteln in mythischer und legendärer Form.

Für katholische Theologen bleibt es schwierig, ihre Zustimmung zu solchen Forschungsergebnissen zu geben. Sie fürchten einen Zusammenbruch von Dogma und Glauben. In dieser Hinsicht habe ich es besser. Ich kann mit Hilfe der Tiefenpsychologie leicht aufzeigen, daß Legenden und Mythen auf ihre Weise die Wahrheit sagen. Texte sind noch lange nicht unglaubwürdig, nur weil sie der Form nach Legenden und Mythen sind. Ganz im Gegenteil: man kann um so besser erkennen, um welche Art von Wahrheit es dabei geht.

Von daher fällt es mir leichter als anderen, den »rationalen« Teil der heutigen Bibelexegese anzunehmen, ihre kritisch-aufklärerische Haltung zu teilen, weil ich eine weniger starre Vorstellung von der Wahrheit des Religiösen habe. Genau hier brauche ich die Tiefenpsychologie. Denn beides ist vonnöten: Klarheit und Aufrichtigkeit der Forschung sowie Tiefe und Innerlichkeit des Gefühls- und Sinnbereiches, und beides muß zusammenwirken.

Unaufgeklärte Doktrinen führen zum Aberglauben, und Aberglaube ist der Religion immer abträglich. Die römisch-katholische Kirche fürchtet indes beides: Die Freiheit der Forschung und der aufrichtige Gebrauch des Verstandes waren ihr stets verdächtig, aber gleichzeitig sträubt sie sich auch, Emotionen zuzulassen, wie in der Tiefenpsychologie erforderlich. Hier ist ja der einzelne für seinen Glauben verantwortlich und muß selbst denken und fühlen dürfen, so daß die Institution Kirche auf eine Verwalterrolle zurückgestuft wird: sie hört auf, als Institution Glaubensträgerin zu sein, da die Gläubigen selbst über ihren Glauben entscheiden.

124

Darin sieht die römische Kirche eine echte Gefahr: Sie fürchtet gleichermaßen die Freiheit der Forschung wie die Befreiung des Menschen.

Die Kirche hält sich aber an das Wort des Paulus, wenn sie verkündet: »uns ist das ›Glaubensgut‹ anvertraut, und wir müssen es verwalten...«

So geht die Kirche bei den Sakramenten vor, da waltet sie ganz klerikal. In ihrer Optik hat der Priester den Auftrag, die Gnadenschätze zu verwalten, die Gott seiner Kirche geschenkt hat – diese Vorstellung ist den reformierten christlichen Kirchen fremd. Es muß gesagt werden: die römische »Zentrale« braucht die Anerkennung als alleinige Wahrheitsbesitzerin, sie muß als einzige befugte Instanz lehren dürfen, wer Jesus ist. Aber so steht es nun mal nicht.

Ich wurde eines Tages gefragt, ob Jesus nicht in der römischen Kirche und allein in ihr lebt. Ich erlaubte mir, meinem Gesprächspartner zu erwidern, seine Worte hätten einen unchristlichen Klang. Wir lesen im Neuen Testament, daß Jesus auferstanden ist, daß er lebt, und diese Erfahrung erlaubte es den Menschen damals zu glauben, wie z. B. Maria von Magdala oder anderen, die ihm im österlichen Licht begegneten.

Nicht die Kirche hat den toten Jesus zum Leben erweckt, sondern umgekehrt: Gottes Machterweis in der Auferstehung und durch die Auferstehung des Mannes aus Nazaret hat die Menschen innerlich so geprägt, daß sie seine Verurteilung als einen Beweis der Wahrheit seiner Worte erkannten.

Dies müßte die Kirche beachten. Wir müssen es feststellen: die heutige Gestalt der Kirche bringt den Mann aus Nazaret noch einmal um. Jesus war ja aufgestanden gegen die Bevormundung durch religiöse Behörden, und genau diese Bevormundung hat die Kirche wieder eingeführt. Die Vorstellung, man müsse Gott gnädig stimmen durch Opfer und Ritual, hat Jesus wie die anderen Propheten seiner Zeit bekämpft. Aber paradoxerweise hat man sie auf ihn selbst angewendet beim Opferverständnis des Abendmahls. In diesen Punkten verteidigt die katholische Kirche Denkweisen, die Jesus unter Einsatz seines Lebens gerade beseitigen wollte.

Sie haben gesagt, diese Kirche hat Ihnen Jesus nahegebracht. Aber Sie sagen auch, man dürfe nicht behaupten, diese Kirche sei der lebendige Christus.

Hier muß man unterscheiden. Das erste meine ich biographisch, das zweite betrifft eine wichtige Aussage über die Struktur der Kirche. Biographisch gesehen habe ich als Kind in dieser katholischen Kirche sozusagen die ersten Schritte in Richtung der Person Jesu gemacht. Dies besagt nicht, daß man außerhalb der katholischen Kirche und unabhängig von ihr nicht zu Jesus kommen könne – vielleicht gar glaubhafter, menschlich wahrer.

Was mich angeht, habe ich in der katholischen Kirche nicht nur Jesus kennengelernt, sondern ich habe dort zu meinem Nachteil eine bestimmte Vorstellung von Gott eingeprägt bekommen, habe vieles über Jesus gehört, was ich heute längst als falsch erkannt habe, was sogar der Absicht Jesu diametral entgegengesetzt ist. Wenn ich also in dieser Kirche vieles gelernt habe, so habe ich auch viele Jahre gebraucht, um manches Gelernte wieder zu verlernen.

Ich hoffe, eines Tages könnte alles einfacher sein, wenn diese Kirche angesichts der geschichtlichen Entwicklung rasch an Einfluß verliert.

Es ist in der Tat schädlich, die katholische Kirche für die einzig gültige Vermittlerin der christlichen Botschaft zu halten. Nichtsdestotrotz stellt sie sich selbst als Trägerin der ganzen Wahrheit dar und bezeichnet die Lehre der anderen christlichen Konfessionen als nur teilweise richtig.

Da liegt in der Tat ein furchtbarer Widerspruch, der sich dem Beobachter immer von neuem offenbart. Wer sich mit der Institution Kirche anlegt, dem wird früher oder später vorgehalten, er befinde sich im grundlegenden Widerspruch zu der Wahrheit Jesu. Andauernd können Sie diesen Vorwurf vernehmen. Der Fall des

Bischofs von Evreux ist ein deutliches Beispiel: jeder weiß, daß Jacques Gaillot nur deshalb abgesetzt wurde, weil er nach den eigenen Worten des Präsidenten der französischen Bischofskonferenz sich nicht »loyal« zu seinen Bischofskollegen verhalten hat. Dies ist der einzige grundlegende Vorwurf. Daraus aber scheut man sich nicht zu schließen, daß er im Widerspruch zur Wahrheit Jesu stehe...

Denn die Forderung muß bestehen bleiben: Die Institution Kirche ist der einzige Ort der Wahrheit. Wer sich gegen diese Behauptung sträubt, wird als Psychopath abgestempelt, und oft genug als Häretiker.

Er wird als armer Teufel dargestellt, ob auf dem Gebiet des Glaubens, oder was seine geistige Gesundheit betrifft...

Beides! Natürlich ist dieses Verhalten nicht neu. Schon im Neuen Testament, besonders im Markusevangelium, wendet man kurz nach dem ersten Auftreten Jesu in der Öffentlichkeit solche Deutungsmuster auf ihn selbst an: entweder er ist vom Satan besessen – heilt er vielleicht die Kranken durch die Macht des Beelzebub? – und dann muß er natürlich beseitigt werden, da er sich im geistigen Widerspruch zu Gott befindet. Oder aber Jesu Verwandte versuchen das Problem zu verschieben, indem sie behaupten: er ist krank, er kann nichts für seinen Zustand, er trägt keine Verantwortung, wir müssen ihn wegbringen und behandeln lassen. Er ist nur ein armer Irrer, der Hilfe braucht und eingesperrt gehört... Da sind schon beide Deutungen: entweder teuflisch oder verrückt. Wer mit dem Absolutismus nicht konform geht, dem wird keine andere Alternative gelassen.

Ähnlich geht es auch andernorts zu. Ostdeutschland z.B. besaß besondere psychiatrische Anstalten für Dissidenten. Ging man mit der Parteilinie nicht konform, war man in Gefahr, für geisteskrank erklärt und entmündigt zu werden. Verfährt denn die Institution Kirche nicht genau so, wenn sie ihren Abweichlern letzten Endes vorwirft, sie widersprächen ihrem eigenen Glauben, oder sie für verrückt erklärt?

Was die Kirche niemals zugeben kann: einige könnten sich just deshalb im Widerspruch zu ihr befinden, gerade weil sie aus der Wahrheit des Juden Jesus leben. Das wäre ein deutliches Zeichen für die Notwendigkeit einer Reform. Gerade deshalb meine ich, daß die Institution Kirche reformunfähig ist: Sie versucht jeden Konflikt auf Kosten ihres vermeintlichen Gegners zu lösen, statt sich zu einer inneren Reform veranlaßt zu sehen.

Dies folgt unvermeidlich daraus, daß sie sich selbst als absolut gültiges System versteht.

Wo lebt Jesus dann?

Es muß gesagt werden, auch wenn es gewagt klingt, denn es stimmt wirklich: Er lebt in jedem Menschen, der durch sein Vertrauen den Tod überwindet; in jedem Menschen, der die Gewalt durch Güte zu beantworten versucht; in jedem, der angesichts des Hasses versucht, die Liebe zu leben.

In jedem Menschen, sagen Sie. Sie meinen also auch in einem Menschen, der von Christus nichts weiß?

Selbstverständlich. Es ist in der Tat möglich, jemand hat nie von Jesus gehört. Er ist jedoch wie jeder andere fähig, zum Mittelpunkt vorzudringen, aus dem Jesus die Lebenskraft schöpfte, mit dem Ausdruck jener Zeit: »Sohn Gottes« zu sein. Jesus wollte das wesentliche Menschsein zur Ganzheit bringen: Jeder Mensch, der so lebt, trifft Jesus im Kern. Das bezeugt das Matthäusevangelium im Gleichnis des großen Weltgerichts, im 25. Kapitel.

Gott selbst wird das am Ende der Zeiten den Menschen sagen, sie sind selbst zu ihm gekommen, jedesmal, wenn sie barmherzig und mitfühlend zu leidenden Menschen waren. Mögen diese Menschen nichts über Gott wissen, sind sie doch mit ihrer Erfahrung ganz nah bei Jesus, ganz nah bei Gott, und das nur durch ihre Menschlichkeit und Barmherzigkeit.

Das ist gewaltig...

Und hat nichts mit geistiger Reglementierung zu tun.

Was würden Sie in dieser Perspektive über die Auferstehung Christi sagen? Was ist für Sie Auferstehung?

Jesus hat die Auferstehung längst vor seinem Tod gelebt. Durch seinen Glauben – d.h. die Zuversicht, daß unser Leben in Gottes Hand ist – war er fähig, den Tod nicht zu fürchten, sich vor seiner absoluten Macht nicht zu ängstigen. Dahingehend sind viele seiner Worte zu verstehen: »Fürchtet nicht die Menschen, die euren Leib töten können; nehmt nur Gott ernst«, lesen wir im zehnten Kapitel des Matthäusevangeliums... Das Johannes-Evangelium erzählt in Legendenform, daß Jesus nach seiner Auferstehung durch geschlossene Türen gehen konnte. In Wirklichkeit konnte er sein ganzes Leben lang als guter Geist durch die geschlossenen Türen der Angst hindurchgehen. Für ihn war die Angst offenbar kein Argument, weil sich in seiner Sicht über den Tod hinaus eine Perspektive zur Ewigkeit hin öffnet.

Die Evangelien berichten aber von Jesu Angst bei beginnender Verfolgung. Wie erklären Sie das?

Das Schrecklichste ist nicht, leiden zu müssen unter einem grausamen Schicksal. Ein Höchstmaß an Leid wird erst erreicht, wenn man begreift, daß anscheinend gerade die menschlich wahrsten Sehnsüchte zum Scheitern verurteilt sind und jedenfalls zunächst nur den schärfsten Widerspruch hervorrufen können.
Mir scheint das ganze Leben Jesu in einem hervorragenden Bild in der Episode der Verklärung im neunten Kapitel des Markus dargestellt zu sein: Jesus befindet sich auf einem Berg, da hört er die Stimmen des Moses und des Elias, und sein Gewand wird weiß wie Schnee. Eine Stimme ertönt, die ihm sagt: »Mein geliebter Sohn.«
Die meisten Exegeten meinen, diese Erzählung, die Entscheidendes zum richtigen Verständnis der Auferstehung liefert, sei »nachösterlich.«
Ich meine aber, der Evangelist hat sie zu Recht mitten im Leben Jesu angesiedelt, denn sie bildet sozusagen das Herzstück. Gerade der Glaube an die Auferstehung hat Jesu Leben bestimmt. Von

daher konnte er Moses Sendung wirklich begreifen, die darin bestand, die Menschen aus der politischen Abhängigkeit zu befreien, und genauso die Berufung des Elias, der sie vom Götzendienst befreit hatte. Auf Golgota hilft ihm dieser Glaube gegen die Angst. Solches Leid kann nur ertragen, wer tief und stark Freude und Glückseligkeit erfahren hat. Die Fähigkeit zum Glück wie zum Leid fehlt den Stumpfsinnigen. Jesus aber erfuhr beides bis aufs äußerste und zeigte durch sein Leben, daß beides zusammengehört: Wer so unmittelbar an Gott glaubt wie er, wird an dem Zustand dieser Welt leiden bis zum Unerträglichen. Zugleich aber muß er sich seinem Glauben entsprechend engagieren und die Wirklichkeit zu verändern trachten – ohne zuviel Rücksicht auf sein privates Glück.

Die Menschen sind letzten Endes frei und sollen ihr Leben selbstverantwortlich leben; entscheidend ist, daß sie in Gottes Hand sind.

Diese Zuversicht äußerte sich bereits Tausende von Jahren vor Christus in den Religionen der Menschheit. Jesus selbst hat aus dieser Zuversicht gelebt und hat durch seine Art zu leben den Tod besiegt. Das drückt das Johannesevangelium prägnant aus: »Wer an mich glaubt, wird nicht sterben«.

Dann endet die Macht des Todes über den Menschen. So hat zumindest Jesus gedacht.

Was mich angeht, hoffe und glaube ich, daß er mit dieser zuversichtlichen Haltung recht hat und daß unser Leben wirklich in Gottes Hand ist. Im übrigen belegen dies die Erfahrungen der Menschen nach dem Tode Jesu. Wie die Frau, die man Maria von Magdala nennt, stellten viele fest, daß diejenigen, die Jesus verurteilt hatten, selbst nur der Tod sind, während jedes Wort aus seinem Mund Leben bringt.

Je näher wir am Menschlichen sind, an dem »Galiläa der Völker«, wie Matthäus sagt, um so näher ist uns Jesus. So verstehe ich Auferstehung. Sie kann kein isoliertes und außenbestimmtes Ereignis sein. Die Auferstehung ist die Grunderfahrung des Jesusgläubigen.

Ist denn die Auferstehung Jesu also auch unsere eigene?

Sie ist identisch mit dem Vertrauen, daß die Liebe stärker ist als
der Tod. Für jeden Menschen, der angesichts des Todes einen
Raum für das Leben schafft, geschieht ein Stück Auferstehung.
Es gibt bekanntlich viele Arten der Selbstentäußerung und der
Öffnung zu einem breiteren Leben: Jede Trennung, jeder Verzicht
und jede Trauer bedeuten ein kleines oder großes »Sterben« und
daher ein befreiendes Reifen, ein echtes Stück Auferstehung.

*Sich befreien von der »Macht des Todes«, sagten Sie... Aber der
Tod kommt unausweichlich. Seine Macht ist furchtbar, niemand
entrinnt ihr.*

Ich hoffe, daß der Tod so furchtbar nicht ist. Er ist ja nur eine
physikalische Gegebenheit und kann relativ bedeutungslos sein,
vorausgesetzt, man lebt wirklich. Es könnte ja sein, wir würden
jetzt in diesem Augenblick, mitten in unserem Gespräch, vom
Tode überrascht. Dazu müßte nur eine Arterie in unserem Gehirn
platzen, und aus wär's mit unserem Gespräch. Nichts ist unmöglich. Ich hoffe jedoch, daß wir auch angesichts dieser Möglichkeit
nicht weniger ernst und ausführlich reden würden als jetzt. Der
Tod entscheidet nichts mehr, sobald man ihn nicht mehr fürchtet.
In den »Dämonen« legt Dostojewski seiner Romangestalt Kirilow
treffende Worte über das Schreckliche des Todes in den Mund:
demnach fürchten wir beim Sterben eigentlich nur den Schmerz.
Aber wenn z. B. am Abgrund ein Stein sich lösen und uns treffen
würde, würden wir kaum etwas fühlen. Was uns in Panik versetzt
und aus dem Tod ein Schreckgespenst macht, ist im Grunde nur
die Vorstellung der Schmerzen im Augenblick unseres Sterbens.
Die Todesangst aber kann unser Leben beherrschen bis ins Paradoxe, bis ins Absurde: Viele Menschen vergessen zu leben, weil
sie sich zuviel darum sorgen, wie sie sich vor dem Tod schützen
könnten – vor dem Tod in der Gestalt des Alters, der Krankheit,
der Arbeitslosigkeit, kurz vor der Ungesichertheit des Lebens
selbst. Heutzutage fragen sich schon Schüler, was sie mit 65 tun
werden, und ob sie eine gute Rentenversicherung abschließen

können. Mich erschreckt dieses vorzeitige Altern der jungen Leute, die Angst vor der Zukunft und dem Tod haben. Ich fürchte, es entsteht bald schon eine ganze Industrie der Einfrierung menschlicher Organismen, menschlicher Zellkulturen, die eine Art künstlicher Auferstehung des wiederhergestellten Körpers erlauben soll. Es finden sich heute schon Interessenten für solche Verfahren, und fast ist der »Kältetod« schon medizinische Praxis.

Ist es aber denn nicht irrig zu meinen, ein Mensch sei nur sein Körper? Eigentlich widersinnig. Unterstellt man einmal, man könnte das genetische Potential exakt klonen, so daß noch einmal ein Zwilling von mir oder von Ihnen entstünde, so würde deshalb keineswegs die gleiche »Person« entstehen. Ist denn nicht das, was wir als Person sind, das Ergebnis einer langen Kette von Erfahrungen, geistigen Haltungen und eigenverantwortlichen Entscheidungen? Auf keinen Fall kann es aber das bloße Ergebnis des genetischen Materials sein. Das Wissen um unsere Freiheit und um unser Sein als Person ist eine unschätzbare Gabe der Religion. Dort erst liegt der Kern der Auferstehungshoffnung – das, was wir als Person sind, wird vom Strom der Zeit nicht weggerissen und vernichtet, sondern obwohl materiell nichtig und unbegründet, wird es in Gottes Hand zur Wirklichkeit.

Unbegründet?

Jedenfalls nicht im Körperlichen begründet, denn unser Körper wird zerfallen.

Eine Ethik des Mitgefühls

Wie empfinden Sie das, was die Kirche über das Leben behauptet? Um es klarer zu sagen, die Behauptung, daß man ab der Empfängnis von einem »menschlichen« Wesen reden müsse, und die daraus resultierende Haltung in der Frage des Schwangerschaftsabbruchs?

Die Problematik des Schwangerschaftsabbruchs ist vielfältig, sie hat zu tun mit dem Kulturraum, in dem darüber entschieden wird, was gut ist und was böse.

Tatsächlich ist das absolute Verbot des Abbruchs stets mit der Unterdrückung der Frau im Patriarchat einhergegangen. Das kann man leicht feststellen durch vergleichende Kulturuntersuchungen: Diese Frage hängt mit der Anerkennung des Selbstbestimmungsrechts der Frau zusammen.

Man hat in Deutschland seit dem Anfang der juristischen Diskussion dieser Frage stets eine falsche Alternative aufgestellt: Es müsse, so hörte man, eine Wahl getroffen werden zwischen der Entscheidungsfreiheit der Frau und dem eigenen Lebensrecht des Kindes.

In Wirklichkeit aber kann das Kind nur leben, wenn es eine Mutter hat, die sein Leben ermöglichen kann.

So geht es schon rein physiologisch. Man muß es wissen: Mehr als 50 % der Schwangerschaften können im Anfangsstadium auf natürlichem Wege enden, sogar ohne daß die Frau es merkt.

Deswegen kann keine Alternative bestehen zwischen dem Leben der Frau und dem des Kindes. Ganz im Gegenteil kann das Kind im Anfangsstadium nur überleben, wenn seine Mutter es mit ihrer Physis zuläßt. Wenn also die Mutter darüber hinaus aus psychischen oder sozialen Gründen meint, sie könne mit diesem Kind nicht wirklich »leben«, wieso sollte sie das Recht nicht haben, es zu sagen und auch dementsprechend zu handeln? Denn dann hat das Kind wegen seiner totalen Abhängigkeit von der Mutter objektiv keine Chance zu »leben«. Das kann man nur feststellen.

Und dann sollte man die logischen Ebenen nicht durcheinanderbringen. Ein menschlicher Fötus ist noch kein Mensch. Um es einmal plakativ zu sagen: Wer ein befruchtetes Ei ißt, tötet kein Huhn; wer eine Kastanie pflückt, fällt keinen Baum. Ein Menschenleben im Anfangsstadium macht noch keinen Menschen aus; »ermorden« kann man aber nur einen Menschen.

Was für Gründe auch gegeben sein mögen – Krankheit, eine schon kinderreiche Familie, unzureichende Existenzgrundlage, Fehlen der Motivation zur Erziehung eines weiteren Kindes, also ob aus medizinischen, finanziellen oder psychischen Gründen – es muß der Frau das Recht zugestanden werden, das Kind abzulehnen.

Zudem läßt sich schwer feststellen, ab wann es ein wirklich menschliches »Leben« gibt.

Auf keinen Fall sollte man in dieser Frage zur Entscheidungsfindung auf eine falsche Metaphysik zurückgreifen, etwa auf die Vorstellung, daß Gott im Augenblick der Zeugung durch die Hinzufügung der Seele einen fertigen Menschen schafft. Denn zwar befindet sich, biologisch gesehen, alles Notwendige schon in der befruchteten Zelle, und alles, was sich noch entwickeln wird, wird sich auf der Grundlage der schon von Anfang an fertigen Vorgaben entwickeln. Deswegen aber darf man noch lange nicht behaupten, hier läge eine Form des Lebens vor, die unter allen Umständen als ein absolutes Rechtsgut geschützt werden müßte. Das wäre ein großer Irrtum. Insofern ist es entscheidend zu wissen, welche ethischen Vorstellungen ausschlaggebend sein sollten.

Katholisches Denken etwa tendiert instinktiv, wegen des Machtstrebens dieser Konfession, zu einer eindeutigen, immer schon feststehenden Art der moralischen Wertung von menschlichen Situationen.

Jedes Auslöschen menschlichen Lebens, in welchem Zusammenhang auch immer, ist für das katholische Denken ein Mord und darf also nach seiner eigenen Logik nicht zur Diskussion stehen. Es könnte aber doch sein, daß die Ethik sich mehr mit den bestimmenden Umständen einer Sachlage auseinandersetzen muß. Geht man so vor und fragt sich in der Abtreibungsfrage zum Beispiel, wie das jeweilige Maß an Leid zu vermindern ist, wieso und warum sollte dann die Katastrophe, welche die Schwangerschaft für eine Frau bedeuten kann, kein entscheidendes Argument für ihre Beendigung in den ersten Wochen sein?

In diesen ersten Wochen ist in der Tat das zentrale Nervensystem noch nicht entwickelt, so daß der Embryo kein Schmerzempfinden hat; also besteht auf der einen Seite ein Minimum an möglichem Leid, auf der anderen womöglich eine riesige Belastung.

Wäge ich beides richtig gegeneinander ab, muß ich es für recht und billig erkennen, wenn eine Frau nach schwerem Ringen mit sich selbst und unter schweren Schuldgefühlen sich verantwortlich dahin entscheidet, um ihres eigenen Lebens willen das Leben eines weiteren Kindes nicht zuzulassen.

Ich vermute, die Ethik des Mitgefühls etwa eines Schopenhauer, die man hier anführen könnte, folgt anderen Grundsätzen als dem starren Festhalten an vermeintlich objektiven Tatsachen nach der Façon römisch-katholischer Moraltheologie.

Wie denken Sie über Wiedergeburt?

Den Glauben an die Wiedergeburt muß man verstehen als zu einer bestimmten Kultur gehörig. Ob man aber von Auferstehung oder von Wiedergeburt spricht, in beiden Fällen bedeutet es unterschwellig, daß der Tod kein Schlußpunkt unseres Lebens sein kann, sondern eher der Zugang zu einer anderen Form des Reifens ist. Die gleiche Intuition liegt also beiden Glaubensformen zugrunde, obwohl wir uns jeweils in einem anderen metaphysischen Gedankensystem befinden.

Darüber hinaus können wir wohl kaum gelangen, es sei denn, wir erweiterten noch einmal das Feld der metaphysischen Vorgaben. Dann aber würden sich Schlüsse außerhalb jeder Erfahrung ergeben, die dazu noch keineswegs notwendig sind, um Hoffnung und Glauben zu begründen. Lassen Sie es mich einmal so sagen: Sobald man annimmt, daß das Christentum mit seiner Auferstehungslehre recht hat und daß also ewiges Leben eine Wirklichkeit darstellt, dann nimmt die Hoffnung eine neue Dimension und sprengt jedes Maß. Wir stehen Pascals Wette gegenüber: Angesichts der Unendlichkeit tendiert jeder endliche Begriff gegen Null.

Milliarden von Jahren sind *nichts* angesichts der Ewigkeit. Sie gehört einer anderen Dimension an und darf nicht verstanden werden als schlichtes Aufhören des Werdens; jenseits der Zäsur des Todes, und soweit der Sinn, die Erfüllung, das Reifen des Menschen mit dieser Hoffnung zusammenhängen, eröffnet sich ein Raum wirklich unendlicher Entfaltung.

Alles, was wir uns hier vorzustellen vermögen, befindet sich in einem bestimmten Raster, der im Laufe der Evolution entstand, während der 12 oder 16 Milliarden Jahre, die seit dem Urknall bis zur Entstehung des menschlichen Gehirns vergangen sind.

Der unerhörte Abstand von der Urzelle bis zum einzelnen Menschen ist absolut nichts im Vergleich zur Ewigkeit.

Im Grunde meint die Lehre der Seelenwanderung folgendes: Alles, was lebt, muß sich nach und nach zu einer geistigen Erfüllung hin entwickeln. Das bedeutet im besonderen, man sollte nichts unversucht lassen, um einem Menschen zur wirklichen Menschlichkeit zu verhelfen. Seelenwanderung bedeutet für ihn dann: er sollte alles erfahren, um er selbst zu werden.

So verstanden ist der Auferstehungsgedanke im Christentum verwandt mit dem, was die Lehre der Seelenwanderung *bildhaft* aussagt. Sie sollte dagegen nicht zu sinnlosen Spekulationen mißbraucht werden: Wer z. B. behaupten wollte, Sie könnten mir jetzt plötzlich in der Gestalt einer Katze in diesem Raum gegenübertreten, würde meiner Meinung nach frommen Unsinn reden, selbst wenn ich gern bereit bin, »katzenhaftes« in unserer Seele anzuerkennen.

*Sie sprachen von der »Macht« des Todes; Sie haben gesagt, sie
kann überwunden werden. Es gibt aber viele andere Mächte im
Leben, die den Menschen bedrängen, z.B. in der Gesellschaft.
Muß man die immer als Unterdrückung auffassen, oder können
sie auch als Dienst verstanden werden? Woher kommt der Wille
zur Macht – den man schon beim Kind beobachten kann? Kann
ihn die Religion überwinden, und wenn ja, wie?*

Woher kommt der Wille zur Macht? Wahrscheinlich aus
vielen Quellen. Schon auf der biologischen Ebene beobachtet
man besondere Formen des Besitzes und der Macht, die
man zweckorientiert nennen könnte: Es geht einfach darum,
das Leben der verschiedenen Arten miteinander zu regeln
sowie das Leben innerhalb einer bestimmten Art.
Ursprünglich hängt die Macht mit der Beziehung zum Lebensraum
zusammen. »Territorialität« ist ein grundlegendes Prinzip bei der
Entwicklung des Lebens: Derjenige, der auf einen bestimmten
Raum Anspruch erhebt, bestimmte Grenzen ziehen möchte,
braucht und fordert eine bestimmte Macht, um diesen Raum gegen
den Anspruch anderer zu verteidigen, so daß der Machthunger
mit dem beanspruchten Gebiet wächst.
Das kann man schon bei jungen Kindern beobachten, die sich
manchmal um die Brust der Mutter streiten. Sobald sich das Kind
etwas wünscht, meldet es Besitzansprüche.
Wenn Sie am Strand spazierengehen, können Sie beobachten, daß
manche Kinder gern Burgen bauen, hinter deren Mauern sie sich
niederlassen, um auf die Umgebung herunterschauen zu können...
Bevor man baden geht, breitet man gern sein Tuch auf dem Boden
aus, um zu verstehen zu geben: Hier ist mein Platz; ich will hierher
zurück!
Solche Erscheinungen sind gewiß primitive Formen des Macht-
anspruchs. Aber sie sind bedeutungsvoll, sie können sogar einen
Schlüssel zum Verständnis von Kriegsursachen liefern. Im Krieg
wird um Gebiete gekämpft, um Grenzen. Sicher, es geht dabei
nicht um leere Räume: Es geht um Lebensräume, um »Nistplätze«,
um Ressourcen. Auch in der Beziehung zwischen den Geschlech-

tern geht es um Machtverhältnisse. In der Tierwelt z. B. gilt: Welches Männchen wird jenes Weibchen als Gefährtin ergattern? Das entscheidet sich bei einem Machtkampf zwischen den Männchen.

Auch bei uns Menschen bedeutet es eine riesige Machtbestätigung in der Konkurrenz eines Mannes zu anderen Männern, wenn er von einer Frau geliebt wird und ihre Gunst erlangen kann. In diesem Sinne entscheiden Konkurrenz und Machtkampf über Glück und Gelingen eines Lebens. Dieses Prinzip wirkt noch stärker innerhalb der hierarchischen Strukturen einer Gruppe. Es fängt an mit der Hackordnung der Hühner und zieht sich weiter bis in jede menschliche Gesellschaft: Zuerst kommt das *Alphatier*. Bei ihm finden sich die Benimmregeln der jeweiligen Gruppe in besonders ausgeprägter Form. Denn es ist zum Chef geworden, weil es die wirkliche Stimmung der Mehrheit hat erahnen und verkörpern können. Das zweite Element der Hierarchie bilden einige Untergebene unter der Autorität des Alphatieres, die man *Betaindividuen* nennt. Sie sollen dem Chef Beistand leisten, ihm Rat erteilen, ihn informieren, mit ihm diskutieren und argumentieren. Sie selbst sind zum Regieren grundsätzlich unfähig, weil sie zu kompliziert und beeinflußbar sind, um mit vereinfachten Anleitungen umgehen zu können, um die Probleme auf wenige Aspekte zu beschränken und um einseitige Entscheidungen zu treffen. Die Ausübung der Macht verlangt eine Begrenzung der Informationsflut und des Horizonts, um eine bestimmte Entscheidung durchzusetzen, was wohl unausweichlich zu einer Minderung der geistigen Potenz führt.

Auf der dritten Stufe befinden sich dann die Ausführenden, die große Masse der *Gammas*, die dazu bestimmt sind, den Befehlen zu gehorchen und deshalb wie auf Kommando zu marschieren.

Unglücklicherweise muß diesem mehr oder minder harmonischen Gesamtbild noch das *Omega* hinzugefügt werden, das Unterdrückte, zum »inneren Feind« Erklärte, das der Gruppe deswegen einen Zusammenhalt bietet, weil es die Kräfte aller anderen gegen sich vereint. Solche Sündenböcke werden als potentielle Gegner empfunden. Sie erscheinen innerhalb der Gruppe wie eine »fünfte Kolonne« des zu bekämpfenden äußeren Feindes.

Alle menschlichen Gruppen zeigen auch heute noch derartige Strukturen: In dieser Optik ist die Machteroberung als eine Seite des Überlebenskampfes zu verstehen.

Es ist schwer, wenn nicht gar unmöglich, sich vorzustellen, wie höherentwickeltes Leben sich hätte behaupten können – so wie auf unserem Planeten seit über 500 Millionen Jahren – und wie es nach einer langen biochemischen Evolution von Milliarden Jahren zu dem heutigen Gelingen hätte kommen können ohne dieses Machtprinzip, das sowohl soziale Regeln als auch eine Verfeinerung psychischer Mechanik mit sich gebracht hat.

Es zeichnete sich in der Evolution des Menschen jedoch wohl sehr frühzeitig in der genannten Weise eine Alternative zwischen Macht und Geist ab. Insofern heißt das Problem jetzt entsprechend Ihrer Frage, wie wir statt Machtansprüche durchzusetzen, es zunehmend lernen, geistig, das heißt im Austausch von Gedanken und Gründen miteinander zu leben.

Um bei unserem Beispiel zu bleiben, können wir heute noch an zwei Stellen arbeiten. Zunächst an der Beziehung zwischen Mann und Frau. Die Zeit ist vorbei, in der man dachte, dem Mann steht es zu, eine Frau zu »besitzen«, um seine Macht zu bezeugen. Denn sowohl Macht als auch Besitz sind auf dem Gebiet der Liebe absurde Vorstellungen. Sicher, es gibt keine größere Macht als die Liebe; aber ihre Macht besteht gerade darin, daß sie auf äußerliches Beherrschen verzichtet. Heutzutage haben wir in dieser Frage hoffentlich eine Kulturschwelle überschritten.

Wer sich innerlich als zusammengehörend erlebt, hat deswegen nicht weniger, sondern eher noch mehr Einfluß auf den geliebten Partner. Er wird menschlich wachsen, aber die Macht als Dominanz, Gewalt, Versklavung, Potenzerweis und Besitzstreben wird schwinden.

Dies müssen wir sodann gleichermaßen in den Beziehungen zwischen den Gruppen, Staaten und Kulturen lernen.

Die Zeit, in der wir Kriege führten, liegt *grundsätzlich* schon weit zurück, der Drang zur Vernichtung oder Verdrängung unliebsamer

Konkurrenten ist veraltet – ebenso wie die Bereitschaft, Strukturen zu brechen und den Tod zu säen: Dies alles zeugt von einer derart archaischen Haltung, daß die Welt, auf die wir zusteuern, es nur verwerfen kann. Dann wird es an uns liegen, die Macht auf eine Weise auszuüben, die feinfühliger, sensibler, aber eben darum auch umso wirksamer sein wird – auf eine Weise, die keine Beherrschung von außen mehr bezweckt.

Indessen bleiben die heute gültigen Wirtschaftsbeziehungen immer noch von einem sehr starken Machtgefälle geprägt. Der Entwicklungsvorteil der Nordhemisphäre vor der Südhemisphäre führt zur Verelendung ganzer Regionen. Doch wir werden bald wohl oder übel einsehen müssen, daß diese Situation nur unseren eigenen Niedergang hervorbringen kann. In Nordrhein-Westfalen, wo ich wohne, droht den Bergleuten der Existenzverlust aufgrund des Zusammenbruchs des industriellen Bergbaus; diese menschliche Katastrophe betrifft etwa hundertfünfzigtausend Personen. Ihnen muß ich sagen, daß die Ursache der Kohlenkrise hauptsächlich der aussichtslose Konkurrenzkampf zwischen uns und einigen Dritte-Welt Ländern ist. Denn auf dem Weltmarkt ist eine Tonne Kohle für achtzig Mark zu haben, während die Kohle, die wir hier fördern, dreihundert Mark pro Tonne kostet...

Dies ist eine unvermeidliche Folge der Weigerung deutscher Arbeiter, die Arbeitsbedingungen von vor kaum achtzig Jahren anzunehmen, während jetzt genau diese Bedingungen in der Dritten Welt gelten und eben den Preisunterschied verursachen...

Das Nord-Südgefälle hätten wir niemals entstehen lassen dürfen und auch nicht gestatten dürfen, daß die Arbeiter im Süden anders behandelt werden als die hiesigen. Jetzt muß deswegen hier bei uns ein ganzer Industriezweig zusammenbrechen. Üben wir die Macht weiter so aus, so beschwören wir noch andere Desaster herauf, die schließlich zu unserem Ruin führen werden.

Wie könnte man das Ruder umwerfen? Wir müßten alle zusammenarbeiten. Zusammenarbeit und Austausch sind die einzig möglichen Formen einer menschlich verantwortbaren Machtausübung. Kurz gesagt, die Art der Machtausübung muß unbedingt geändert werden, denn so wie sie war, hat sie keine Zukunft mehr.

Die Ausübung der Demokratie müßte der erste Schritt zu neuen Wirtschaftsformen sein, zu einer Kommunikation, die diesen Namen verdient, zu einer Selbstregulation des Handels, damit die Macht nicht mehr unter dem Diktat derer ausgeübt wird, die sich mit den Ellenbogen durchsetzen.

Nach dem demokratischen Prinzip wird jemand nur dann an die Spitze einer Gruppe oder in die Regierung eines Landes gewählt, wenn er die Erwartung des Volkes durch seine Fähigkeiten erfüllt; er muß sich als Diener des Gemeinwohls verstehen, und nicht mehr als Träger und Verwalter seiner eigenen Willkür. Aber der jetzige Typus der politischen Kultur, den wir hier in der demokratischen Gesellschaft entwerfen, steckt noch in den Kinderschuhen. Er müßte noch sehr stark verbessert werden... Genauso das Modell der sozialen Mitbestimmung, an dem nach wie vor viele Lücken klaffen.

Wollen wir die Wegstrecke ermessen, die wir noch vor uns haben, brauchen wir nur die Art der Debatten im deutschen wie im französischen Parlament zu betrachten: Hier wird nicht nach Wahrheit gesucht, werden keine berechtigten Argumente ausgetauscht, sondern es herrschen Fraktionszwang und Parteienkonsens in meistens arg irrationaler Gestalt. Auch hier werden wir innerhalb unserer politischen Kultur vieles versuchen, und Änderungen hinnehmen müssen, die letzten Endes einer Ausmerzung dessen gleichkommen, was man bis jetzt unter dem Namen „Macht" verstand.

Es stimmt, daß wir noch schamlose Machtkämpfe erleben, die Bestrebungen zur Ausschaltung des Konkurrenten sind. Würde denn die Vermenschlichung auf diesem Gebiet nicht die Pflege der Verantwortungsethik erfordern?

Sie wird sich in soweit durchsetzen, als wir ganz einfach keine Wahl mehr haben werden. Wir stehen unter dem Zwang einer unausweichlichen Dynamik. Diese notwendige Evolution kann man übrigens nach einem passenden Modell, dem der Liebe, gestalten. Einen Menschen zu lieben, heißt ja doch sich von ihm beeinflußen lassen, indem man ihm eine riesige Macht zuerkennt: Da können ein Ja, ein Nein wie ein Erdbeben wirken! Niemand hat mehr Macht in unserem Leben als der, den wir lieben und der uns liebt.

Im Tierreich ist es anders: Ein Hirsch kann die anderen durch die Kraft seines Geweihs verdrängen; er ist der „beste" und also der einzig mögliche Partner des Weibchens.

Die menschliche Liebe aber sagt nicht: „Du bist der absolut Beste – sondern: „Du bist *für mich* der Beste"; das aber ist viel entscheidender. Denn unter Menschen ist es nicht so ausschlaggebend, der erste zu sein, sondern der richtige, passende Partner zu sein, der mit dem anderen eine geheimnisvolle Wahlverwandschaft eingeht.

Eine Wahlverwandschaft, sagen Sie.

Ja, gewiß. Wenn jeder sein Leben dort bestehen soll, wo er steht, so ist das Erreichen des persönlich optimalen Maßes entscheidend und kein Vergleich unter absoluten Größen auf der Ebene der Konkurrenz. Ich sage es einmal so: es mag sein, daß innerhalb eines bestimmten Wertesystems das Gold mehr wert ist als das Wasser; derjenige aber, der sich in der Wüste verirrt hat, könnte wohl im Sand soviel Gold finden wie er wollte, ohne daß er deshalb das bekäme, was er einzig braucht, nämlich Wasser. Wenn alles zu Gold würde, würde die Welt untergehen. Daher müssen wir hoffen, daß der alte Alchimistentraum niemals Realität wird.

Brücken zwischen
Himmel und Erde

Sie sprachen über die Unterscheidung der Geschlechter: Mann und Frau. Hier sehen wir in unserer Gesellschaft, daß bedeutende Veränderungen sich ereignen. Aber man muß zugeben, daß die Kirche kein ermutigendes Beispiel gibt.

Die fortdauernde Herrschaft des patriarchalischen und klerikalen Absolutismus ist direkt dafür verantwortlich. Solange die Kirche sich nämlich als eine Hierarchie männlicher Priester verstehen wird, kann nicht erwartet werden, daß die Frau innerhalb dieser Struktur wirklich gleichberechtigt ist und ihre Verantwortung wahrnehmen kann.

Das männliche Klerikeramt gehört in den Zusammenhang einer Opferreligion. Im Hintergrund ist eine Gottheit, die wegen der Allgegenwart der Sünde unentwegt besänftigt und versöhnt werden muß. Das geht nicht ohne den Zwang zu Selbsteinschränkung und Sühnopfer. Das hängt selbstverständlich mit einer gewissen Grausamkeit zusammen, einer sadistischen Macht, mit der sich die Autorität ausstaffiert. Im Gegensatz dazu sieht man die Priesterin in der Religionsgeschichte mit der Erfahrung der Fruchtbarkeit verbunden, mit der Vegetation, dem Tanz, der Musik, den Orgien, – für die Bibel ein schauderhaftes Geschehen, wenn man z. B. an die dionysischen Riten denkt. Dazu kommt noch, daß das Ideal einer weiblichen Gottheit, einer Akzeptation ohne Voraussetzungen, den Grund eines »mütterlichen« Lebens legt.

Hier treffen wir wieder die Gestalt der Gottesmutter...

Die Gottesmutter ist in der Tat eine Gestalt, die in einem bestimmten System, eben dem des Katholizismus, dazu dient, die

Mängel des Patriarchats aufzuwiegen: sie wird unbedingt gebraucht, damit die väterliche Autorität angenommen wird, ohne eine Revolution heraufzubeschwören.

Ist dann nicht die Rolle der Frau in einer solchen Struktur davon abhängig?

Selbstverständlich. Der römisch-katholische Religionstypus vereint die drei Merkmale, die Freud seinerzeit unter dem Stichwort Ödipuskomplex beschrieben hatte: zentrale Macht des Vaters, ambivalente Gestalt der Frau – die Madonna im Himmel, die gnadenvoll den Vater besänftigt, und die konkrete Frau auf Erden, die verführerische Eva, die Prostituierte, die Hure, die stets als furchterregend empfunden wird; dann als drittes die Unterwerfung unter die väterliche Autorität, der Triebverzicht, der Kastrationskomplex, die Aufspaltung des Frauenbildes: Moralisch muß die Hure gemieden werden, während die Madonna stets Jungfrau bleibt. Zwischen beiden Extremen, Sicherung und Frustration, entstehen dauernd Schuldkomplexe.

Viele Frauen erleben diese Situation als erniedrigend, und also unhaltbar.

Die Frau kann nicht in einem Zusammenhang leben, in dem sie auf Erden verachtet wird und im Himmel hochgelobt und in dem sie niemals schlicht und einfach Frau sein kann. Die Männer werden es unter solchen Umständen auch nicht besser haben, da sie unfähig werden, gesunde Beziehungen zu sich selbst und zum andern Geschlecht zu unterhalten.

Die drei Elemente des Ödipuskomplexes sind eben diejenigen, die Freud in seiner Analyse seelischer Erkrankungen beschrieben hat. Und so geartet, wirklich krankhaft ist die gesellschaftliche Zwangsstruktur, die Sozialpsychologie der römischen Kirche beschaffen. Deswegen würde der Zugang zur wirklichen Gleichberechtigung zwischen Frau und Mann nichts weniger als die Aufhebung dieser Form von Kirche erfordern – etwas, was diese Kirche nicht akzeptieren kann.

So zahlreich die Versuche auch sind – außerhalb der Kirchenkreise
– die Frau wirklich gleichzustellen, so ist doch ihre Randposition
immer noch nicht überwunden.

Es ist vielleicht nicht einmal wünschenswert, daß solche Versuche
in allen Belangen gelingen. Hillary Clinton etwa ist derzeit stolz
darauf, daß die Frauen in den Vereinigten Staaten die Zulassung
zur militärischen Laufbahn ohne jegliche Einschränkung erreicht
haben. Ab jetzt werden sie das Bajonett handhaben dürfen!
In meinen Augen macht so etwas die Dinge nicht besser, alles
wird nur um so widerlicher. Emile Zola fragt in dem Roman
»Germinal«: Was wird aus der Gesellschaft, wenn die Frauen
auch in den Bergwerken arbeiten? Sie sind zwar dazu fähig, aber
wenn sie das tun, ist die Situation nur um so perverser. Um mich
klar auszudrücken: Frauen, die in ein Opferpriesteramt einstiegen,
würden dieses Amt nur monströser machen.
Wenn hingegen die Gleichstellung der Frau mit der Abschaffung
eines solchen Priesteramtes einherginge, hätte die Menschheit
kulturell einen Schritt nach vorn getan.

Wie könnte denn eine wirkliche gegenseitige Anerkennung histo-
risch und sozial durchgesetzt werden ?

Tatsächlich hängt die Anerkennung wesentlich von psychologischen Vorbedingungen ab: Ich kann den anderen nur anerkennen,
wenn er meine Identität nicht bedroht. Um ihn anzuerkennen, muß
ich auf der Grundlage eigener ausreichender Selbstanerkennung
stehen. Das ist die Bedingung, damit Eigenschaften, Eigenarten,
ja Abartigkeiten angenommen werden können als gegenseitige
Ergänzung, als gegenseitige Bereicherung, statt bekämpft zu werden als bedrohliche Konkurrenz.
Gleichheit und gegenseitige Anerkennung, Annahme des anderen,
sind im gewissen Sinne eine begnadete Erfahrung, die man zu-
rückbekommt, nachdem man sich selbst wirklich anerkannt und
angenommen hat.

Sollte denn nicht die Tatsache, daß das männliche Priesteramt
ein Opferpriesteramt ist, letzten Endes mit einer unsicheren Iden-

tität zu tun haben? Das würde erklären, warum die Frau ausschließlich als Konkurrentin fungiert...

Der Priester der römischen Kirche ist nicht nur ein Mann, er soll darüber hinaus noch über Gnadenmittel verfügen, die er allein verwalten darf. Wenn er am Altar die Wandlungsworte spricht, geschieht etwas, was nur durch sein Tun geschehen kann. Niemand in der Gemeinde kann es; keiner unter den Millionen von Jugendlichen, die 1995 in Manila dem Papst zujubelten, hätte es vermocht; allein der Papst (oder ein von seinen Bischöfen geweihter Priester), als er die Messe vor ihnen und unter ihnen zelebrierte, war in der Lage, diese Worte gültig zu sprechen.

Wird diese Betrachtungsweise vom Evangelium her legitimiert?

Bestimmt nicht. Ich betone noch einmal: entscheidend ist im katholischen System, daß der Priester durch die Ausübung seines Amtes aus der Menge der Menschen herausgenommen ist. Er stellt also etwas ganz Besonderes dar, das ihn aus der Menge ausschließt und ihm praktisch jede persönliche Anerkennung anderer verwehrt. In meinem Buch »Kleriker«[6] habe ich ausführlich erklärt, welche unbewußten psychischen Voraussetzungen dazu führen, daß jemand nur dann leben kann, wenn er etwas Besonderes verkörpert. Das Neue Testament aber legt Wert auf die umgekehrte Haltung: Man darf keine Macht über die Menschen anstreben und keine herausragende Rolle spielen wollen, sondern soll sich im Alltäglichen dort bewähren, wo Gott uns hingestellt hat. Das wollte und lebte auch Jesus selbst.
Jesus ist kein Priester gewesen, er war von seinem Auftreten her Prophet. Indessen gibt es in Israel keinen größeren Gegensatz als den zwischen dem Tempelkult der Priester und dem Impuls von Propheten nach der Art des Jeremia, hatte doch dieser Prophet die Zerstörung des Tempels und seiner Priesterschaft herbeigewünscht, damit Gott unmittelbar in das Herz der Menschen hineinschreiben kann! Paradox ist, daß die Kirche vom Neuen Testament als vom »Neuen Bund« spricht – und dabei auf ein Versprechen Gottes im 31. Kapitel des Jeremia anspielt –; da

nimmt sie ein Wort auf, ohne auf seinen Gesamtkontext zu achten. Denn für Jeremia war die Bedingung des Neuen Bundes gerade die Zerstörung des Tempels und die Aufhebung jeder Vermittlung: »Ich lege mein Gesetz in sie hinein.« Von nun an werden die Priester nicht mehr als obligate Vermittler gebraucht: »Denn alle, Klein und Groß, werden mich erkennen.« Der Neue Bund setzt also voraus, daß der Religionstyp abgeschafft wird, der Tempel, Priester und Opfer braucht; er kann sich nicht mehr auf die alten Strukturen beziehen. Nun wird Jesus im Evangelium als *neuer Jeremia* dargestellt, und läßt sich als solchen erkennen. So z. B. vor dem Bekenntnis des Petrus im 16. Kapitel des Matthäus, als Jesus seine Jünger fragt: »Für wen halten die Leute den Menschensohn?« und die Jünger antworten: »Die einen für Johannes den Täufer, andere für Elia, wieder andere für Jeremia.« Wenn also Jesus für einen neuen Jeremia gehalten wird, dann weiß man, daß er bestimmt kein Priester ist...

Zwar sollten diejenigen, die an Christus glauben und so leben wollen wie er, »priesterlich« werden – aber das ist etwas ganz anderes. Darunter verstehe ich Männer und Frauen, die einander bei der Hand nehmen, Brücken zwischen Himmel und Erde bauen und Wege ins Unendliche bahnen. Ein solches Programm zielt wesentlich auf eine entscheidende Form menschlicher Begegnung und nicht auf Aussonderung aus der menschlichen Gemeinschaft.

Sind denn nicht auch die vielen Formen des Reichtums und der Armut aus Machtmißbrauch entstanden?

Aus schlimmstem Machtmißbrauch. Die Hartherzigkeit auf unserem Planeten zeigt sich ganz besonders in der strukturellen Ungerechtigkeit zwischen Nord- und Südhemisphäre. Die Preisunterschiede zwischen den Fertigprodukten aus den Industrieländern einerseits und den Rohstoffen aus der Dritten Welt andererseits haben zu einem Mißverhältnis von eins zu fünf geführt. In den letzten dreißig Jahren hat sich der Abstand so vergrößert, daß die Länder des Südens keinen Ausweg mehr haben. Ganz im Gegenteil: Die Verelendung ganzer Landstriche, ja ganzer Kontinente wird unausweichlich, wenn die Dinge so weitergehen. Und nichts deutet darauf hin, daß man die Entwicklung noch aufhalten könnte.

So daß unvermeidlich...

...unser eigenes System zusammenbrechen wird. Denn es wird soweit kommen, daß unsere Waren in den Ländern der Dritten Welt unerschwinglich werden; die Verelendung wird so fortgeschritten sein, daß wir unsere Produkte nicht mehr absetzen können. Zwar bieten heutzutage Asien und besonders China noch Märkte, was praktisch für Afrika und Lateinamerika inzwischen schon nicht mehr gilt. Im Jahre 1963 sollte Brasilien einen großen wirtschaftlichen »Sprung« machen, der aber zum Riesenfiasko wurde. Was die afrikanischen Länder angeht, sie scheinen ganz am Ende zu sein. China ist also jetzt der letzte Absatzmarkt des Westens, der letzte Zufluchtsweg des Kapitalismus, der im Grunde genauso bankrott ist wie der Kommunismus.

Was wäre die Rolle der Kirchen angesichts der materiellen und geistigen Armut in der Welt?

In beiden Fällen ist wichtig, die wirkenden Ausbeutungsstrukturen offenzulegen, das hätte beträchtliche Folgen. Aber leider werden zu oft die Ebenen verwechselt. Geht es z. B. um Kriege, so klagt oft die Kirche nicht den Staat an, der den Konflikt ausgelöst hat, sondern verschiebt das Problem, indem sie daran erinnert, daß der Friede in der Familie und im Herzen der Menschen anfängt. Andererseits sagt sie zugleich dem Wehrunlustigen: »Du mußt Soldat werden!« Im allgemeinen weicht die Kirche gern ins Private aus, wo politischer Kampf angebracht wäre; umgekehrt leugnet sie die Existenz einer Privatsphäre in ihrer eigenen Zuständigkeit und politisiert sie zugunsten von Staat und Gesellschaft.

Unter den Geißeln unserer Zeit nimmt Aids einen wichtigen Platz ein. Manche meinen, es wäre die Strafe Gottes für die sexuellen Ausschweifungen unserer Zivilisation.

Solche Worte sind schlicht dumm und buchstäblich unmenschlich. Sie sind typisch archaisch, denn hier kommt man wieder zum uralten Aberglauben, der Unglück für eine Strafe hält. Solche Haltung erinnert an schreckliche Verhaltensweisen von Tieren: Weicht einmal ein Tier von der Gruppennorm ab, – wenn es z. B. krank ist – so wird es bald ausgerottet. Hier wird die Krankheit empfunden als beunruhigende Abweichung von einem gewissen idealen Modell, das stillschweigend vorausgesetzt wird, und als solche bestraft. Hier liegen die Wurzeln der inhumanen Haltung, die uns Krankheit oder Unglück als Strafe Gottes interpretieren läßt. Es ist offensichtlich, daß so eine Auffassung von einer buchstäblich tierischen »Logik« stammt.

Um auf Aids zurückzukommen, muß damit gerechnet werden, daß man wohl noch lange auf eine wirksame Behandlung wird warten müssen. Nach acht Jahren intensiven Forschens hat die Medizin entdeckt, daß die Inkubationszeit der Krankheit fünf bis sechs Jahre und mehr betragen kann, bis sie offen ausbricht. Die Besonderheit des Aidsvirus ist, wie man weiß, daß es das Immunsystem gänzlich und endgültig lahmlegt. Zwar versucht das Immunsystem am Anfang der Krankheit den Angriff abzuwehren und handelt dabei nicht anders als die Medizin selbst, wenn sie Stoffe einsetzt, die das Virus möglicherweise zerstören könnten. Aber das Aidsvirus verfügt über eine riesige Mutationsfähigkeit, die es ihm erlaubt, trotz der Angriffe in immer wieder veränderter Gestalt weiterzuwüten. Bis jetzt konnte man seine spontane Vermehrung nicht beherrschen.

Das Virus mutiert so schnell, daß es bald die gewöhnlichen Hindernisse überwindet, die ihm das menschliche Immunsystem entgegenstellt. Die einzige Therapie, die heute aussichtsreich scheint, würde darin bestehen, gewisse Gensegmente zu blokkieren, um das Überhandnehmen des Virus zu stoppen. Wird das gelingen, und wie? Klar scheint jedenfalls, daß es noch beträchtliche Zeit dauern wird, bevor man zu einer vertretbaren Therapie dieser Geißel kommt. Aids wird sich ausbreiten, besonders in Afrika, Ostasien und Amerika.

Unglücklicherweise hat die Moraltheologie der katholischen Kirche das Ausüben der Sexualität außerhalb von Ehe und Kinderkriegen seit jeher als Sünde dargestellt, so daß die Vorstellung sich ausgebreitet hat, daß die Sexualität Gelegenheit zur bösen Begierlichkeit biete und jedenfalls nur in der Ehe und in ihr nur zum Zwecke der Zeugung erlaubt sei. Die Sexualität um ihrer selbst willen zu wollen unabhängig von den vorgenannten Bedingungen sei eine schwere Sünde. Diese Vorstellung haben die Menschen verinnerlicht, trotz ihrer Widersprüche und der Anstrengungen, die hie und da zu ihrer Überwindung versucht wurden.

Aids bietet dann sozusagen eine Ansatzfläche für das ganz archaische Schuldgefühl, das dem Menschen seit Jahrhunderten innewohnt. Es stellt eine genauso schlimme Bedrohung dar wie die Syphilis, als diese aus Lateinamerika nach Europa drang. Das wurde damals im 16. Jahrhundert eine Katastrophe. Weder medizinisch noch moralisch war man darauf vorbereitet. Angesichts von Aids müßte die Gesellschaft dringend etwas besseres vorschlagen als bloße medizinische Aufklärung, die immer begrenzt und nur vorbeugend wirken kann – indem wir den Heranwachsenden in den Schulen Schutzmethoden in manchmal absurder Form vorstellen.

Damit meine ich, die Aidsepidemie sollte uns veranlassen, in einen Prozeß der Vertiefung und der Vermenschlichung der Liebe zu treten. Dann erst könnten die Schuldgefühle verschwinden und eine hohe Verantwortlichkeit dem Partner und sich selbst gegenüber erreicht werden. Dann könnte diese schreckliche Bedrohung zu einer Verheißung des Wachsens an Menschlichkeit werden.

Waren Sie nicht selbst an der Gründung eines Aidszentrums in Brasilien beteiligt?

Das geschah sozusagen zufällig. Es handelt sich um die Initiative der Frau eines Freundes. Was mich betrifft, unterstütze ich dieses Werk finanziell im Rahmen meiner Möglichkeiten. Im übrigen soll das Geld, über das ich heute durch meine Bücher verfüge, Menschen und Tieren in Not zugute kommen. Ich brauche es persönlich nur in begrenztem Umfang und bin glücklich, es im Rahmen meiner Möglichkeiten einsetzen zu können.

Sie sprachen von Tieren...

Ich unterstütze Stiftungen, die verlassene Tiere aufnehmen. Solche Einrichtungen sind ganz spendenabhängig. Brigitte Bardot schrieb mir eines Tages : »Das Geld ist der Angelpunkt in diesem schwierigen Kampf.« Ich glaube, sie hat recht.

Sie möchten die Tiere vor ungerechter Behandlung schützen ?

Sie erleiden soviel und so großes Unrecht, denken Sie nur an die Massentransporte über Tausende von Kilometern. Hier sind die Deutschen ein wenig vernünftiger als die Franzosen; es wäre zu hoffen, daß sie in diesem Punkt obsiegen – selbst wenn der Vorgang im Grunde bestehen bleibt: Diese Tiere werden trotzdem geschlachtet; – aber es wird ihnen manches Leid auf ihrem Todesweg vielleicht erspart. In ihrem Kampf für die Schlachttiere ist Brigitte Bardot so weit gegangen, Südspanien zum Streik aufzufordern... Selbst wenn derlei Versuche von vornherein zum Scheitern verurteilt sind, muß man handeln. Nur auf Grund sorgfältig geführter Aktionen sah sich z.B. die deutsche Regierung im Zugzwang.

Und was ist mit den Haustieren, die in der Urlaubszeit ausgesetzt werden ?

Es ist ganz erschreckend. In Deutschland sind es jeden August ca. 80.000 Katzen und Hunde, die ausgesetzt werden, nachdem sie gelernt haben, mit den Menschen zu leben. Es kommt hauptsächlich davon, daß viele Hotels und Pensionen keine Tiere aufnehmen. Dazu kommen noch Grenzformalitäten, wie zum Beispiel komplizierte Impfzeugnisse, die vorzuweisen sind. Nun reisen die Leute gern, sie möchten ins Ausland, wobei ein Tier sich bald als wesentliches Hindernis erweist. Wie dem auch sei, man hat nicht das Recht, sich ein Tier anzuschaffen, um es eines Tages auszusetzen.

Kommen wir auf Ihre Stiftung in Brasilien zurück.

Dank des Engagements einer Paderbornerin können dort Aidskranke aufgenommen werden, in einem Haus, das so eingerichtet ist, daß sie dort bis zum Ende gepflegt werden können. Heute kann man kaum mehr tun, aber es wird versucht, immer angemessenere medizinische Pflege zu gewährleisten.

Sind Sie dort gewesen ?

Bis heute hatte ich nie direkten Kontakt zu der Stiftung. Tatsächlich sehe ich keine Notwendigkeit dazu. Die finanzielle Hilfe, die ich geben kann, beträgt ungefähr so viel, wie ein Hin- und Rückflugticket ausmacht. Meine Anwesenheit dort wäre überflüssig, um so mehr, als ich kein Portugiesisch spreche. Es wäre unsinnig, dorthin zu fliegen, nur um »gefeiert« zu werden...

Ein heimatloser
und maßloser Mensch

Besonders die sozial ausgegrenzten Minderheiten kämpfen heute gegen die Machthaber. Wie stellt sich hier die Frage an die Kirchen? Dabei denke ich auch an die Sekten, die immer zahlreicher werden und sich oft als an den Rand gedrängte religiöse Minderheiten darstellen.

Unsere westlichen Gesellschaften sind bereits mit den Problemen der Minderheiten konfrontiert und werden es immer mehr werden – ethnisch und politisch, wegen der wachsenden Zahl der Wirtschaftsflüchtlinge. Es scheint mir beunruhigend und schlimm, feststellen zu müssen, daß sowohl Frankreich als auch Deutschland versuchen, das Problem dadurch zu lösen, daß sie ihre Grenzen dicht machen vor der Not der Flüchtlinge – ob diese nun vor Krieg, Verfolgung oder Hunger geflohen sind.
Das schrecklichste deutsche Wort heute ist Abschiebung. Für mich ist es buchstäblich unglaublich, daß so ein Wort geläufig wurde und von den Politikern im Parlament tagtäglich gebraucht wird. Wir müssen uns wieder darauf besinnen, daß es sich auf Menschen bezieht! Man muß es wissen: Die Armen von heute, die jenseits der Grenzen zurückgeschoben werden, sind für die politischen Führer eine vernachlässigbare Größe. Ein Beispiel unter anderen: die Debatte über das Los der in die Türkei abgeschobenen Kurden. Um die Wahrheit zu sagen, wir haben über solche Themen hierzulande nur Scheindebatten...
Zur Zeit, im Jahre 1995, ist man in Deutschland dabei, vierzigtausend Vietnamesen kaltblütig auszuweisen, und das ohne jegliche Notwendigkeit. Dabei handelt es sich um Leute, die seit mehr als zehn Jahren hier sind und recht gut Deutsch sprechen... Die Ent-

scheidung wurde angeblich auf Grund des Ordnungsprinzips getroffen. In meinen Augen ist so etwas schrecklicher als religiöse Streitigkeiten.

Frankreich hat heute ähnliche Probleme. Indessen sind die Kirchen weit davon entfernt, ihre Aufgabe der Errichtung der Weltgemeinschaft zu erfüllen: In Wirklichkeit zeichnen sie sich durch Feigheit aus. Überall, wo sie auf nationaler, politischer, kirchlicher Ebene zu widerstehen hätten, entziehen sie sich praktisch ihrer Sendung zur Universalität, die sie lediglich eigennützig als Bestätigung ihrer Herrschaftsansprüche auslegen, aus Angst vor der Bedrohung, die sich für sie aus dem Zusammenbruch der herrschenden Mächte ergäbe. Sie brauchen die Herrschenden, um selbst bestehen zu bleiben. Daher schrecken sie davor zurück, sich ihnen in den Weg zu stellen, sie mit Fragen zu konfrontieren, ihnen Grenzen zu setzen.

Überall sieht man heute das, was man gemeinhin »Rückkehr der Religiosität« nennt. Könnten denn nicht manchmal die religiösen Minderheiten zu neuen Quellen der geistigen Entfaltung werden?

Vor zweitausend Jahren erschien das Christentum selbst als Sekte, als eine Minderheit, die innerhalb des römischen Reiches vom Aussterben bedroht war. Tacitus beschreibt die Christen als Schaum auf der Welle der großen Völkerbewegungen. Die Tatsache, daß in Europa heute 80 % der Bevölkerung sich von den Kirchen nicht mehr angesprochen fühlen, offenbart uns, daß wir an einem Wendepunkt stehen. Viele ahnen, daß Religion in ihrer wahren Gestalt nichts mehr zu tun hat mit einer beliebigen kirchlichen Verwaltung oder mit irgendeiner rituellen Praxis, die es zu verwalten gilt.

Das Wichtigste, was meiner Ansicht nach an den Sekten Beachtung verdient – viel wichtiger als der Inhalt ihrer Botschaften – ist schlicht ihre Existenz und ihr stetes Wachsen. Schon diese einfache Tatsache ist eine Fragestellung an uns.

Viele dieser Bewegungen klammern sich an Fragmente, Bruchstücke, Reste der Vergangenheit. Aus der gleichen Erscheinungswelt stammen heute Volksbräuche, die ihre Inspiration aus altem Aberglauben beziehen; das alles scheint mir aber nicht so bedeutungsvoll wie die Existenz der Sekten an sich, weil man ja sehen muß, daß aus der neuen Gedankenfreiheit eine große Vielfalt ermöglicht wurde. Unglücklicherweise greifen die meisten dieser neuen religiösen Gruppen auf strenge Zwangsmaßnahmen zurück, ähnlich wie die Kirchen, obwohl sie sich anbieten, der Angst, Ausweglosigkeit und Verwirrung der Massen entgegenzuwirken. Ihrerseits tun die Kirchen ein Übriges; sie fürchten die Konkurrenz der Sekten, die sie zurückzuweisen und aufzuheben versuchen, sie beantworten die seelische und soziale Gewalt ebenfalls mit Gewalt, bis hin zum Rückgriff auf das staatliche Gesetz.

Angesichts dieser Gesamtsituation bin ich fest davon überzeugt, daß die Zukunft der Religion von der Aufhebung der Grenzen zwischen den einzelnen Strukturen abhängt. Aber da sind wir noch weit entfernt vom Geist gegenseitiger Öffnung. Nehmen Sie die katholische Kirche: Sie ist in einer starren seelischen Struktur eingeschlossen, so daß sie selbst zur »Sekte« geworden ist. Sie erfüllt ja die Bedingungen jeder Sekte: die Forderung nach äußerer Unterwerfung, verbunden mit einer allgemeinen Heilssendung; darüber hinaus eine strenge »Begriffsbestimmung« der Zugehörigkeit durch die Regelbegriffe der Offenbarung und der Sünde; und schließlich der Anspruch, eine Garantie des Heils, der göttlichen Heiligung zu bringen.

Das alles sind Indizien dafür, daß diese Kirche zur Sekte wurde. Also kann man ganz logisch sagen, daß die katholische Kirche die wichtigste der heute existierenden Sekten ist. Dazu hat sie noch eine eigene staatliche Verfassung, die ihr eine kostbare Autonomie hinter den Mauern des Vatikans sichert. Als Beispiel: Die italienische Polizei durfte Bischof Marcinkus keinesfalls festnehmen, als sich erwies, daß dieser in dunkle Geschäfte um den Drogenhandel mit der Cosa Nostra verwickelt war. Man darf sich nicht scheuen, es zu sagen: 1982 war der Vatikan das größte Geldwäscheunternehmen des europäischen Kontinents. Aber niemand konnte einschreiten, wegen der Immunität der Staatsbürger des Vatikans auf ihrem Staatsgebiet. Selbst Interpol darf im

Vatikan nichts unternehmen – hier ist ein Heiligtum, innerhalb dessen alles mögliche, sogar kriminelle getan werden darf in völliger Straffreiheit.

Demgegenüber hoffe ich, daß sich nach und nach ein »Grundkonsens« der Grundwahrheiten entwickelt, so daß Religion von der Freiheit der Person getragen wird und zu ihrer Entfaltung beiträgt. Die Religion sollte ein Lebensprogramm, eine menschliche Daseinsform vorschlagen, und nicht eine Doktrin, eine Ideologie oder ein System im Dienste reiner Propaganda.

Sollte denn nicht die »Rückkehr des Geistigen« im übrigen darauf hinweisen, daß diese wesentliche Dimension nur noch schwach vertreten war – wo doch jetzt eine »Rückkehr« nötig ist?

Jedenfalls glaube ich nicht, daß »geistige« Argumente fähig wären, irgend etwas am Zustand der Kirche heute zu ändern. In den letzten fünf Jahrhunderten hat das System dafür zuviel Verteidigungskraft entwickelt. Tiefe Veränderungen in der Kultur: Humanismus, Reformation, Aufklärung, Durchbruch der Naturwissenschaften, Modernismus – um von der totalen Umstrukturierung der Welt und der Gesellschaft bei der Entwicklung der Industriegesellschaft ganz zu schweigen – waren da ohne Wirkung. All das hat nicht ausgereicht, um den Herrschaftsstil und die Denkart der Institution Kirche wesentlich zu verändern. Ganz im Gegenteil... Dann muß man zugeben: Ein System, das Stoßwellen solcher Breitenwirkung abfangen kann und mit Trägheit beantwortet, kann nur noch zerfallen und sich als Irrtum oder als unzeitgemäße Erscheinung erweisen.

Deshalb meine ich, daß diejenigen sich täuschen, die glauben, in der Kirche verbleiben zu müssen, um sie zu ändern. Für die große Mehrheit der Menschen ist gleichgültig geworden zu wissen, welcher Konfession dieser oder jener angehört. Beispielsweise ist die Zeit vorbei, in der die religiöse Zugehörigkeit ein Hindernis bei der Eheschließung war; auch hier wird der schleichende Machtverlust der Kirchen meßbar.

Mehr als einmal haben Sie zu verstehen gegeben, daß die christ-
liche Kultur in ihrer Gesamtheit das Verhältnis des Menschen zur
Natur in gewisser Weise verzerrt.

Ja, aber indirekt. Denn ich kann nicht behaupten, die Kirche hätte
eine Art Maßlosigkeit in der Beziehung zur Natur gelehrt. Im
Grunde hat die Kirche vielmehr eine Askese der Selbsteinschränkung und des Verzichtes auf natürliche Güter gepredigt. Insofern
hatte sie nie das Ziel der Wohlstands- und Kapitalsteigerung des
Individuums vor Augen; sie wollte Ertrag und Macht für sich
selbst als Institution. Andererseits aber hat sie den Menschen so
dargestellt, als hätte er jedes Recht der gesamten Natur gegenüber.
Das ist der entscheidende Punkt: Sie hat den Menschen sozusagen
aus dem natürlichen Lebensprozeß herausgenommen.
Sie hat etwa hundert Jahre lang jede Form des »Evolutionismus«
verbissen bekämpft, den sie einer Häresie gleichstellte. Aber es
ging darum, daß das falsche Menschen- und Weltbild der Kirche
gefährdet war und hätte revidiert werden müssen... So hat die
Kirchenlehre wegen ihrer metaphysischen Einstellung tatsächlich
den Kontakt zwischen Mensch und Natur unterbrochen und innerhalb des Menschen konsequent getrennt zwischen dem Geist
als Grund des eigentlich Menschlichen und den aus der Tierreihe
stammenden Trieben. So wurde der Mensch zugleich heimatlos
und maßlos, so daß er jetzt eine Brücke zur Welt braucht; – weil
sie ihm keine Heimat mehr bietet, muß er um so mehr versuchen,
aus seiner ganzen Kraft heraus die ihm fremd gewordene Welt
zu beherrschen.
Das Christentum hat keine Ethik zu entwickeln vermocht, die den
Anspruch des Menschengeschlechts auf Weltherrschaft hätte beschränken können – so daß alles für legitim gehalten wird, was
sich ihm als nützlich erweist. Buchstäblich alles. Erst wenn gewisse
Handlungsweisen dem Menschen selbst schaden, ist eine Besin-
nung an der Tagesordnung. Heutzutage z. B. scheint die Existenz
der Tiere überhaupt erst im Maße ihrer Nützlichkeit für den
Menschen berechtigt. Daraus folgt: Alles, was nicht unmittelbar
dem Menschen nützt – und ich betone: unmittelbar – reißen wir

aus und vernichten wir mit unvergleichlicher Geschwindigkeit. Was uns dabei trotz allem bremst, ist nur ein dumpfes Gefühl, daß beispielsweise die Rodung ganzer Urwälder den Windgürtel des Planeten verschieben wird, oder daß die Ozonschicht abgebaut wird, oder daß eine weitere Klimaerwärmung selbstverständlich dramatische Konsequenzen hätte. Wäre nicht diese noch verschwommene Bewußtwerdung, wir würden nicht zögern, Fauna und Flora zu opfern, mit ihren Tausenden von Tier- und Pflanzenarten, die wir in Zukunft nicht mehr kennenlernen werden. Doch das bedauern wir nicht.

Offenbar genügen uns fünf oder sechs Getreidearten und vier oder fünf gezähmte Tierrassen seit etwa achttausend Jahren. Die Menschheit kann mit solch eingeschränkten Mitteln überleben, und es scheint, mehr möchte sie auch gar nicht mehr. Es ist erschreckend festzustellen, denn die Schäden, die wir heute hinterlassen, können bis zum Ende der Zeiten nicht mehr gutgemacht werden.

Sie behaupten: bis zum Ende der Zeiten...

Dieser Prozeß beschleunigt sich, so daß kein Lebewesen die Chance hat, ersetzt zu werden. Zur Entwicklung einer neuen Art braucht die Natur 30 000 Jahre, d.h. viel länger, als zwischen dem Cro-Magnon-Menschen und heute.

Vor einiger Zeit hat man in Afrika eine Gruppe von Schimpansen entdeckt, die von ihrem Entwicklungsstand her am Beginn der Steinzeit leben sollten. Diese Art hat gelernt, Nüsse mit Hilfe von Steinen zu knacken: Eine echte Kulturleistung bei Schimpansen! Die Forscher sind sich einig darüber, daß es sich hier nicht um eine angeborene Fähigkeit handeln kann, sondern um eine seit einigen Generationen erworbene und weitergegebene. Wir Menschen brauchten zwischen diesem Zustand und heute etwa zwei Millionen Jahre. Nun bekommt keine Tierart soviel Zeit für ihre Entfaltung, wegen der heutigen Beschleunigung der menschlichen Entwicklung. Fänden wir heute eine neue Tierart, würden wir uns befleißigen, sie im Versuchslabor bis zur Ausrottung zu untersuchen...

Sie unterstreichen, daß sich Mensch und Natur in gegenseitiger Abhängigkeit befinden, und gleichzeitig erklären Sie, daß der Mensch die Natur transzendiert.

Ich hoffe, auch die Tiere. In einem meiner Bücher («Ich steige hinab in die Barke der Sonne«[7]) habe ich ein Nachwort über die Unsterblichkeit der Tiere verfaßt.

Glauben Sie daran ?

Ich weiß hier nicht, was ich glauben soll. Ich habe mich damit begnügt, in diesem Text Kants Meinung in Erinnerung zu rufen, die Ethik setze für uns einen Glauben an die Unsterblichkeit der Menschen voraus. Wenn es uns erst möglich ist, menschlich mit unseren Mitmenschen umzugehen, *wenn* wir ihre Unsterblichkeit voraussetzen, dann müßten wir eigentlich ähnlich über die Tiere denken. Erinnern wir uns an gewisse Mythen der altägyptischen Antike: Beim Jüngsten Gericht fordern da die Tiere Rechenschaft darüber, was wir mit ihnen angestellt haben... Ich halte den Gedanken der Unsterblichkeit der Tiere für eine wichtige »regulative Idee« im kantischen Sinne. Er scheint mir unerläßlich zur Gründung einer echten Ethik auf diesem Gebiet. Ob er aber irgend einer objektiven Realität entspricht, kann niemand beweisen, nur glauben darf man es. Ich für mein Teil meine, daß die Lebewesen, denen wir einen großen Teil unseres eigenen Lebens verdanken, uns so nahe sind, daß es möglich wäre, daß sie uns auch bei unserem Tode nahe sind. Sind die Menschen unsterblich, und meinen sie, daß die Tiere ähnlich empfinden wie sie selbst, dann sollten ganz einfach auch diese fühlenden Mitgeschöpfe teilhaben an ihrer eigenen Unsterblichkeit.
Hier klingt zum Teil die Lehre der Seelenwanderung von neuem an. Die asiatischen Religionen haben Logik und Vernunft bewiesen, als sie die Einheit zwischen Mensch und Tier bis in die Vorstellung der Transzendenz erweitert haben.

Der Mythos und die religiösen Vorstellungen haben bei Ihnen eine Würze, die man woanders vermißt. Während die Bilder

gemeinhin als überflüssiges äußerliches Beiwerk abgetan werden,
vermitteln sie bei Ihnen einen lebendigen Inhalt.

Ja. Ich glaube, die großen religiösen Intuitionen sind so wahr wie
die Werke Shakespeares oder Dostojewskis. Alles, was hier beschrieben wird, besitzt tatsächlich menschliche und geistige Realität.

Sie sagen irgendwo, daß es der Psychoanalyse zusteht, das Krank-
hafte, das Neurotische abzutragen. Erst nach dieser Sanierungs-
arbeit wäre es möglich, den Weg zur Religion einzuschlagen. Im
Grunde genommen hat für Sie die Psychoanalyse eine Vorarbeit
zu leisten, die erst den Zugang zum Religiösen – zum religiösen
Menschen – eröffnet.

Ich antworte Ihnen mit einer Karikatur. Im deutschen Fernsehen
war kürzlich der Bischof von Autun zu sehen, wie er Jacques
Gaillot beschimpfte und ihm vorwarf, in der schon erwähnten
Debatte bei ARTE Reden nicht zurückgewiesen zu haben, die er
seinerseits für »christentumswidrig« hält. Mir warf er vor, die
christliche Religion zu »korrumpieren«, indem ich sie angeblich
unters Joch der Psychoanalyse zwinge.
Aber die Psychoanalyse war für mich nie etwas anderes als ein
Medikament. Von meinem ersten Buch an habe ich stets behauptet,
daß es wichtig sei, die Psychoanalyse eines Tages hinter sich zu
lassen, und daß sie ein Werkzeug sei, um die Religion von den
falschen Zwängen zu befreien, eine Methode, die sich dafür
einsetzt, den neurotischen Abfall zu beseitigen, der durch allerlei
Entfremdung in der Psyche abgelagert wurde. Offensichtlich ist
die Psychoanalyse in unserem Jahrhundert eine höchst wichtige
Angelegenheit für denjenigen, der das Ich aus den Zwängen des
Unbewußten, aus den Fixierungen der Kindheit, den endlosen
Wiederholungszwängen befreien möchte, die aus sozial und persönlich unglücklichen Einflüssen stammen. Wenn das geschehen
ist und die betreffende Person zu einem wirklich ganzheitlichen
Leben kommt, können die religiösen Fragen in aller Ehrlichkeit
neu gestellt werden. Dann haben magisches Denken und religiöse

Äußerlichkeit selbstredend keine Chance, und es kann auf geklärter Grundlage gebaut werden.

Dies schließt keineswegs aus, daß alle alten Antworten der Religion in ihrer Wahrheit bestätigt werden könnten; aber die Ebene der Bestätigung ist dann ganz anderswo zu finden als in jener Äußerlichkeit, die ihnen noch heute bis zur Travestie anhaftet. Insoweit stimmt es, wenn behauptet wird, die Psychoanalyse bezwecke, einen gewissen »Atheismus« zu fördern, weil sie grundsätzlich jeden abergläubischen Gebrauch der Religion ausschließt.

Sie entthront also den »falschen« Gott?

Ja, den Gott, der nur die Projektion der kindlichen Ängste und Schuldgefühle ist. Klingt das, was ich hier sage, nicht klar und einfach? Es ist umwerfend, jeden Tag feststellen zu müssen, daß hochgestellte Persönlichkeiten, Theologiedozenten, die jahrelang ganze Generationen von Studenten ausgebildet haben, bei der Entwicklung ihrer Theorien nichts anderes taten, als ihre Kindheit zu verteidigen. Es ist buchstäblich erschütternd. Ich empfange solche Leute hier manchmal, wenn sie keinen anderen Ausweg haben ... kurz vor dem Zusammenbruch. Und das sind noch die besten – die unglücklicherweise auch sofort wieder unter den Druck ihrer Umgebung geraten. Ist das nicht erschreckend? Denn natürlich gibt es kein Zurück mehr.

Kommen wir darauf zurück, daß die Psychoanalyse Ihnen zufolge zur Religion, zum Religiösen zurückführen kann. Sie sagen: Wenn erst der Schatten überwunden wurde, kann man gefahrlos zum seelischen Gebiet übergehen; und dann erst darf man ohne jede Lüge oder Starrheit zu den großen religiösen Symbolen wie die Dreieinigkeit oder die Auferstehung z. B. zurückkommen. Aber die Kirche hat anscheinend immer mit aller Strenge darauf bestanden, daß die Dogmen als absolut objektiv zu gelten haben, während die Psychoanalyse zeigt, daß sie sozusagen immer schon in der Tiefenpsyche des Menschen vorhanden waren...

Es ist so: Die Kirche hat immer so getan, als ob diese Bilder von außen kämen und in den Menschen hineingebracht werden müßten – durch »Offenbarung« –, und ihre eigene Sendung bestünde darin, sie darzustellen und durch das Lehramt erklären zu lassen.

Und das, wir haben es festgestellt, in Übereinstimmung mit ihrer Auffassung von Offenbarung.

Die Kirche ermißt nicht, was das mystische Denken im Abendland über Jahrhunderte gewußt hat, nämlich die Tatsache, daß Gott aus den Tiefen der menschlichen Seele spricht, in die er alle Symbole hingelegt hat. Was tut die Kirche dann anders, als dem Menschen sozusagen sein Inneres zu rauben, um ihn ins Äußere zu zerren und ihre Macht auf ihn auszuüben? Es handelt sich schlicht und einfach um Entfremdung. Feuerbach hatte dieses Phänomen schon 1840 gut beschrieben... Klar ist, daß, wenn die Menschen wahr von Gott sprechen, sie von sich selbst sprechen – aber sie wissen es nicht.

Könnte dieses Symptom nicht aus allzugroßer Angst kommen? Kann es denn nicht unser inneres Gleichgewicht gefährden und uns also ängstigen, wenn wir vor uns keine dominierende Objektivität mehr finden und so zurückgeworfen werden auf unsere Subjektivität, die von nun an die »einzig geltende Objektivität« sein soll? Und ist trotzdem nicht dann erst das Zustandekommen eines wirklich verantwortlichen Menschen möglich?

Ganz und gar. Ich stimme völlig mit Ihnen überein. Das ist genau das, was hier wichtig ist. Ich bin, ich sage es noch einmal, überzeugt, daß die Psychoanalyse sehr hilfreich ist, um zu einer erneuerten und vertieften Form von Religiosität zu kommen. Erstens erlaubt sie eine genauere Auslotung der religiösen Botschaft; dann vermittelt sie eine schärfere Sicht der Bindung zwischen Mensch und Natur: Hier dient sie der Entdeckung einer tieferen Form der Beziehung zur Welt, eines neuen Respekts für die Kreatur und einer neuen Würdigung menschlicher Gefühle. Schließlich kann die Psychoanalyse die Universalität der religiösen

Symbole herausstellen und trägt deshalb wesentlich zur Toleranz bei. Sie findet nämlich den Ursprung der Bilder in der menschlichen Psyche wieder, so daß die beiden Erkenntnisgrundlagen, die heute bedauernswerterweise miteinander konkurrieren, Glauben und Wissen, Gefühl und Erkennen, Bild und Wort, schließlich als identisch erkannt werden können – was sie grundsätzlich sind.

Die religiöse Sprache könnte dazu führen, daß die Menschen einander begegnen und sich versammeln zu heiligen Mahlzeiten und Bädern, zu bestimmten Gesten und Riten. Überall auf der Welt ist Religion eng verbunden mit diesen Gestalten, diesen Bildern, unter die man auch andere Vorstellungen wie Gottessohnschaft, Jungfrauengeburt und die Ansichten über Tod und Auferstehung einreihen kann. Jede Religion würde dann aufhören, diese universell gültigen Bilder als ihr privates Eigentum zu verkünden – als ausschließliche und ausschließende Wahrheit, die im Grunde nur zeigt, wie sehr man aus dem Göttlichen ein »regionales« Ereignis macht. Allein sein werden wir deshalb trotzdem nicht. Wir werden nur als Menschen näher zusammenrücken. Damit die Bilder unserer Seele wahr werden, müssen wir sie von Angst befreien, und das geht nur, wie schon gesagt, im Gegenüber einer anderen Person, im letzten der »Person Gottes«.

Das Leben mit einem Fest abschließen

Die Kirche wäre dann nicht mehr die einzige Instanz, die zur Verkündigung des Religiösen befugt wäre...

In der Tat. Ich meine, daß die Tiefenpsychologie ihr sehr hilfreich werden könnte; leider verdächtigt die Kirche alles, was im Menschen einen eigenen Weg gehen möchte: Freiheit, Gedankenwelt, Gefühl, Seele, Traum. Das alles wird als gefährlich empfunden, weil subjektiv, freiheitsliebend, selbstbestimmungshungrig und daher bedrohlich jeder Herrschaft gegenüber; hier eben der Herrschaft der Kirche. Deswegen ist dem Apparat kaum zu helfen. Was hilfreich sein könnte, kann sich unter solchen Umständen nicht entfalten.

Sie sprechen irgendwo über die Einheit zwischen Leben und Tod. Wie läßt sich beides vereinbaren: das Bewußtsein dieser Einheit und die Daueraufgabe des Menschen, sich Gefahren auszusetzen und sie zu bestehen? Jesus hat den Tod überwunden, sagt man...

Da liegt ein Riesenproblem, denn für die Natur ist der Tod unvermeidlich. Alles, was lebt, bezieht seine Kraft aus anderen Lebewesen. Das ist ein ewiger Kreislauf. Was Jesu »Sieg« über den Tod betrifft, müßte man genauer sagen: Derjenige, der nach dem Beispiel Jesu zu dem Unvermeidlichen im innersten Selbst ja sagt, befreit sich von der Angst. Das ist der Sinn der Behauptung, Jesus habe den Tod überwunden. Der Tod hört in ihm auf gewisse Weise auf, *die letztgültige Instanz* zu sein, die über den Menschen verfügt.
Wenn die Bibel vom Tod spricht, bedeutet er grundsätzlich ein Unvermögen, das Leben zu sich selbst zu führen auf Grund von

allerlei Ängsten. Meine Erfahrung als Therapeut zeigt es mir jeden Tag: Die Menschen lassen sich beherrschen – und das Instrument dieser Herrschaft ist grundlegend die Angst vor dem Tod. Daran knüpfen alle, die den Menschen versklaven wollen: sie hören nicht auf, Todesangst zu verbreiten und die Scheu vor dem Leiden zu schüren.

Wie ist dann die Aufgabe der Forscher zu verstehen, die sich bemühen müssen, die Krankheiten zu überwinden und den Schmerz zurückzudrängen? Wie läßt sie sich vereinbaren mit dem, was Sie über das Unausweichliche der Einheit zwischen Leben und Tod aussagen?

Fest steht, daß die Medizin Riesenfortschritte gemacht hat, z. B. auf der Ebene der Ernährung, Diätetik, Hygiene und Pflege. Schon dadurch ist das Leben durchschnittlich um zehn Jahre in den letzten fünfundzwanzig Jahren verlängert worden. In Deutschland hat eine Frau eine normale Lebenserwartung von mehr als 80 Jahren, die Männer 76. Zur Adenauerzeit in den fünfziger Jahren lag die Norm bei 65. Es ist eine beträchtliche Verschiebung und sie wird sich fortsetzen. Vor achttausend Jahren lebte man nicht mehr als durchschnittlich etwa 30 Jahre...

Das bedeutet, daß wir jenseits der Lebensmitte Antworten suchen müssen, die uns nicht vom natürlichen Lauf der Dinge diktiert werden. Denn die erste Hälfte unserer Existenz spielt innerhalb eines Rahmens, der in gewisser Weise von der Natur vorgesehen ist: Man sichert die Grundlagen für eine Existenz, man baut ein »Nest«, setzt Nachkommen ins Leben und sichert ihre Erziehung. Damit ist der Mensch heute bei einem Alter von 45 Jahren in etwa fertig. Inzwischen sind die Kinder um die 20, verlassen das Elternhaus; und da ergibt sich eine neue Frage, die den Rahmen des nur Natürlichen sprengt. Bis jetzt sind alle Probleme schlecht und recht geregelt worden – aber eine wesentliche Frage bleibt, die von den unmittelbaren Sorgen überdeckt worden war: Wer bin ich selbst? Warum gibt es mich als Person? Was werde ich jetzt auf kulturellem Gebiet unternehmen? Was ist der Sinn meines Lebens in der Gesellschaft, in der ich lebe?

Das sind alles entscheidende Fragen, die die Religion viel mehr angehen als vor einigen Jahrzehnten oder Jahrhunderten, als die einzelnen diese lange Mußeperiode nicht kannten: der einzelne Mensch erscheint ab jetzt ganz klar als Beziehungspunkt. Dies um so mehr, als die nachwachsenden Generationen immer früher mit der Arbeit aufhören. Im Ruhrgebiet gehen heute die Bergarbeiter vielfach schon mit 45 in Rente und können also bis zu vierzig Jahren ohne Erwerbsarbeit vor sich haben.

Diese tatsächliche Lage erfordert ein Umdenken. Wozu soll das gut sein? Kultur und Religion sind gefragt und müssen auf neue Weise ihren Beitrag dazu steuern. Zuerst antworten sie, daß es unsinnig ist, von einem ewigen Erdenleben zu träumen; selbst wenn der eine oder der andere von uns eines Tages hundertzwanzig Jahre werden sollte, hätte sich die Frage nur verschoben und wäre nicht gelöst – noch weniger, wenn wir völlig abgearbeitet ins Grab fielen! Dort ist nicht die Antwort auf die Frage: Warum haben wir gelebt? Was war die Absicht des Lebensabenteuers?

Paradox ist, daß das Christentum zwar unentwegt vom Tod spricht, aber deswegen noch lange keine weise Antwort diesem unausweichlichen Ende gegenüber vermittelt. Andere Kulturen – asiatische, insbesondere die indische Kultur – erweisen sich in diesem Punkte als viel vernünftiger, da ihre Haltung dem Tod gegenüber natürlicher und gütiger ist. Das kommt teilweise davon, daß wir uns zu sehr von der Natur entfernt haben. Aus diesem Grunde wissen wir nicht mehr, wie man den Tod annimmt; denn der Tod ist, wie ich es sagte, ein Zeichen der Herrschaft der Natur über das individuelle Leben.

Daran ist kein Zweifel möglich. Aber es kommt eben der Religion zu, uns zu lehren, daß wir ein Teil der Natur sind – und dann erst könnte die Todesfrage eine neue Antwort bekommen. Ich hoffe, es kommt der Tag, an dem wir uns nicht mehr damit begnügen, die Lebensdauer zu verlängern, sondern eine Kultur haben, die uns erlaubt, frei zu bestimmen, wann wir vom Leben Abschied nehmen.

Wie denn das?

166

Ich stimme Nietzsche zu, für den der Tag des Todes ein Fest sein sollte und kein Trauertag. Das Leben mit einem Fest zu beschließen, in eine Feier einmünden zu lassen, halte ich für würdig und schön, während der von außen auferlegte Schicksalstod, von unendlichen Schmerzen begleitet und von der Intensivmedizin inszeniert, sich als menschenunwürdig erweist. Tatsächlich bleibt der Tod heutzutage ein christliches Tabu, das man sich hüten muß zu berühren; aber hier werden sich die Dinge ändern.

Die Niederlande haben kürzlich ein sehr wichtiges Gesetz über eine mögliche aktive »Sterbehilfe« eingeführt: Sobald jemand bei vollem Bewußtsein zweimal beteuert, er wolle sterben, und die Ärzte darin übereinstimmen, daß er keine Chance mehr hat zu leben oder zu überleben, soll sie erlaubt sein.

Jemand, für den das Leben keinen Sinn mehr hat, sollte Ihnen zufolge sich dazu entscheiden dürfen zu sterben?

Eine solche Position zu vertreten ist heute noch sehr schwierig, weil im Abendland derjenige, der solch einen Wunsch ausspricht, für psychisch krank gehalten wird. Vor einigen Jahren habe ich einen Text über den Selbstmord geschrieben[8], der ausführlich zeigt, wie andere Kulturen – die Asiaten insgesamt und besonders die Japaner – etwas kennen, was man einen »Bilanzselbstmord« nennen könnte. Dort kann jemand aus gültigen Gründen zum Schluß kommen, daß sein Leben keinen Sinn mehr hat. Er bezeugt sich selbst, alles getan zu haben, was zu machen war, und urteilt dahingehend, daß es nichts besseres mehr für ihn gibt. Ich für mein Teil bin dafür, einem Menschen solle ein solches Entscheidungsrecht zugebilligt werden, mit der Möglichkeit, Konsequenzen zu ziehen. Aber für die katholische Kirche sündigt derjenige, der so denkt, da nur Gott über das menschliche Leben ganz verfügt. Und doch wären die Menschen viel glücklicher, wüßten sie, daß sie die Verantwortung für ihren Tod selbst in Händen haben...

Jeder Mensch hat meiner Meinung nach das Recht, so zu sterben, wie er will. Würde diese Evidenz anerkannt, wären viele sehr erleichtert. Ich erinnere mich, eine Frau bis zu ihrem Tod begleitet zu haben. Es war acht Uhr abends. Sie war noch bei Bewußtsein und sagte: »Wenn ich jetzt in Ihren Armen sterben könnte, wäre es gut.« Aber ihr Todeskampf dauerte noch lange, viel zu lange, bevor sie ins Koma fiel. Sie starb am folgenden Nachmittag nach stundenlangem Röcheln. Das muß nicht sein. Ich glaube, desto mehr lebenverlängernde Mittel die Medizin findet, um so mehr ist sie auch verpflichtet, die zweckmäßigsten Mittel zur Beendigung des Lebens zu finden. Ich bin davon überzeugt, daß wir relativ schnell dahin kommen, und daß die Medizin Methoden entwickeln und Gifte erfinden wird, die man verabreichen könnte, ohne den geringsten Schmerz zu verursachen. Warum sollte man im übrigen nicht versuchen, ihnen sogar eine gewisse euphorisierende Wirkung zu geben? Bis jetzt jedoch hat die Medizin kein Recht dazu ...

Eines Tages besuchte ich eine Frau in einem Altersheim. Sie litt an fortgeschrittenem Diabetes. Ihr wurde ein Bein amputiert und sie wurde von Phantomschmerzen heimgesucht, die sie furchtbar plagten. Plötzlich kam ein Pfleger auf mich zu, um mich hinauszuweisen. Ich war ihm gänzlich unbekannt, aber er hatte sich in den Kopf gesetzt, ich wäre von der Gesellschaft für Humanes Sterben geschickt worden. Ich antwortete ihm, er sei im Irrtum, ich sei lediglich gekommen, um diese Frau zu besuchen. »Wir wissen Bescheid« sagte er mir, und ich antwortete : »Da wissen Sie mehr als ich...«. Was die Patientin angeht, man wird sie wahrscheinlich in ein psychiatrisches Krankenhaus einweisen, weil man ihre Phantomschmerzen nicht beherrschen kann. Dies geschieht, obwohl sie nicht psychisch krank ist, einzig, weil Medikamente gegen ihre Schmerzen nur in der Psychiatrie verfügbar sind. Schon vor langer Zeit vertraute sie mir an, daß, wenn es möglich wäre, sie sich das Leben nehmen würde. Ich erwähnte dann ihr gegenüber eine besondere Methode, die dafür entwickelt worden ist, die Nerven des Beinstumpfs zu neutralisieren; das könnte ihr Erleichterung verschaffen. Ihre Umgebung, die Pflege hatte einfach nicht daran gedacht. Es ist immer das alte Lied: Man weicht vor jeder möglichen Erleichterung zurück, weil das Leid so heilig ist. Unbesiegbare Tabus!

Es ist schrecklich, feststellen zu müssen, wieviel man über den Menschen redet, während man ihn doch so wenig kennt. Man verfaßt Abhandlungen, entscheidet darüber, was zu tun ist, während man die meiste Zeit nicht weiß, was den Menschen bewegt.

Ein großer Irrtum, ja. Die Religion müßte die Menschen dazu anleiten, miteinander zu reden, sich über sich selbst auszutauschen. Statt dessen verkündet die offizielle Religion ein System verwalteter Wahrheiten ohne Rücksicht auf den Menschen, der auf diese Weise sozusagen seiner geistigen Kompetenz beraubt wird.

Zugegeben, da fehlt es nicht an mehr oder weniger gebieterischen »Dekreten«...

Und der Mensch wird vernachlässigt! Vor einiger Zeit hat sich ein Priester aus dieser Gegend das Leben genommen. Die christliche Gemeinde hatte gerüchteweise zu verstehen gegeben, er sei homosexuell. Davon wurde er tödlich getroffen. Die Kirchenhierarchie, in seinem Fall der Generalvikar, hatte ihm nur einen Brief geschickt, in dem ihm befohlen wurde, jeden Kontakt zu Jugendlichen abzubrechen und den Brief selbst vor der versammelten Gemeinde vorzulesen. Eine entwürdigende Prozedur, die ihn zutiefst beschämte. Kein Gespräch war vorausgegangen, keine persönliche Kontaktaufnahme. Noch schrecklicher: die vernünftige Möglichkeit einer psychologischen Behandlung wurde von den Verantwortlichen verworfen. Es ist eine Tatsache: man fürchtet sich vor der Psychoanalyse. Dabei besitzt das von Paderborn aus nahegelegene Göttingen ein bedeutendes Zentralinstitut für Psychoanalyse.
Aber die katholische Hierarchie fährt fort, selbstherrlich zu entscheiden, welcher Art der Behandlung sich ihre Mitglieder unterziehen müssen. Zwar hätte dieser Priester, hätte er sich für die Psychoanalyse entschieden, sich in seiner Homosexualität bestätigt fühlen können, oder aber er hätte dahin kommen können, sich eines Tages in eine Frau zu verlieben: Beides verbietet die Kirche...
Sie will die Anpassung an ihr System unbedingt erzwingen. Welchen anderen Weg als den Selbstmord hatte er dann? Aber das will man nicht wissen.

Solche Tragödien werden gewöhnlich verschwiegen.

Das Tabu des Störenden... Vielleicht fragt sich der eine oder andere im nachhinein, wo seine Verantwortung liegt oder sogar, ob er nicht dazu beigetragen hat, den Selbstmord unvermeidlich zu machen. Aber niemand darf so etwas sagen.

Sie sprechen oft über Träume. Sie stellen ganze »Landschaften« dar, die in der Tiefe der menschlichen Psyche liegen. Wie können wir diese Wirklichkeit mit der mathematischen und wissenschaftlichen Welt und Kultur vereinbaren, die weit fortgeschritten sind? Sie sprechen oft von asiatischen Kulturen, und behaupten, Sie stünden Ihnen nah. Sind denn aber diese Kulturen nicht weit entfernt von der wissenschaftlichen Kultur des Abendlandes?

Ich glaube nicht, daß da ein Gegensatz besteht. Ist denn Mathematik etwas anderes als eine Art Symbolik? Die Wissenschaftler arbeiten beispielsweise in der Atomforschung auch in höchst »symbolischer« Weise. Übrigens haben viele Elemente des kreativen Denkens ihren Ursprung im Unbewußten.

Kekulé z. B. faszinierte die Sicht, die er von der Struktur des Benzolrings erreicht hat, der eine besondere Verbindung von Kohlenwasserstoffatomen bietet. Nun aber wurde diese Verbindung von ihm ursprünglich durch bloße Intuition entdeckt. Einer der fortschrittlichsten heutigen Physiker, Murray Gell-Man, betont, daß beim Forscher das Wichtigste die Intuition sei, die aus dem Unbewußten kommt.

Das einmal festgestellt, haben Sie Recht mit der Behauptung, daß es einen großen Unterschied gibt zwischen der Traumlogik und der Logik der Mathematik oder Physik.

Trotzdem ist ihnen gemeinsam, daß sie sozusagen »international« sind; beispielsweise ist der mathematische Formalismus jedermann zugänglich, genauso wie die Traumbilder. Was die Vermutung nahelegt, beide Ebenen könnten eng zusammenhängen.

Man kann heute herausfinden, in welchen Gehirnfeldern die Traumbilder gebildet werden, ebenso wie die Zone, die die Erfindung der Zahlen ermöglicht. Nun aber ist evolutiv die Hirnentwicklung rein zufällig, während sie für uns eine der wichtigsten Wirklichkeiten ist, die uns das Naturverständnis vermittelt. Hätte das Schicksal es nicht verfügt, daß sich just ein bestimmtes Feld unseres Gehirns in der Nähe der motorischen Areale entwickelt, wir wären mathematikunfähig und würden nicht über diese entscheidende Form der Analyse von Erscheinungen verfügen. Unser Unvermögen wäre so groß, wie das eines Forschers, der Röntgen- oder Gammastrahlen ohne eine geeignete Apparatur auffangen wollte...

Die Asiaten haben sehr wichtige Beiträge zur Entwicklung der Mathematik und der Naturwissenschaften geleistet – angefangen mit dem Gebrauch der Zahl 0, die aus Indien zu uns kam und die die Araber im 13. Jahrhundert nach dem Westen brachten. Ohne sie hätten wir nie mit komplexen Zahlen umzugehen gelernt, weil das römische System zu unpraktisch war.

Den Indern und Arabern verdanken wir also, daß wir das entwikkeln konnten, was sie selbst nicht entwickelten und was seit den Griechen typisch abendländisch ist: die Verbindung zwischen Beobachtung und Mathematik. Darin besteht der Eigenbeitrag des Westens zur Entwicklung der Menschheit. Was heute am besten funktioniert, ist ohne Frage der harte Kern der westlichen Kultur: die Meßbarkeit der Beobachtung. Das antike Griechenland kannte sie bereits; sie verschwand aber in der Zeit, als das Christentum aufkam, und wurde erst in der Renaissancezeit wiederentdeckt.

Die Verbindung zwischen Experiment und Mathematik markiert die Geburtsstunde der modernen Naturwissenschaft. Das hat gewiß nicht schon mit Regeln des Umgangs mit unseren Erkenntnissen zu tun, denn die Beobachtung richtet sich hier zunächst ausschließlich nach außen. Erst recht hat es mit Träumen nichts gemein. Aber warum sollte denn nicht die gleiche Aufmerksamkeit eines Tages auch nach innen gerichtet werden können?

Freud selbst war Naturwissenschaftler und wollte die Träume mit Hilfe des ordnenden Verstandes untersuchen.

Träume kommen aus unserer persönlichen Erfahrung und sind wie »Ablagerungen« dessen, was frühere Generationen erlebt haben. Wie kann man unterscheiden zwischen dem, was aus einer weit entfernten Vergangenheit stammt und dem, was aus den ganz zufälligen Besonderheiten einer bestimmten Person heutzutage kommt?

Es wurde festgestellt und gilt als gesichert, daß unser Gehirn eine Fülle von Bildern speichert, die es einer sehr langen Evolution verdankt. Diese Bilder sind übrigens nicht nur menschlich, sondern sind uns und den Tieren gemeinsam. Denn die wesentlichsten Gefühle des Menschen sind auch anderen Säugetieren geläufig. Dasselbe gilt auch für viele Bilder; z. B. haben für uns Tag und Nacht eine bestimmte Bedeutung; aber Pflanzen und Tiere kennen auch solche Empfindungen, denn der Tag- und Nachtrhythmus als körperliche Erfahrung, die sich seit hunderten von Millionen Jahren bei allen Lebewesen immer wiederholt, ist eine prägende Erfahrung für alles Lebendige.

Die Dunkelheit soll zu Traurigkeit verleiten, während die Rückkehr des Lichtes Freude erzeugt?

Ja, dieser Wechsel mit seinen Reflexassoziationen ist ein Teil der Evolution. Viele andere Beispiele könnte man bringen: die Beziehung zwischen oben und unten, Berg und Baum, Wasser und Quelle, Wind und Gras, Blume und Farbe, Wolken und Wellen... Es genügt, diese Worte zu sprechen, und jeder empfindet starke Gefühle, schon beim Klang der Sprache, denn all diese Wirklichkeiten bedeuten uns etwas und sind geistig in Bewegung. In dieser Tiefe sind wir mit den uns umgebenden Dingen verbunden. Dieser Beziehungskomplex ist riesengroß: man schätzt, daß die Tiere schon seit 70 Millionen Jahren träumen können! Wir Menschen haben durch unser Gehirn eines Tages die Farben kennengelernt, und haben die Traumsprache und die Traumbilder herzustellen gelernt. Auf diesem Hintergrund findet man Bilder, die allen Menschen gemeinsam sind, »Drehbücher«, die in Wirklichkeit die großen überindividuellen Träume widerspiegeln. In diesem Fundus findet jeder einzelne das, woraus er seine eigene Welt schafft.

Es ist nicht überraschend, daß die Religion, die sich dieser gemeinsamen Logik aller Erkenntnisarten nicht entziehen kann, auch auf der Basis von Bildern, von Gestalten arbeitet, die bei allen Menschen identisch sind. Die Religion arbeitet so, aber auch jede Form geistigen Lebens: so beleben Dichter und Schriftsteller mit ihren sprachlichen Mitteln die großen Paradigmen des Unbewußten neu und schaffen für Theater und Roman Vorlagen, die jeden Menschen angehen. Die Konflikte, die sie darstellen, die Lösungen, die sie erfinden, sind von allgemeinem menschlichem Interesse.

Lügen, Feigheit...

Vor allem Liebe und Tod. Alle wichtigen Reden kreisen um sie. Die Lüge kündigt den Tod an, während das Vertrauen Liebe bringt. All diese Gefühle, all diese Träume sind uns als Wesen vorbehalten, die wir zunächst individuell sind, sie können aber auch das individuelle Leben übersteigen. Kafkas Erzählungen z. B. sind zunächst ganz persönliche Alpträume, können aber als solche sehr wohl eine kollektive Bedeutung erlangen. Vieles hat er persönlich geträumt, bevor er es für uns niederschrieb. Die Psychologie und die Analyse des Traumes sind immer als erstes Erfahrungen eines einzelnen; aber niemand ist eine Insel, und was einen Menschen geistig angeht, hat immer auch für andere einen Sinn. Es genügt, in die Tiefe zu schauen und die allgemeingültigen Elemente zu entziffern, die man im individuellen Drehbuch entdeckt.

Die Bibel räumt auch den Träumen einen großen Platz ein.

Im Neuen Testament, besonders im Evangelium des Matthäus, hätte Jesus als Kind nicht überlebt, wäre Josef nicht seinem Traum gefolgt. Am Ende des Lebens Jesu gibt es noch einen Traum, den Traum der Frau des Pilatus: Hätte der Prokurator auf die Warnung des Traums dieser Frau gehört, so wäre Jesus nicht verurteilt worden... So wichtig sind die Träume für Matthäus! Sie sind auch sonst in der Bibel von Belang, aber eigentlich eher gelegentlich und nicht genuin. Wenn wir genauer hinsehen, merken wir, daß die Träume, die im Alten Testament erzählt werden, außerhalb Israels geschehen, bei den Völkern, die besondere Legenden und Mythen gebildet haben. Beispielsweise der Traum des Jakob in Bethel, Genesis 28, ist wahrscheinlich eine örtliche Legende aus diesem Heiligtum. Anders gesagt, stammen die Träume, die die Bibel erwähnt, nicht aus ihrer eigenen Erfahrung, aber sie übernimmt sie, wobei sie übrigens sehr vorsichtig bleibt. Man spürt deutlich eine gewisse Zurückhaltung, die dazu führt, daß die Träume etwas künstlich »zurechtgemacht« werden: So soll Salomo für den Autor des Deuteronomistischen Geschichtswerks im ersten Buche der Könige (Kapitel 3) in Gabaon einen Traum gehabt haben, bevor er zum König wurde; in Wahrheit hatte er all seine Konkurrenten grausam ermorden lassen, um auf den Thron zu gelangen; der Traum, den man ihm zuspricht, kommt hinterher: er kommt aus einer späten Legende, die etwa fünfhundert Jahre nach dem Ereignis aufkam.

Aus diesem Traum in Gabaon leitet der Chronist im Deuteronomistischen Geschichtswerk Salomos Berufung ab; allerdings, diese Erzählung erweist sich als vor allem von der Sorge um die Lokalpolitik diktiert, denn Gabaon war ein Wallfahrtsort, der mit Jerusalem konkurrierte. Desgleichen soll Salomo nach Errichtung des Tempels einen anderen Traum gehabt haben, der ihn als König bestätigt haben soll. In Wirklichkeit ist auch das pure Legende. Derlei sind nur »Träume der Mächtigen«.

Wie man sagt, von einer Beförderung träumen...

Ein kostbares
und absolutes An-sich

Macht denn die katholische Ethik der Paarbeziehung angesichts
der Bevölkerungsexplosion nicht ratlos?

Wir sagten schon: Die katholische Moraltheologie behauptet, daß
die Sexualität nur innerhalb der Ehe legitim und nur dort erlaubt
sei, und unter der Bedingung darüber hinaus, daß die Möglichkeit
der Kinderzeugung nicht ausgeschlossen wird; mit anderen Worten
ist das Ausüben der Sexualität nur in der Ehe erlaubt und nur
wenn die Zeugung möglich bleibt. Solch eine Sicht ist absurd.
Die Menschen heiraten nicht, damit ihnen der Gebrauch der
Sexualität erlaubt sei, sondern sie entdecken zuerst die Liebe, und
aus diesem Grunde heiraten sie. So ist die Ordnung der Dinge.
Ich spreche hier von normalen Personen.
Die Frage der Liebe sollte unterschieden, ja abgetrennt werden
von der Frage der Fruchtbarkeit. Für die Kirche ist eine solche
Behauptung wahrscheinlich ungeheuerlich, jedoch muß sie wohl
oder übel eines Tages darauf kommen: Erst lieben sich die
Menschen, dann entdecken sie dadurch, daß sie füreinander ein
Ziel sind. Dieser Einsicht zuzustimmen ist ein gewaltiger Fortschritt gegenüber der Mentalität, die zur Zeit der Bibel vorherrsch-
te, als die Frau nur insofern etwas zählte, als sie zur Zeugung von
Nachkommenschaft unentbehrlich war: – Um es grob zu sagen,
als Gebärmaschine.
In Wirklichkeit hat die Liebe ein ganz anderes Ziel: sie erahnt
den anderen als kostbares und absolutes An-sich. Dieses An-sich
ist das Endziel jedes Begehrens. Das hat Kant sehr gut ausgedrückt:
Ein menschliches Wesen sollte niemals *»zum Mittel«* für einen
fremden Zweck werden. Nun fragt sich, ob nicht gerade die Kirche
aus dem Menschen ein »Mittel« macht. Nach dieser Moral darf

der einzelne niemals einfach ganz glücklich mit einem anderen sein, selbst die Liebe hat da höheren Zwecken zu dienen; wenn aber der Mensch erst durch etwas anderes gerechtfertigt wird, wird seine Rechtfertigung durch sich selbst nicht anerkannt. Das ist der Hintergrund. Wir können einer solchen Moral freilich auch aus rein verantwortungsethischen Gründen tatsächlich nicht beipflichten; da genügt es, an das ernste Problem des enormen heutigen Bevölkerungswachstums zu denken.

Zur Zeit Jesu vor etwa 2000 Jahren lebten auf Erden nur ungefähr 250 Millionen Menschen; 1945 annähernd 3 Milliarden; heute beinahe 6 Milliarden. In 50 Jahren hat sich die Weltbevölkerung verdoppelt.

Wie wird es denn möglich sein, diese Evolution umzukehren oder sie wenigstens zu beschränken?

Mit seinem Veto gegen die künstlichen Formen der Empfängnisverhütung überläßt der Papst konkret Millionen Menschen einem todbringenden Schicksal. Er betont zwar zu Recht, daß kinderreiche Familien meistens in der Folge von Armut, Unterentwicklung und Analphabetismus entstehen. Es darf jedoch nicht vergessen werden, daß eine zu große Nachkommenschaft ihrerseits Not erzeugt. Dem muß man sich stellen.

Insoweit fällt es mir schwer, die Ziele des heutigen Oberhauptes der katholischen Kirche zu verstehen, es sei denn, er beabsichtigte, besonders in Afrika den Kampf siegreich zu bestehen, der zwischen Christentum und Islam entflammt ist. Denn in der Tat hofft die Kirche, den Druck des heutigen Islams damit aufzuwiegen, daß sie die Gebärfreudigkeit ihrer Gläubigen fördert. Da geht es um die Verbesserung der Religionsstatistik, nicht um das Wohl der Menschen.

Nehmen wir Nigeria, das bevölkerungsreichste Land Afrikas; es ist zur Hälfte katholisch und zur Hälfte islamisch, so daß sich die Mehrheitsverhältnisse durch Geburtenschwankungen verschieben können...

Das sind Gegebenheiten, die zum Teil diese Feldzüge für Gebärfreudigkeit erklären.

Sie sind Theologe dieser Kirche. Möchten Sie hier aktiv mitarbeiten, in der Hoffnung, daß sich durch Ihre Forschung und ihren Unterricht die Dinge etwas positiver entwickeln? Oder denken Sie schon an einen Rücktritt, sowohl aus dem Priesteramt wie auch aus der Institution Kirche?

Ich bin »suspendierter Priester«. Es gibt kein Zurück.

Niemals mehr?

Ich müßte dann meine eigenen Gedanken öffentlich widerrufen und sie als »häretisch« erklären. Das ist die Bedingung, damit mein Bischof sich bereit erklärt, auch nur mit mir zu sprechen. Das ist buchstäblich der einzige Schritt, der ihm einen Austausch mit mir annehmbar machen könnte und bestenfalls dazu führen könnte, daß er die Strafe zurücknimmt, die er mir gegenüber verhängt hat. Nun kann ich aber, so lange ich bei Verstand bin, nicht meine eigenen Gedanken für »häretisch« erklären.
Ich kann zwar gegebenenfalls meine Stellungnahmen ändern, aber das steht auf einem anderen Blatt. Ich könnte z. B. unmöglich behaupten, daß die Texte der Bibel, die von der Jungfrauengeburt Jesu berichten, als historische Informationen zu verstehen sind. Genau deswegen muß ich sagen, daß es hier kein Zurück geben wird. Angenommen, die Institution Kirche würde in etwa dreißig Jahren beschließen, die symbolische Interpretation der Jungfrauengeburt zu übernehmen, muß ich sehr bezweifeln, ob sie damit die Strafe gegen mich zurücknimmt. Denn ich habe mich in den Augen der Kirche zum schlimmsten Verbrechen hinreißen lassen, als ich ihr vorwarf, Aberglauben zu verbreiten und machthungrig zu sein. Um selber unfehlbar zu bleiben, kann sie mir nicht verzeihen, selbst wenn ich mit meiner Behauptung recht habe.
Meine Zukunft ist also klar. Im übrigen ist es mir wirklich gleichgültig geworden, ob ich weiter in dieser Kirche wirke oder außerhalb. Was ich tun muß – das freilich ist ein absolutes Muß –, ist, mit den heutigen Menschen in Kontakt zu bleiben. Aber die Kirchenfrage ist seit langem obsolet geworden. Ärgerlich ist, daß die Medien immer wieder auf Kirchliches zurückkommen: »Was tut

denn die Kirche? Wie denkt die Kirche darüber?« Was mich für mein Teil interessiert, das ist, was die Menschen tun und was Jesus wollte. An diesen Punkten erweist sich die Kirche als lästig und ist oft ein Hindernis. Dort beschäftige ich mich dann allerdings mit ihr – aber, um mich ihr zu widersetzen.

Erweist sie sich hin und wieder als hilf- und segensreich, kann ich sie ohne Schwierigkeit unterstützen. Aber man muß gestehen, daß so etwas in Deutschland selten geschieht.

Sie leben also als Verworfener, Verurteilter weiter... Dieser Zustand kommt mir entsetzlich vor. Muß man denn nicht endlich einen Schlußstrich ziehen, aufhören, ein »Verurteilter« zu sein?

Die Menschen, die ich treffe, fühlen es nicht so. Ich übrigens auch nicht. Ich habe mich ganz dafür eingesetzt, daß ein wenig Ehrlichkeit und Aufrichtigkeit aufkommt; was kann ich dafür, wenn die katholische Hierarchie damit nicht zurechtkommt? Sicher bin ich, daß ich für mich selbst nichts verpaßt habe. Im Gegenteil: Ich bin jetzt freier und unabhängiger. Wenn ich ein Buch schreibe, kümmere ich mich herzlich wenig darum, was mein Bischof davon halten wird. Und mehr denn je lege ich Wert auf diese innere Freiheit.

Ich gebe zu: Die Kirche befand sich zu lange im Zentrum meiner Forschung und Überlegung. Ich werde das korrigieren. Das Schreiben ist bei mir aus einem langjährigen Vorhaben entsprungen, und es stellt mir eine Aufgabe für lange Zeit. Deswegen brauche ich mich nicht gleich mit E. Zola zu vergleichen, der sich mit 20 Jahren entschloß, etwa 60 Romane zu schreiben, um dort den Zustand der Welt mit allen Nuancen beschreiben zu können... Er hat sein Programm treu erfüllt, als er sein Romanwerk schuf, das ein Spiegelbild der Welt darstellt. Was mich angeht, ich habe es erst mit etwa 35 Jahren für möglich gehalten, die christliche Kirchentheologie und die sich dort ausdrückende Religiosität ein Stück weit verändern zu helfen. Dazu wollte ich zuerst den Außenring der Festung angreifen, die Moraltheologie. Die christliche Frage lautet: Kann der Mensch allein, kraft seines Willens, gut sein? Für die katholische Kirche ist dies eine wichtige Frage, denn ihre ganze Moraltheologie gründet sich auf der Behauptung, daß der Mensch einen freien Willen besitzt. Aber so habe ich es niemals gesehen.

Ich dachte, die Kirche stimmt mit ihrer eigenen Erlösungslehre nicht überein, sie nimmt sie nicht ernst... Innerlich gab ich Luther recht, der Reformation, der Gnadenlehre; mir wollte damals scheinen, daß diese Sicht innerhalb der katholischen Kirche auch angenommen werden könnte, selbst wenn sie andere Akzente setzt. In jedem Falle weigerte ich mich, Worte wie Sünde und Gnade zu verwenden, ich wollte statt dessen meine Überlegungen über Angst, Verzweiflung, Tragik fortführen; das erlaubte mir eine viel bessere Position zur Begleitung der Menschen und zur Praxis voraussetzungsloser Güte. Genau dieses Unternehmen verwirklichte ich in den drei Bänden der »Strukturen des Bösen«[9]. Ich dachte – und hatte es im übrigen im Vorwort angekündigt – damit eine Art trojanisches Pferd zu zimmern, das ich hinter die Mauern der Festung schmuggeln wollte. Also schrieb ich danach eine Reihe Bücher über moraltheologische Fragen: Über das Tragische und das Christliche, über die Scheidungsfrage, über Selbstmord, Euthanasie – alles Situationen, die im Lichte der Zehn Gebote zeigen, daß die Menschen immer wieder etwas tun, das sie nicht wirklich wollen dürfen und doch tun müssen. Es ist also höchst wichtig, daß sie in dieser Situation vor allem verstehen, was die Dynamik ihrer Psyche ist, damit sie frei sein können und es sagen dürfen. Das, was in ihnen vor sich geht, ist niemals gesichert.

Der Mensch wäre also nicht von Grund auf böse?

Sicher nicht: Er ist weder absolut böse noch absolut gut. Genau diese falsche Alternative wollte ich zurückweisen, die besagt, der Mensch ist wesentlich gut oder wesentlich böse. Ich wollte aufzeigen, daß er seine besten Kräfte in der Angst verliert. Wo ist dann Heilung? Denn man kann niemandem vorwerfen, daß er Angst verspürt, man kann aber den Betroffenen begleiten, bis er selbst die Angst verliert. So lange darf Angst nicht als Thema der Moral behandelt werden, als Objekt des Willens und Quelle von

Verurteilungen. Wir sind nicht auf dem Kasernenhof und müssen nicht diejenigen erschießen, die Angst zeigen. Auch die Kirche sollte es nicht. So war mein Vorhaben.

Der zweite, innere Befestigungsring war die Exegese. Ich hielt dafür, daß die Sprache der Bibel über den Menschen und Gott anders verstanden werden kann – innerlicher, wärmer, verständnisvoller –, sobald wir ihre Bilder, Träume und Mythen mit Hilfe der Psychoanalyse und der Existenzphilosophie auslegen. Das erlaubt uns, historisch aufrichtig und menschlich offen zu sein.

Der dritte Teil des Gesamtwerks schließlich sollte um Dogmatik kreisen. Ausgehend von der Frage: »Was soll ich tun?« und von der Sorge: »Was sagt uns Gott?« kam ich zur Frage: »Was darf ich hoffen?« Um es mal anders und einfacher zu fassen: »Wer ist denn der Mensch?« All diese Fragen betreffen natürlich die Dogmatik.

Als ich mich mit Moraltheologie beschäftigte, ging alles glimpflich, aber auch nur so eben. Denn schon damals hatte ich erste Schwierigkeiten. Bei der Exegese wurden die Schwierigkeiten größer, aber ich wurde zu nichts Außerordentlichem gezwungen. Ich hatte es mir aufgegeben, wie ich Ihnen sagte, schließlich auch über dogmatische Themen zu schreiben. Der erste Band dieses letzten Teils, *Glauben in Freiheit,* ist jetzt fertig. Zwei Bände sollen noch folgen, darunter im Juli 96 ein zweiter Band unter dem Titel: *Jesus aus Nazaret. Befreiung zum Frieden*, und dann ein dritter Band zur Schöpfungslehre, damit das Programm erfüllt ist, das ich mir festgesetzt hatte. Diese Arbeit kann mich etwa bis zum Jahre 2000 beschäftigen, wenn eine ungefähre Prognose erlaubt ist; so daß ich dann das Ziel erreicht hätte, das ich mir vor fünfundzwanzig Jahren gesetzt hatte. Demjenigen, der mich jetzt fragen würde, was danach kommt, könnte ich nicht antworten. Meine Entscheidung treffe ich dann auf Grund der Reaktion auf meine letzten Bücher, bzw. aufgrund der menschlichen Erfahrungen, die mir bis dahin geschenkt werden.

Wieviel von Ihrer Zeit widmen Sie dem Schreiben?

Ich schätze, daß ich ein Drittel meiner Zeit für Gespräche mit Personen aufwende, die mich als Therapeuten aufsuchen – das nimmt durchschnittlich 20 Stunden in der Woche in Anspruch. Es ist vorgesehen, daß dieser Teil meiner Arbeit mit der Zeit noch anwächst. In der Tat habe ich mich erst zu schreiben entschlossen, nachdem ich fähig geworden war, solche Gespräche zu führen, die mir für meine Überlegungen kostbare Anregungen gaben. Das heißt, daß meine Schriftstellertätigkeit erst anfing, nachdem ich mir Zugang zur Psychoanalyse verschafft hatte, denn so bekam ich eine Ausdrucksmöglichkeit für die therapeutische Arbeit. Das ist der Kern meiner ganzen Tätigkeit. Ich hätte wirklich keinen einzigen Grund mehr zu schreiben, wenn ich meine Aufgabe als psychoanalytischer Begleiter nicht weiterführen würde. Meine Werke sollen so oder so denjenigen helfen, die sich mit mir treffen, ihre Erfahrungen zu nutzen, ihr eigenes Erleben mit der Interpretation dichterischer und mythischer Erzählungen zu verbinden. Das letzte Drittel meiner Zeit beanspruchen die Vorträge.

An der Universität?

Nein. Ich habe keine Stelle an der Universität mehr. Ich war Privatdozent, und wie ich Ihnen schon sagte, wollte ich nie einen Lehrstuhl. Das ist eine der Besonderheiten meines Lebens. Mein Vorbild hier war sicher Kierkegaard: mir gefiel seine Behauptung, man könne die von Jesus verkörperte Lebensweise nicht in eine Lehre verwandeln. Demnach kann die Professur unmöglich eine christliche Kategorie sein. Ich dachte jedoch, als Privatdozent im akademischen Rahmen mich mit neuen Fragen beschäftigen zu können, ohne zuviel Aufsehen zu erregen. Aber ich wollte nie offiziell dem Lehrkörper angehören. Heute bin ich durch das Lehrverbot meines Bischofs endgültig ausgeschlossen.

Sie werden aber um Vorträge gebeten?

Ja, viel zu oft. Wenn ich immer zusagen würde, müßte ich jeden Tag zwei Vorträge halten.

In Deutschland, im Ausland?

Auf jeden Fall sehr oft in Deutschland. Aber auch in Österreich, in der Schweiz, in Frankreich, in den Niederlanden, in Spanien, in Italien... Die Abstände könnten sich durch die portugiesische und spanische Übersetzung meiner Bücher, die jetzt erscheinen, noch verkürzen. Es kann so nicht weitergehen, also muß ich eine Möglichkeit finden, weitere Einladungen zu Vortragsreisen zurückzuweisen.

Alles in allem profitiert davon nur die Werbung, um die sich meine Verleger kümmern. Was mich persönlich betrifft, bringt das Erscheinen eines meiner Bücher in französisch, portugiesisch oder spanisch kein *anderes* Buch und veranlaßt mich zu keiner neuen Überlegung. Zwar werden meine Gedanken auf diese Weise in eine andere Kultur eingefügt, was nicht zu vernachlässigen ist, denn es können sich neue eigene interessante Erfahrungen ergeben. Aber die Sorge um die Vorstellung eines Buches und seinen Vertrieb bedeuten für mich Anstrengung und Zeitverlust. Ich muß mich also hier einschränken.

Sie schonen das Christentum nicht und stellen ihm radikale Fragen, z. B. über die Beziehung der »Offenbarung« zur Natur oder über die Bedeutung des wachsenden Atheismus. Wie finden Sie sich zurecht? Sie meinen unter anderem, der Buddhismus sei heute die wahrste, innerlichste Religion. Haben Sie je daran gedacht, in eine andere Kultur, eine andere Religion zu wechseln?

Es ist sehr schwer, die Religion zu wechseln. Es ist so unmöglich, wie die Sprache wechseln zu wollen. Sicher kann man eine andere Sprache lernen und auf diese Weise die eigene Sprache bereichern und verfeinern. Aber wie soll man wirklich anders fühlen und denken als in seiner eigenen Muttersprache? So geht es mir auch bei der Beziehung zum Buddhismus, die ich *als Christ* knüpfen kann. Wie könnte ich den Kulturkreis verleugnen, in dem ich groß wurde? Er gehört zu mir. In diesem Sinne bleibe ich mit den Fragen des Christentums beschäftigt.

Aber damit das Christentum vermenschlicht würde, müßte man sich meines Erachtens gewisse Erfahrungen zugute kommen lassen, die den Reichtum des Buddhismus ausmachen, zum Beispiel die Tatsache, daß er keine dogmatische Religion ist, sondern eine Anleitung zur Meditation – wodurch er sich sehr glücklich abhebt von der schädlichen Äußerlichkeit des westlichen Christentums. Diese Äußerlichkeit, die Wert auf die Wiederholung bestimmter Formeln, auf den Besitz von Wahrheiten legt, die eine autorisierte Lehre braucht, ist keine gute Haltung, und man muß hoffen, daß sie nicht zu lange mehr andauern wird...

Im Namen ihres Glaubens und ihres religiösen Engagements machen viele Christen im Buddhismus Erfahrungen, die ihnen zu recht als geeignet erscheinen, zu einer Erneuerung des Christentums zu führen. Bestimmte Gemeinschaften, bestimmte Orden – besonders die Benediktiner – pflegen die buddhistische Meditation; zugegeben, es gibt keinerlei dogmatische Vorbedingung für die Praxis des Zen, der dort eine wichtige Rolle spielt. Durch diese Praktiken, die wechselseitig sein sollten, hätte indessen ein Christ die Chance, ein besserer Christ zu werden, der islamische Sufi ein besserer Sufi, und der buddhistische Gläubige ein besserer Anhänger des Zen. Diese Haltung scheint mir richtig. Die allmähliche Veränderung aller Religionen wird tatsächlich in dem Augenblick wirksam, in dem die institutionellen Zugehörigkeiten aus den dogmatischen Strukturen wegfallen.

Ein Tag wird kommen, an dem die Menschen frei über die Erfahrungen und Intuitionen im Erbe der überkommenen religiösen Vorstellungen sich austauschen werden.

Es ist so einfach wie die Art, auf die sich die Naturwissenschaften eines Tages durchgesetzt haben: man hörte auf, über die Natur zu philosophieren und Aristoteles Shankara entgegenzustellen; man fing ganz einfach an, genau zu beobachten und sich zu einer klaren Art des Denkens zu verpflichten.

Bei geistigen Fragen wird es nicht anders sein: eines Tages wird sich der Mensch schlicht fragen, wovon er spricht, wenn er »Gott«, »Seele«, »Jenseits« sagt.

Eine riesige Ungeduld

Die Menschheit ist kein homogener Block. Auf allen Gebieten gibt es wichtige Abstände zwischen den Menschen. Es gibt Menschen mit noch sehr einfachen, um nicht zu sagen primitiven Denkkategorien. Sie kommen sehr gut mit einem ganz äußerlichen Gottesbild zurecht, und würde man ihnen unglücklicherweise erklären, Gott sei nicht anderswo als in ihnen selbst und in der Art, wie sie ihr Leben führen, würde für sie die Welt auf einmal zusammenbrechen, das Leben wäre ihnen schwer gemacht worden. Um es anders zu sagen, ich glaube zwar, daß Sie Befreiendes und Richtiges sagen, aber es gilt nicht für alle Menschen.

Es ist richtig, daß das sogenannte primitive Bewußtsein zunächst ein allgemein menschliches Phänomen ist. Alle Oberflächlichkeit des Denkens verlangt nach einer vermeintlichen Eindeutigkeit der Wahrheit.

Nach einer ganz objektivierten Wahrheit.

Hier wird verkannt, daß jede Aussage, daß jede Sinngebung nur im Rahmen eines bestimmten Rasters, einer bestimmten Methode möglich ist; es wird nicht verstanden, daß es unmöglich ist, die Wahrheit an sich zu verkünden, sondern immer nur in einer begrenzt gültigen Perspektive... Das alles ist kompliziert, zu komplex für die oberflächlich Denkenden: Erkenntnistheorie und Reflexionsfähigkeit sind nichts für einfältige Geister! Nun ist das nicht ohne Wirkung auf religiösem Gebiet: ein oberflächliches Bewußtsein, wie das hier in Frage kommende, wird dazu neigen, nur die Vorstellungen für richtig zu halten, die seine unmittelbare Umgebung betreffen, und diese will es dann schnell als unüberbietbare Wahrheiten ansehen.
Diese Erscheinung kann man überall beobachten. Auch die Religion kann da keine Ausnahme bilden.

Ramakrishna sagte einmal: »Zahlreich sind die Stufen zum Ganges und jede Stufe muß betreten werden, um ans Wasser zu gelangen.« So ist es im Hinduismus möglich, sich Gott auf jede Weise vorzustellen, auch auf archaischste Art. Jede Stufe des Bewußtwerdens ist eine gültige Stufe, auf der man gewesen sein muß, bevor man weiterschreiten kann. Der Mensch muß zuerst eine auch » primitive « Haltung einnehmen, selbst auf die Gefahr hin, bis ins vorgerückte Alter darin zu verweilen. So sehr man auch bedauern mag, daß er nicht weitergekommen sei, es muß akzeptiert werden. Nur so bleibt man bei der gebotenen Weisheit und Wahrhaftigkeit.

Jede Religion hat im übrigen, unabhängig von ihren Dogmen, Platz für eine ganze Palette von Meinungen, die über den Polytheismus bis zur reinsten Mystik führen. Ja, in jeder Religion geht es so zu. In der katholischen Kirche besteht die Besonderheit, daß ihre sehr strenge Dogmatik immer Ausgrenzungserscheinungen in ihr erzeugt hat. Es hat immer Hexenjagden gegeben, es wurde immer die Stirn gerunzelt, wenn neue Ausdrucksformen gesucht wurden, wenn bestimmte Erfahrungen verdächtigt wurden, zu Interpretationen zu führen, die man von vornherein für zweifelhaft hielt, oder wenn ganz einfach kulturelle Unterschiede aufkamen.

Die Geschichte zeigt es: diejenigen, die aus einem anderen Kulturraum zum Christentum kommen, werden sehr oft an den Rand gedrängt; diese Erscheinung gibt es heute noch... Das ist schädlich. Beurteilt man das Christentum unter dem Gesichtspunkt der geographischen Verbreitung, muß man übrigens feststellen, daß es Schranken zwischen den verschiedenen Konfessionen errichtet, die im Grunde als selbständige kulturelle und ethnische Räume bestehen. Zum Beispiel gibt es die nestorianischen Syrer, die ägyptischen Kopten, die griechischen Orthodoxen, den Protestantismus, der sich wesentlich im deutschen, skandinavischen und englischen Sprachraum etabliert hat – übrigens dann mit erheblichen entsprechenden Abweichungen voneinander. Zu den religiösen Motiven kommen immer auch soziale und politische Gründe. So wählten im XVI. Jahrhundert die Deutschen eine andere Religionsform, die echte theologische Themen zu politischen

Zwecken in der Auseinandersetzung zwischen den Fürsten und dem Kaiser, zwischen Land und Reich benutzte. Im Hintergrund geht es in einem solchen Fall nicht nur um eine andere Theologie, sondern um eine grundverschiedene Form der Kultur, der Art des Denkens...

Um eine andere geistige Ausrichtung?

Zugleich um eine andere Ausrichtung und um eine andere Kultur. Für die deutsche Sprache ist z. B. die »Wirklichkeit« nicht dasselbe wie der Begriff der »Realität« im lateinischen Denken.. Wir haben einen ganz spezifischen Begriff von Recht und Ordnung, der weit innerlicher ist als das römische Rechtssystem, das in der katholischen Kirche noch heute herrscht. Und so könnte man fortfahren.

Es könnte sogar, weiter gefaßt, mit einer gewissen Lebensphilosophie zu tun haben.

Ganz offensichtlich. Diese Elemente drängen nach Ausdruck, sie beinhalten eigene Wirkungen und müssen als legitim gelten dürfen. Würde das Christentum sich dem verweigern, würde es noch weiter in die zentralisierte und zentralisierende Verwaltung mit ihren erstickenden dogmatischen Forderungen versinken. Aber dieser Religionstyp ist überholt. Die heutigen Formen der Konfession und Religion, die dahin tendieren, sich in ihre eigenen Schneckenhäuser zurückzuziehen, werden sich selbst bald als mögliche Spielart eines gemeinsamen und allgemeinen Suchens erkennen müssen.

Das wird eine befreiende und schöne Erkenntnis sein.

Für den Dalai Lama wäre eine solche Entwicklung selbstverständlich. Bei einer gemeinsamen religiösen Feier sagte ich ihm: »Wir Christen müssen zu Buddhisten werden, um bessere Christen zu sein. Das kann ich aber nur behaupten, wenn ich voraussetze, daß die Buddhisten selbst zu Christen werden müssen, um bessere Buddhisten zu sein.« Dem stimmte der Dalai Lama begeistert zu, und bemerkte: »Die Religionen sind wie Medikamente gegen bestimmte Krankheiten. Kein Medikament kann gegen alle Krankheiten wirken; aber derjenige, der von einer besonderen Frage geplagt wird, braucht eine besondere Religion.« Leiden denn nicht die Menschen unter zahlreichen und verschiedenen Plagen? Dann ist es unser Glück, daß wir über so verschiedene Medikamente verfügen.

Obwohl Sie im Christentum erzogen worden sind und es immer noch Ihren eigenen Kulturraum darstellt, könnte es doch sein, daß Sie in ihm unglücklich sind?

Ich leide seit meiner Kindheit an seiner typischen dogmatischen Starre, die ich schlicht für unaufrichtig halte. Ich leide unter der Gewalt der Christen, die immer bereit sind, Kriege zu rechtfertigen und für notwendig zu erklären. Ich leide unter der unglaublichen Ehrfurchtslosigkeit den Tieren gegenüber. Seit meiner Kindheit waren für mich die Vergewaltigung der Gefühle, die Unterdrückung der Affekte eine Quelle von endlosem Angst- und Schuldgefühl. Das alles muß sich ändern können.

Das Christentum beruft sich auf einen Mann – den Mann aus Nazaret, wie Sie ihn nennen – der gut, offen und sanft war. Woher kommt dann die Unmenschlichkeit des Christentums, die Sie betonen? Was könnte sie verursacht haben?

Im Auftreten Jesu gibt es eine Reihe von Momenten, die ich sehr gut verstehen kann. Jesus war kein Weiser wie der Buddha, der unter dem Baum der Erleuchtung zur Intuition seiner Lehre kam. Er trat auf wie die Propheten Israels. So wie sie war er sich bewußt, nur über eine sehr kurze Zeitspanne zu verfügen, und er tendierte deshalb dazu, die Menschen in eine radikale Entscheidung zwischen Entweder – Oder zu treiben: es gab die ihm Zustimmenden und die ihn Verwerfenden. Das war extrem ausgeprägt.
Einerseits zeigte er sich von einer äußersten Güte, indem er die Liebes- und Akzeptationshungrigen aufnahm und voll selbstloser Bereitschaft gerade zu ihnen war. Andererseits aber verlangte er, daß alle, vor allem aber die religiös Verantwortlichen – Theologen, Hierarchen und Priester seiner Zeit – sich in gleicher Weise wie er selbst dem menschlichen Unglück stellen sollten, das ihnen

begegnete. Das verlangte er nicht sanft, sondern mit ungewöhnlicher Heftigkeit. Oftmals mit richtiger Wut. Manche mögen sich mit einiger logischen Konsequenz gesagt haben: »Wir bringen ihn zur Strecke wie einen tollwütigen Hund, und dann ist es vorbei mit ihm.« Das war der Kampf, der an der Person Jesu entfacht wurde. Er war in den Augen Jesu sicher der Mühe wert...

Sind Sie da so sicher?

Er war auch meiner Meinung nach der Mühe wert. Es ging um eine Wahl, um eine Entscheidung. Jesus lebte in der Vorstellung einer dramatisch verkürzten Zeitspanne; das drohende Bild des Weltendes und des kommenden Gottesreiches bedrängte ihn. Dies hatte in ihm eine riesige Ungeduld hervorgebracht: er mußte alles hier und jetzt ergreifen.

So etwas macht nicht gerade tolerant. Sein Auftreten, ich sage es noch einmal, war von ungewöhnlicher Heftigkeit; ich bewundere sie, ich verstehe sie – aber ich muß feststellen, daß Geduld und Wartenkönnen nicht im eigentlichen Sinne zu Jesu Stärken gehörten. Er brannte darauf, die Menschen zu letzten Entscheidungen zu bringen, ja fast, sie dazu zu zwingen! Jetzt oder nie. Was an ihm trotzdem herrlich ist, ist das wunderbar Menschliche seines Anliegens. Für ihn zählt zuerst die Radikalität des Lebens, des Liebens, des Hoffens. Das ist wunderbar. Schrecklich wird es erst, wenn man Jesu Forderung in eine Lehre verwandelt. Nun geschah genau dies sehr schnell, kaum einige Jahrzehnte nach seinem Tod. Das war hauptsächlich das Werk hellenistischer Kreise, die sich seine Botschaft aneigneten, ohne wirklich begriffen zu haben, wo ihre Kraft und Wahrheit liegt.

Paulus hat dazu auch wohl beigetragen.

Sehr viel, wie man aus seinen Briefen ersehen kann. Aber er ist nicht der einzige: Stephanus der Märtyrer, dessen Gestalt im 6. Kapitel der Apostelgeschichte sichtbar wird, war wahrscheinlich der Führer der hellenistischen Gruppe Jerusalems. Diese Gruppe distanzierte sich sehr schnell von Jesu nächsten Jüngern, die ihrerseits innerhalb des Judentums verbleiben wollten. Solcher

Streit entstand kaum einige Jahre nach Jesu Tod und führte zu enormen Rivalitäten, die ihren Ausdruck bis in die Ausarbeitung der Dogmen fanden.

Dazu kommt, daß das Judentum sich vor allem nach 70 merklich verhärtet: Der Tempel ist zerstört, die Stadt dem Erdboden gleichgemacht; den Menschen der Diaspora bleibt nur das Buch. In solcher Lage kann man keine Dissidenten brauchen, die Konflikte vom Zaun brechen und das Unglück mehren. Also werden die Christen zurückgewiesen, und diese verteidigen sich, indem sie die Synagoge beschimpfen: der Antijudaismus beginnt bereits vierzig Jahre etwa nach Jesu Tod; er entsteht und entwickelt sich wie von selbst auf dem Weg, den das Christentum sozusagen gezwungen ist einzuschlagen.

Jesus ist tot. Es kommt der Tag, an dem man sich nicht mehr fragt, welche Wahrheit er verkündigte und wofür er zu sterben bereit war, sondern das Geschehen anders interpretiert, um in ihm die Genugtuung für einen zornmütigen Gott zu sehen. Ein ganz archaisches Element verbindet sich so mit Jesu Tod: in ihm wird der Urmythos neu belebt, nach dem der Gottessohn wegen der Sünde der Menschen geopfert werden muß, und denjenigen, die ihm folgen, auferlegt, mit ihm zu leiden.

Es geht also alles in allem darum, sich ihm durch das Martyrium anzugleichen?

Und das führt dazu, daß die Grundlagen des Christseins eine gute Portion Masochismus beinhalten.

Wie würden Sie als Psychoanalytiker über Jesu Persönlichkeit urteilen? Intolerant, haben Sie gesagt. Griesgrämig?

So würde ich es nicht formulieren. Es ist fast unmöglich, nur auf der Grundlage der ersten drei Evangelien irgend etwas genaues über die historische Persönlichkeit Jesu auszusagen. Die Evangelien bieten uns eine Reihe von Gleichnissen und Erzählungen, eine gewisse Zahl von Informationen, die manchmal hypothetisch vervollständigt werden müssen und die wir mit mehr oder weniger Wahrscheinlichkeit Jesus zuschreiben. Im Hintergrund dieser Angaben hebt sich dann eine Art Gesamtbild ab, das unsicher und stark subjektiv geprägt bleibt.

Ist Ihrer Meinung nach Intoleranz immer schlecht?

Jesus konnte bei der Dringlichkeit, die er fühlte, nicht umhin, sich auf einen Konflikt auf Leben und Tod, Sein oder Nichtsein einzulassen. Der Kampf, den er im Namen Gottes führte, konnte den Kriterien der Toleranz nicht genügen. Jesus glaubte offenbar selbst, daß es so sein mußte; aber das Entscheidende dabei ist, daß er dies *zur Befreiung der Menschen* und *zugunsten einer grundlegenden Sanftmut* im Namen Gottes selbst als notwendig erachtete.

Um es so auszudrücken: Wer morgens die Zeitung liest und nicht sehnsüchtig wünscht, diese Welt der Kriege und der Lügen, der Gewalt und des Geldes, der Ausbeutung und Zerstörung möge bald zusammenbrechen, wird Jesus nie verstehen.

Es gibt gewiß Worte von ihm, die nicht »gütig«, sondern verurteilend und manchmal sogar grausam klingen. Ganze Städte werden verdammt, wie Bethsaida und Chorazin. Man könnte zwar in Zweifel ziehen, ob diese Verwünschungen aus dem Munde Jesu selbst kamen; aber wenn er diese Worte wirklich sprach, so ist es buchstäblich furchterregend. Ganz abgesehen davon, daß diejenigen, die seine Worte tradierten oder sie ihm in den Mund legten, nichts verbesserten. Es muß anscheinend anerkannt werden: solche »Momente« sind wahrscheinlich authentisch. Man muß sie berücksichtigen.

Im übrigen ist Jesus niemals über die Grenzen seines eigenen Kulturraums hinausgekommen, sei es in der Sprache oder in der Mentalität. Man kann sich kaum vorstellen, wie »provinziell« sein Leben alles in allem war. Er sprach galiläischen Dialekt, zur Verärgerung der Judäer. Den Mann aus Galiläa konnte man von weitem erkennen! Und die Gegend, in der er lebte, konnte man zu Fuß in zwei Tagen durchqueren.

Wer immer zu dieser Zeit Menschen und Ereignissen beikommen wollte, mußte in Alexandrien studieren. Er mußte Rom besucht, Baalbek gesehen haben, das nicht so sehr weit von Galiläa entfernt ist. Für Jesus indessen wäre ein solches Vorgehen lächerlich und ganz nutzlos gewesen.

Das einzige, was ihm am Herzen lag, war das Beleben der Hoffnung und der Zukunftsvisionen der Propheten seines Volkes – und das sollte noch *heute* geschehen, ohne Aufschub. In meinen Augen ist das wunderbar. Denn akademische Kompetenz – die er nicht besaß – hat mit Religion nichts zu tun. Jesus entbrannte vor Hoffnung und Liebe; darin ist er wirklich menschlich.

Aber seine Weltsicht blieb einfach diejenige, die man ihm beigebracht hatte, ganz schwarz-weiß: Himmel und Hölle, Gut und Böse, Lobpreis und Verwünschung. So fühlte und dachte er. Dann stellt sich die Frage, ob es nicht illusorisch sei, die Welt auf diese Weise bessern zu wollen: Aber manche Episoden seines Lebens zeigen, daß es möglich ist. Jesus hat so scharfsinnige, so hellsichtige Erzählungen gebracht, daß man sie nur bestaunen kann. Die griechische Antike pflegte zwar ihrerseits die Psychologie auf erstaunliche Weise, aber die griechischen Entdeckungen waren nicht in das Galiläa Jesu eingedrungen. Doch obwohl er abseits der griechischen Psychologie stand, beweist Jesus, daß er für sein Teil tiefen Zugang zu den Geheimnissen des menschlichen Herzens erlangt hatte.

Jesus hatte Ovid nicht gelesen. Er kannte die großen literarischen Texte der Römer nicht, in denen die Mythologie der Antike in menschliche Gefühle übertragen wurde. Es gab einen beträchtlichen Abstand zwischen dem, was seit langem in Rom praktiziert, und dem, was in Galiläa gedacht wurde. Ein Abstand von Jahrhunderten! Jesus muß im Kontext seiner Zeit, seiner Umgebung verstanden werden. Dann aber ist er buchstäblich herrlich. Nehmen wir einmal die schrecklichen Bilder der Hölle, die er zeichnet – praktisch der Inbegriff der Intoleranz; Jesus glaubte an die Hölle, er hat sie gelehrt... Aber diese dramatische Realität hängte er ganz an die genau entgegengesetzte Frage: Nicht : »Wie oft warst du im Tempel und wieviele Gesetze hast du erfüllt?«, sondern: »Wie hast du dich dem Menschen gegenüber benommen, der nackt, gefangen und hungrig war? Wenn du ganz einfach vorbeigehen konntest, dann brauchst du nicht in die Hölle zu gehen, sondern du bist bereits dort.« Das ist das buchstäblich Wunderbare.

Von daher bin und bleibe ich Christ. Ich liebe den Mann aus Nazaret. Wenn ich mich in der Welt umsehe, woran kann ich denn glauben? Ich muß feststellen, daß weiterhin Gewalt herrscht, daß Gleichgültigkeit und Lüge, Herrschafts- und Geldgier überall triumphieren. Da hilft mir dann der Mann aus Nazaret. Ein Phantast, ein Utopist zwar. Nichts geschieht wirklich von dem, was er wollte. Und trotzdem!

Den Mann aus Nazaret, wie Sie ihn nennen, fassen Sie ihn denn nicht als Bewohner der »anderen Seite der Dinge«, als Dichter auf? Wie kann man schließlich tolerant sein, ohne gleichgültig zu werden?

Diese Frage ist mir höchst wichtig. Ich antworte ganz persönlich: Sie erhellte sich entscheidend für mich, als ich die Psychoanalyse kennenlernte. Sie zeigte mir, wie man Engagement und Duldsamkeit miteinander verbinden kann.

Wie alt waren Sie damals?

Um die dreißig... Ich habe von innen her empfunden, daß man anderen nur helfen kann, wenn man sich immer wieder bemüht, eigene Vorurteile zurückzuweisen, zu relativieren, zu ändern. Ich spreche hier vorwiegend von moralischen oder weltanschaulichen Vorurteilen. Kurz gesagt, man kann dem andern nur dann helfen, wenn man es lernt, die Welt mit seinen Augen zu sehen und aufzunehmen.
Genau darin besteht die Toleranz auf ihrer höchsten Ebene.
Das Wunderbare daran ist, daß all die Inhalte, an die man niemals hat glauben können, in einer neuen Tiefe wiedergefunden werden.
Es geht nicht darum, sie loszuwerden, sondern sie in dichterer Form aufzufassen. Genau dies erlaubt es, die Suche nach Wahrheit mit einer großen Offenheit zu verbinden. Dann erreicht die Wahrheit ihren wirklichen Sitz – das Menschliche – und verdankt sich einem echten Verständnis der menschlichen Natur in ihrem Tiefsten. Es ist wunderbar.
Der Inhalt dieser Wahrheit erscheint dann nicht mehr als ein Gefüge von zu glaubenden Lehrsätzen, die man annehmen müßte

wie man mathematischen Axiomen zustimmt, sondern er erweist sich sodann als tolerant, in dem eben erläuterten Sinne. Der Vergleich ist treffend, denn kein mathematischer Lehrsatz erfordert »Glauben« im eigentlichen Sinne: man braucht nur korrekt zu denken, und man kommt damit zurecht. Bei den Dingen dagegen, die menschlich und religiös von Belang sind, kann und soll der Begriff der Toleranz einbezogen werden. Wir befinden uns dann außerhalb einer »Logik« im strengen Sinne, denn auf dieser wesentlichen Ebene sind mehrere Gesichtspunkte möglich und menschlich gerechtfertigt – daher ist hier Toleranz wertvoll und notwendig.

Man wird deswegen keineswegs zur Gleichgültigkeit gegenüber dem Wahren geleitet; denn der Kampf wird gemeinsam geführt, damit ein Mensch zu *seiner* Wahrheit findet. Hat er sie gefunden, dann besteht jede Chance, daß diese Wahrheit auch meine wird: Ich bin dann überzeugt, daß dieser Mensch von sich aus ganz »Recht« hat, ohne daß auszuschließen ist, die Dinge könnten eines Tages anders aussehen – was die heutige Wahrheit nicht überflüssig oder nichtig macht, sondern zeigt, daß sie eine notwendige, aber möglicherweise zu überwindende Etappe ist.

Was ist dann von gewissen ethischen Sichtweisen, z. B. Rassismus, und den entsprechenden politischen Bewegungen zu halten?

Brigitte Bardot hat sich bei ihrer Heirat vor ein paar Jahren mit dem Vorwurf konfrontiert gesehen, sich mit einem Anhänger Le Pens verbunden zu haben. Sie hat einfach geantwortet: »Ich habe einen Mann, keine Partei geheiratet.« Unter denen, die mich hier aufsuchen, gibt es manchmal Rechtsextreme. Daß ich sie so treffen kann – sage ich mir, ist schon ein Wunder. Für eine ziemlich lange Zeit empfing ich jemanden aus diesem Milieu; es war wichtig zu verstehen, warum die Dinge so lagen, aus welchen Gründen es zu dieser Entscheidung kam; denn nicht selten können die Motivationen aus einer streng persönlichen Bewußtwerdung heraus wieder abgebaut werden.

In diesem Fall frage ich nicht nach der Meinung der Politiker, ich will davon gar nichts hören: »Sie müssen verstehen«, sage ich dann, »daß das nicht unser Thema ist. Mir liegt nicht daran, zu wissen, ob Sie politisch recht haben oder nicht; es ist im übrigen wahrscheinlich, daß ich da ganz anders denke als Sie, was Ihnen jetzt auch nicht wichtig sein darf. Die Frage lautet, auf welchem Weg Sie zum Rassismus kamen. Warum sind Einwanderer für Sie so gefährlich? Sie erwähnen wirtschaftliche und soziale Gründe: die interessieren mich nicht. Was bedeutet aber für Sie die Tatsache, *fremd* zu sein?

Welche genaue Erfahrung haben Sie davon? Ich vermute, Sie haben persönliche Schwierigkeiten, die Sie damit verbinden? Haben Sie nicht selbst auch einmal gefühlt, daß es nicht selbstverständlich ist, in seiner Klasse, in seiner Familie, bei den Spielkameraden willkommen zu sein?...«

Das genau will ich hören: »Wie erleben Sie das Fremde? Wie reagieren Sie, wenn jemand unerwartet kommt und Sie vielleicht stört? ...« Es geht um solche Erfahrungen. Daraus allein kann der Anfang einer Erklärung kommen. Danach bleibt immer noch vielleicht oder sogar wahrscheinlich ein Platz für das Soziale, das Politische, und für eine Diskussion darüber.

Manche leiden grausam unter ihrer Vergangenheit und verbleiben bis heute fast in der Heimlichkeit, weil sie Gestapomitglieder waren. Niemand weiß davon. Und es sind trotz allem gute Menschen. Ihr einziges Ziel nach dem Krieg war, eine Frau glücklich zu machen; sie haben es erreicht, haben ein Haus mit Gärtchen bauen lassen... Von ihrem Gesichtspunkt aus konnten sie nicht anders handeln: sie haben nur die Befehle ausgeführt, die an sie ergingen. Man kann ihnen das vorwerfen, natürlich. Das sind fürchterliche Dinge. Sie haben »Glück« gehabt, daß sie nicht unter den Schlimmsten waren. Sonst würde man sie heute zu den Kriegsverbrechern zählen.

Solche Erfahrungen wiegen schwer, und doch zeigen gerade sie die äußerste Zerbrechlichkeit der Existenz. Ich kann Menschen nicht verurteilen. Wenn ich protestiere und schelte, so halte ich mich an den etablierten Strukturen, den Umständen, den Zuständen. Und ich weiß, daß Grollen nichts ändern wird. Aber manchmal hilft's subjektiv. Es ist ein wenig wie ein reinigendes Gewitter...

Das Feuer der Sonne

War Jesus ein Naturfreund, in dem Sinne, in dem Sie eine Wiederentdeckung der Beziehung zwischen Mensch und Natur wünschen?

Dieses Thema war niemals sein Thema. Das Wort »Natur« hat keinen Platz im Denken der Evangelien. Die Welt ist Schöpfung, hat als solche kein eigenes Bestehen und keine Autonomie. Das Hauptthema Jesu ist Gott, Gott und nochmals Gott... Keine Natur, keine Tiere! Zwar sieht man ein- oder zweimal in seinen Worten Vögel am Himmel herumfliegen, aber es ist ganz allgemein gehalten...

Er spricht einmal vom Gras auf dem Felde...

Von Blumen, ja... Aber die Poesie der Natur war nicht seine Stärke.

Sehen Sie dort einen Mangel?

Diese Eigenart, wenn man sie so nennen darf, kommt doch mit Sicherheit aus der Begrenztheit der Kultur, in der er in diesem Teil des antiken Morgenlandes lebte. Solche Fragen konnten ihm nicht ins Bewußtsein kommen und für ihn problematisch werden. Jesus hat wahrscheinlich ohne jeden Hintergedanken und Skrupel Lammfleisch und Fisch gegessen. Für ihn war es etwas Normales, Tiere zu schlachten, während er auf der anderen Seite doch dafür hielt, daß Gott keineswegs Opfer braucht. Dieser Punkt entsprang aus seinem theologischen Denken, und nicht aus einem etwaigen Mitgefühl mit den Tieren.

Trotzdem entfalteten zur gleichen Zeit einige Kulturen eine ganz andere Sicht der Dinge. Bei den Griechen z. B. war die pythagoreische Religion dreihundert Jahre vor Christus sehr verbreitet, und sie war in diesem Punkte unzweideutig. Es gab also zu dieser Zeit Alternativen, nur kamen sie Jesus nie zu Bewußtsein. Er mußte sich innerhalb der engen Grenzen ausdrücken, die ihm die Umstände setzten. Läßt man diese Umstände unberücksichtigt, geht man das Risiko ein, diese Grenze festzuschreiben und sie als geoffenbarte Wahrheit zu würdigen. Und das wäre ein folgenschwerer Irrtum.

Jesus setzte sich dafür ein, daß das Gottesbild als allgemeingültig empfunden wurde. Die wunderbare Aussage aus der Bergpredigt, der zufolge Gott die Sonne aufgehen läßt über alle Menschen – ob gute oder böse – das ist wirklich Jesus. Und es ist großartig! Denn von daher verkündet er, daß es kein Recht dazu gibt, ja nicht einmal eine Möglichkeit, die Menschen im Namen Gottes voneinander zu trennen: in gute und böse, gläubige und ungläubige, Juden und Römer, Juden und häretische Samariter – alle sind Geschwister und gleichermaßen in Gottes Hand.

Es ist unglaublich, daß ein Jude sich in solcher Weise über Samariter und Römer ausdrückt. Es ist ein Skandal! Wäre es dann aber nicht als Fortsetzung dieser Logik jetzt möglich, das universelle Wohlwollen Gottes auf alle Geschöpfe zu erweitern und die Aussage zu wagen, daß man Mensch und Tier nicht trennen darf? Es stimmt zwar, daß Jesus so etwas niemals gesagt, ja nicht einmal gedacht hat. Und wenn er es einmal hätte sagen hören, hätte er es schlicht verworfen. Trotzdem scheint es mir ganz richtig, ihn so zu interpretieren, indem man ihn sozusagen weiterführt. So geht es mit den Größten der Menschheitsgeschichte: Sie sagen immer weit mehr aus, als sie direkt ausdrücken, viel mehr, als sie hätten erkennen können.

Es stimmt bei Jesus, auch bei Plato...

Sie geben einer Welle den Impuls, die das Ufer, auf dem sie selbst zu Hause sind, weithin überflutet.

Wie kann man aber eine genaue und andauernde Arbeit an der Natur mit einer Art Mitarbeit mit ihr vereinbaren?

196

Wir sind ganz nah dran, ein sehr gutes Modell zum Verständnis dieser Dinge zu bekommen. Ich erkläre es mit einem historischen Beispiel, das uns zu einer aktuellen Entdeckung zurückführt.

Die Menschen hätten nie ihren Eroberungsfeldzug über die Erde ohne die hervorragende Entdeckung des Feuermachens beginnen können. Folgt man der Prometheusmythe, ist diese Entdeckung ganz am Anfang der Menschwerdung zu orten. Und unter geschichtlich-kulturellem Gesichtspunkt stimmt es wahrscheinlich. Es handelt sich um *die* entscheidende Entdeckung, die Grundnotwendigkeit: das Feuer muß weiterbrennen. Dieser Entdeckung verdanken wir bis zum heutigen Tage die Möglichkeit zur Nutzung fast aller Energiearten: Wir haben Holz, Kohle, Öl verbrannt, wir haben Metalle gegossen; alles, was wir je erobert haben, haben wir durch die Beherrschung des Feuers errungen.

Aber etwas ist im Begriff, sich zu ändern. Mit der Atomwissenschaft haben wir die Macht bekommen, Materie in Energie umzuwandeln; das ist ein innerer Prozeß, den wir kaum kontrollieren können. Er bleibt für den Menschen schwer beherrschbar und ist sogar manchmal unheilvoll. Trotzdem bedeutet er wahrscheinlich einen riesigen Fortschritt in der Naturerkenntnis. Wir können uns nicht mehr mit den chemischen Veränderungen aus der Verbrennung zufriedengeben, sondern können ab jetzt mit Hilfe der Physik Materie und Energie als vertauschbare Größen gestalten. Noch ein Schritt weiter, und wir werden *mit* der Natur buchstäblich mitarbeiten können. Denn wenn wir bis jetzt das Feuer zum Schmelzen von Material benutzt haben, haben wir nichts anderes getan, als erneut eine Energie freizusetzen, die von der Sonne kommt – dieselbe Sonne, die seit Urzeiten über Erde und Pflanzen schien. Mit Hilfe des Chlorophylls konnte die Sonnenenergie in lebendigen Strukturen gelagert und organisiert werden. Und jetzt, Millionen Jahre später – dreihundert Millionen Jahre nach dem Karbon -, können wir die Kohle verfeuern und die Energie freisetzen – genau diese Energie, die vor dreihundert Millionen Jahren von der Sonne kam ...

Ich bin sicher, wir wären ganz nah dran oder sogar fähig, die Sonnenenergie direkt aufzufangen, wenn uns nicht die Ölindustrie und die Kernkraftlobby daran gehindert hätten. Die Zukunft heißt Solarenergie. Zumindest einstweilen. Aber nehmen wir einmal an, uns gelänge, die Technik der Fusion von Wasserstoff ökonomisch rentabel zu machen, wir könnten das Feuer der Sonne zu unseren Zwecken nutzen, nämlich den Prozeß der Fusion von Wasserstoff, der dem Sonneninneren die Energie verleiht. Das könnte den Anfang eines neuen Zeitalters einläuten: Wir könnten dem chronischen Energiemangel auf der Erde abhelfen. Denn die Sonnenenergie ist so unvorstellbar groß, daß, obwohl nur ein ganz kleiner Teil davon die Erde erreicht, dieses Wenige für alle ausreichen würde; nur verschwenden wir es noch massenweise. Könnten wir mit diesem Wenigen umgehen und auskommen, so wären wir imstande, sanft mit der Natur mitzuarbeiten, und könnten nach Belieben verfahren. Stünde uns diese Energie zur Verfügung, könnten wir Meerwasser entsalzen, wir könnten ganze Wüstengebiete fruchtbar machen, wir könnten aus dieser Welt ein echtes Paradies machen. Wir hätten unbeschränkt Energie zur Verfügung und auch unbegrenzt Wasser.

Wir müßten nur lernen, nicht überheblich zu werden, und die Menschheit so oder so in ihrem Wachstum bremsen. Mehr hätten wir nicht nötig: das Einschränken lernen und die Natur wirken lassen. Vielleicht weiß der Mensch in unserem Jahrhundert, dank den Möglichkeiten der Energiegewinnung, zum ersten Mal, was Natur wirklich ist. Vielleicht stellen wir auch zum ersten Mal in der Geschichte der Menschheit die wirklichen Fragen an die Natur. Unsere Zeit ist in diesem Sinne groß: Zum ersten Mal vermittelt uns eine Sicht des Kosmos eine berechtigte und wahrscheinlich richtige Vorstellung der uns umgebenden Wirklichkeit.

Es mag sein, daß diese Wirklichkeit noch unendlich größer ist, aber schon die vermutete Weite des Raumes, den wir heute »Universum« nennen, übersteigt jede Vorstellung. Es könnte sogar schließlich sein, daß dieses Vorgestellte eigentlich nur eine kleine Blase innerhalb einer buchstäblich unendlichen Welt ist, um mit Giordano Bruno zu sprechen.[10] Der ganze Kosmos wäre nur eine Fluktuation des Vakuums, in dem eine einzelne Blase des Universums sich entfaltete. Das alles ist uns noch nicht bekannt. Vielleicht sind unsere Vorstellungen noch zu begrenzt, denn alles, was wir heute über das Universum wissen, scheint uns dazu aufzufordern, die uns geläufige Vorstellungsform von Raum und Zeit unendlich zu überschreiten. Selbst wenn das gewohnte Standardmodell sich zu bewähren scheint, um zu erklären, was vor zwölf Milliarden Jahren geschah, zumindest in dem Maße, als es die Welt betrifft, in der wir leben, so wissen wir unglücklicherweise noch nicht, ob es nicht weitere Welten jenseits der unseren bis ins Unendliche gibt.

Werden wir es eines Tages wissen?

Aller Voraussicht nach hört die Forschung auf diesem Gebiet nicht auf. Jede Zeit hat gedacht, vor den letzten Fragen zu stehen, aber immer fand sich eine Lösung, und weitere Fragen entstanden...
Nein, das Fragen hört nicht auf. Ich gebe bereits jetzt Giordano Bruno recht, wenn er behauptet, die Welt sei unendlich und kenne weder zeitliche noch räumliche Grenzen. Sonst hätte sie nicht ein »Gott« geschaffen, sondern ein recht mittelmäßiger Handwerker...

Könnte es denn nicht sein, daß die Alternative – mit der Natur oder an der Natur arbeiten – sich auch im Herzen von ethischen Fragen, z. B. über die Zeugung, wiederfinden läßt?
Während einige behaupten, die Natur sei unberührbar, weil sie ein Werk Gottes ist, sagen andere, daß es für den Menschen keine Natur im Rohzustand wirklich gibt, sondern immer schon eine Kultur, und daß er also im gewissen Sinne über einen natürlichen Prozeß als solchen wie z.B. in der Geburtenkontrolle bestimmen darf.

In der Tat glaube ich, daß man diese Dinge unmöglich in der Form einer Alternative darstellen kann.
Nichts von dem, was wir Menschen tun, ist »natürlich«: Die Natur macht keine Tische, Sessel oder Mikrofone. Alles, was wir sind – schon die Tatsache, daß wir leben –, ist nur durch unsere Anstrengung möglich, die Natur zu verändern: von dem Brot, das wir morgens essen, bis zu der Wärme, die wir künstlich in diesem

Zimmer erzeugen – das alles ist strenggenommen keine »Natur«, selbst wenn es letzten Endes aus der Natur kommt.

Mir scheint vollkommen absurd, daß z. B. der Papst sich auf die Biologie bezieht, um zu deuten, was die »Natur« des Menschen sei, etwa im Bereich der Zeugung. Im übrigen unterschätzt er die Möglichkeiten der Natur, daß Tiere ihre Nachkommenschaft verweigern und es tatsächlich vermeiden zu gebären. Dafür gibt es ein dramatisches Beispiel, wenn in einem »Löwinnenharem« das Männchen ausgetauscht wird: Es kommt vor, daß dann die schon gezeugten Löwenbabies während der Tragzeit sterben, denn die Weibchen »wissen«, das neue Männchen hätte sie sonst nach der Geburt umgebracht. Die Angst vor dem neuen »Pascha« genügt, um dem Wunsch nach Jungen ein Ende zu setzen. Dies funktioniert – wir würden »psychosomatisch« beim Menschen sagen – in einer solchen Tiefe, daß Anlaß besteht, daraus für den Menschen zu lernen.

Ich füge hinzu, daß die »Geburtenkontrolle« in der Natur auf sehr vielfältige Art geschieht, da sehr viele Vorgänge wirken, um die Arten gegenüber anderen Arten zu begrenzen, und sogar, um innerhalb ein und derselben Art eine Regelung zu ermöglichen. Ein kleines Beispiel: am Anfang eines jeden Frühlings sind die Frösche noch Kaulquappen; sie sind so zahlreich, daß, hätte die Natur keine Regulationsvorgänge, ein riesiges Fröschevolk die Teiche heimsuchen würde. Die Frösche würden in großer Zahl an Lebensraummangel eingehen.

Welche Regulationsmöglichkeit wird das Desaster, die unnötige Verschwendung vermeiden?

Das Kaulquappenei selbst enthält gewisse Hormone, die sich ins Wasser ergießen; wenn das Wasser damit gesättigt ist, sterben die Kaulquappen. Das bedeutet, daß die Zahl der Frösche, die geboren werden und sich entwickeln dürfen, von der zur Verfügung stehenden Fläche eines bestimmten Teiches abhängt. Es dürfen in diesem bestimmten Abschnitt nicht mehr Frösche leben, als für die Umwelt verträglich ist.

So sieht die »Geburtenkontrolle« in der Welt der Frösche aus. Sie ist buchstäblich »natürlich«. Wir wissen im übrigen, daß diese kleinen Lurche eine der ältesten Lebensarten darstellen – »Amphibien« gibt es seit etwa 350 Millionen Jahren... Da muß man sich nur wundern darüber, wie lange diese Naturweisheit braucht, um von gewissen Verantwortlichen in Gesellschaft und Kirche begriffen zu werden...

Unbewußt und vor allem ungewollt hat das Christentum, so schreiben Sie, zum Atheismus geführt. Für Sie liegt das vor allem daran, daß es sich als unmöglich erwies, zugleich an einen vollkommen guten Gott zu glauben und für die leidende Kreatur Mitleid zu empfinden. Und was ist es mit dem Holocaust?

Da liegt ein sehr schwieriges, aber zugleich sehr wichtiges Problem. Das Weltbild der Bibel hat bei Menschen zwei Arten von Glauben verursacht: Zuerst den Glauben an einen Gott, der die Geschicke der Natur als Schöpfer aller Dinge in der Hand hat; dann den Glauben an einen Gott, der in der menschlichen Geschichte belohnend und strafend wirkt. Diese beiden Vorstellungen findet man in der Geschichte des Christentums wieder, wo sie noch etwas radikalisiert wurden: Nicht nur Natur und Geschichte, sondern das Leben des einzelnen selbst wird zur Belohnung oder Strafe absichtsvoll von Gott gelenkt.

Unter den Glaubenssätzen der katholischen Kirche befindet sich die Vorstellung, daß Gott Gebete erhört und bei Bedarf den natürlichen Lauf der Dinge ändert und Wunder wirkt; er kann alles, weil er allmächtig ist, also kann das, was geschieht, nur im Einklang mit seiner Weisheit sein. So eine Weltsicht ist offenbar falsch. Vergebens versuchte Leibniz mit seiner Theodizee – oder »Rechtfertigung Gottes« – die Werke Bayles zu kritisieren, des humanistischen Philosophen aus dem XVIII. Jahrhundert, der als einer der ersten sich erdreistet hatte, ein Lob der Toleranz, der freien Erkenntnis und der Gedankenfreiheit zu singen. Obwohl seitdem beinahe 300 Jahre vergangen sind, ist die Frage im Abendland immer noch offen. Spinoza erfand, will mir scheinen, einen verständlicheren Gottesbegriff. Dann schlug gewissermaßen beim Erdbeben in Lissabon 1755 eine Bombe ein, so daß Voltaires Candide die Gelegenheit ergriff, um mit abgedroschenem Zynismus der Leibnizschen Idee der »bestmöglichen Welt« zu widersprechen.

Die Welt ist so offensichtlich anders geartet, als Leibniz es darstellt, daß dieser Begriff von selbst beim ersten dramatischen und unvorhergesehenen Ereignis zusammenbrechen mußte. Und doch hat Voltaire die Frage eigentlich nur angeschnitten. Der Glaube an einen Gott, der alles kann, von dem alles erwartet wird, der aber in Wirklichkeit nichts tut, verursachte in Rußland eine menschliche Tragödie. Er hat einen geistigen Weg vorgezeichnet, der das russische Volk im XIX. Jahrhundert in die Richtung des Atheismus trieb. Ab jetzt kann man nicht mehr an Gott glauben, da die Begriffe, mit denen er von den Theologen beschrieben wurde, miteinander unvereinbar sind: Mag man noch Allmacht und Allwissenheit hinnehmen, aber wenn dazu noch Untätigkeit und Gleichgültigkeit hinzukommen, so wird es unerträglich.

Im XX. Jahrhundert findet man noch jüdische und christliche Theologen, die die Erinnerung an Auschwitz damit zu bannen suchen, daß sie Ausdrücke wie »Gottesfinsternis« oder »Unergründlichkeit Gottes« gebrauchen. Ich kann ihnen unmöglich folgen und halte es für buchstäblich himmelschreiend, daß sechs Millionen Juden erst ermordet werden müssen, damit die Aporie eines guten und zugleich schweigenden Gottes von neuem erscheint. Für mich kommt der Gott der Theologen viel einfacher um seinen Kredit. Da verliert eine Frau ihren Mann nach einer Krebserkrankung, als sie mit fünfzig Jahren anfingen, glücklich zu sein – das genügt mir, um am Unverständlichen und Sinnlosen zu leiden. Was ist denn die Beschwörung der Sonnenfinsternis und Gottesfinsternis angesichts jedes geistigen Leids anderes als ein armseliges abgestumpftes Reden? Trotzdem finden sich immer Theologen, die erst angesichts von Millionen von Toten aufwachen, da die Frage der Allmacht und Gleichgültigkeit Gottes im Alltag scheinbar nicht gestellt werden darf. Sie brauchen sechs Millionen Opfer!

Die echten Tragödien kann man mit ein bißchen Sensibilität längst schon im kleineren Maßstab erkennen. Mag es um sechs Millionen

Ermordeter und Vergaster gehen oder um auch nur zwei... Zwei sind in gewisser Weise noch schlimmer, weil man sie sich vorstellen kann, während die Zahl von sechs Millionen Ausgerotteter jede Vorstellungskraft übersteigt...

Sicher, wenn es jetzt zehn Opfer, hunderttausend oder sechs Millionen gibt, so drückt sich durch die schreckliche Intensivierung in unvorstellbaren Zahlen eine besondere Qualität aus. Nur kann man es nicht mehr vorstellbar zeigen; wenn ein Film darüber gedreht werden sollte, würden maximal zehn Personen völlig ausreichen. Es wäre genug, an ein paar Menschen zu zeigen, was menschliche Gefühle und menschliche Tragödien sind. Aber sechs Millionen!

Zudem fragen die Theologen stets, wie Gott so etwas zulassen konnte; aber damit fliehen sie vor sich selbst. Die wirkliche Frage geht an uns Menschen, warum tun wir so etwas? Was ist mit uns los, daß wir so etwas tun können?

Das setzt eine Veränderung voraus.

Es wäre so wichtig, den Menschen als einzelnen zu erreichen. Hier stehen wir vor einer sehr alten Frage, vielleicht vor der ältesten überhaupt: Warum muß der Mensch sterben? Warum ist er unglücklich und hat so viele Gründe zu verzweifeln? Wenn es um diese Fragen geht, hat die »objektive« Theologie nunmehr jede Verläßlichkeit verloren, selbst für die Dümmsten. Sie ist ganz einfach hilf- und wehrlos.

Wenn es eine mögliche Antwort gibt, könnte sie nur aus einer ganz anderen Sicht der Verbindung von Gott und Mensch entspringen. Davon bin ich überzeugt. Welch entsetzliche Enttäuschung bringt aber der Gott der Theologen, indem er Atheismus erzeugt! Ich muß hinzufügen, daß man paradoxerweise, hat man erst den Menschen auf Erden als geliebtes Gotteskind dargestellt, heute sehr künstlich auf seine Forderungen eingeht. Für die meisten Menschen in Europa heute gibt es kein ewiges Leben mehr, aber sie wollen auf dieser Erde so lange wie möglich leben. Für viele gibt es keinen Himmel mehr, aber sie wollen ein Paradies auf Erden. Daran müssen dann Technik, Medizin und Forschung arbeiten. Das läßt diejenigen, die durch das falsche Gottesbild gottlos geworden sind, gänzlich rücksichtslos den anderen Geschöpfen gegenüber werden. Da genau liegt die Schuld des Christentums.

Sie behaupten auch, daß die Christen insgesamt verantwortlich sind für die Ausbeutung der Natur. Die Frage, um die es uns jetzt geht, ist aber noch viel komplexer. Lassen Sie uns auf den Atheismus zurückkommen. Wie stellt er für Sie dar?

Als notwendige Zerstörung der verjährten Gottesbilder. Als eine neue Etappe im menschlichen Suchen. Als ein reinigendes Gewitter, das den Aberglauben vernichtet.

Ist er das?

Ja, etwas absolut Notwendiges.

Sollte der in Wahrheit gelebte Atheismus zum wahren Gott führen?

Ich hoffe es. Ich liebe Ihre Frage. Ja, ich kann sogar sagen, daß ich das glaube. Sobald die Zusätze, Worthülsen, Verengungen und Anstriche aller Art aufgelöst werden, kann etwas Neues entstehen. Ich drücke es so aus: Die meisten Menschen ergreifen die Religion wie ein Ertrinkender die Rettungsleine, die man ihm zuwirft. Er klammert sich daran. Die Leine muß halten. Sie ist die Wahrheit. Reißt die Leine, öffnet sich plötzlich ein Abgrund. Deshalb müßte es gerade *diese* Religion sein und keine andere... Alles, worin man Leben und Halt finden kann, hängt an der Leine und *muß* wahr sein.
Aber manchmal gelangen die Menschen mit Hilfe der Leine an Land. Dann lassen sie ganz beruhigt die Leine los, da sie jetzt festen Boden unter den Füßen haben. Aber an diesen Boden denken sie kaum: Sie bewegen sich einfach und gehen hin und her, ohne daran zu denken, daß die Erde sie trägt – während gerade das die wahre Religion ausmacht: die Hand Gottes, die uns hält, und nicht die Leine, an die wir uns klammern.
Die Leine, die Religion ist nichts anderes als ein Werkzeug, ein Mittel; die wahre Religion ist nichts als ein Vertrauen, wofür wir

keine Worte mehr finden. Der Atheismus nimmt die Leine weg und fragt den Menschen: Wie lange willst du noch den Schiffbrüchigen spielen? Die Erde liegt fest und sicher unter deinen Füßen. Du verewigst nur das Trauma.

Es gab eine Zeit, da dachtest du, daß du über Bord gespült wirst und ertrinkst. Lange ist es her, da warst du ein sehr unglückliches kleines Kind, und da antwortete für dich die Religion auf die Forderung: ich brauche Sicherheit.

Die Mutter...

Die Mutter, den Vater. Noch mehr, fast immer jene Mutter, die verewigt wird als Mutter Gottes, oder als Erzengel Raphael und was sonst noch...

Der Buddha hat es sehr schön gesagt: Die Religion, meine Lehre, ist nichts als ein Boot, womit man über den Fluß kommt. Ist man am Ufer angekommen, fällt niemandem ein, sich das Boot auf den Kopf zu stellen, um es mitzunehmen: man läßt es liegen und geht frei.

Sind nicht die Mystiker diejenigen, die wie »Sehende« auf dieser Erde einhergehen?

Mystiker wissen, daß eine Lehre erst etwas taugt, wenn sie aus innerer Erfahrung kommt. Alle Lehren sind gleich wahr oder gleich falsch, soweit sie diese Erfahrung gestatten oder verwehren können. Dadurch werden sie relativiert, und man hat Grund, sie zu übernehmen oder beiseite zu legen.

Könnte man eine innere Erfahrung in der Beziehung ermessen, die sie zu einer nicht gewußten Realität hat, die man vielleicht erreicht? Wäre sie etwas in mir Vorhandenes, auf das ich den Blick zu richten hätte?

Ich weiß nicht. Ich sehe nicht, wie das genau zu sagen wäre. Vorhin sagten wir : ›Wenn Sie beim Treppensteigen in diesem Haus auf einer Tonleiter summen würden, kämen Sie irgendwann zu einem Ton, der beim Verbleiben eine Resonanz erzeugen würde. Plötzlich käme er verstärkt wieder, weil dieser Ton eine Entsprechung, eine Verstärkung in der Schwingungsfähigkeit des Steines getroffen hätte.‹ Diesen »Ton« muß man finden. Ich stelle mir den menschlichen Körper wie eine Behausung vor, in der unsere Seele zu summen versucht, damit ein Zusammentreffen, ein Gleichklang stattfindet. Noch einmal: Jeder Mensch hat in gewissem Maße einen eigenen Ton; wenn er ihn findet, realisiert sich das, was man Mystik nennt.

Ist denn jeder Mensch ein Mystiker?

Die meiste Zeit verkennt er es, weil seine Ohren mit fremden Melodien voll sind. Sie bieten ihm ununterbrochen, könnte man sagen, ein Konzert auf einem Dorfplatz, vor seiner Haustür. Im übrigen sollte man Vorsicht bei der Handhabung des zu findenden »Tones« walten lassen. Denn wird er zu sehr intensiviert, würde das Haus, zumindest theoretisch, zusammenbrechen. Aber den Ton zu finden und die Symphonie dazu zu komponieren, das ist Mystik.
Den Ton selbst findet man nicht allein. Das ganze biographische Schicksal eines Menschen entscheidet über die Gestalt dieses Themas und über die Art, wie es bearbeitet und gestaltet wird, damit eine bleibende Übereinstimmung zustande kommt.. Das Wichtigste ist, das Thema beizubehalten, das man selbst *ist,* und es mit allen zur Verfügung stehenden Mitteln zu gestalten, damit es immer hörbar bleibt.

Mit anderen Worten ist es wichtig, sich selbst zu finden.

Sich zu finden, das ist Mystik; denn nur im reflektierten Du erscheint uns Gott.

Anmerkungen

[1] Vgl.: Worum es eigentlich geht? Protokoll einer Verurteilung. 3., aktualisierte Neuauflage, München 1992, 453-525.

[2] Der Verlag »Éditions du Cerf« hatte das Erscheinen des Buches »Kleriker. Psychogramm eines Ideals« von E. Drewermann in französischer Sprache angekündigt. Das Vorhaben mußte aber unter dem Druck der kirchlichen Behörden aufgegeben werden, und das Buch wurde schließlich unter dem Titel »Fonctionnaires de Dieu« von einem unabhängigen Verlagshaus, Albin Michel, heausgegeben. (Gw. J.)

[3] Vgl. Worum es eigentlich geht? a.a.O., 478. Vgl. auch Gaillots Brief an Erzbischof Degenhardt (5.3.1992), a.a.O. 494.

[4] Splendor veritatis, die ersten Worte der Enzyklika Johannes Pauls II. vom Oktober 1993 über Moraltheologie (Gw. J.).

[5] 1. Band: Dogma, Angst und Symbolismus. Tiefenpsychologie und Dogmatik, Solothurn (Walter Verlag) 1993.

[6] »Kleriker. Psychogramm eines Ideals«, Olten 1989.

[7] Ich steige hinab in die Barke der Sonne. Altägyptische Meditationen über Tod und Auferstehung in bezug zu Joh. 20/21, Olten 1988.

[8] Psychoanalyse und Moraltheologie, 3. Band: An den Grenzen des Lebens, Mainz 1984.

[9] Strukturen des Bösen. Die jahwistische Urgeschichte in exegetischer, psychoanalytischer und philosophischer Sicht, 3 Bände, Paderborn 1976-78.

[10] Giordano Bruno oder: Der Spiegel des Unendlichen, München 1994.